あの授業だけは取るな！

「解」のない世界で活躍できる究極の学び：
「蛙学への招待」とは何か？

鈴木 誠 編著

北海道大学名誉教授

共同文化社

目次

第2章　どうしてカエルだったのか？
─「蛙学への招待」はどのようにして生まれたのか？─　103

第3章　これではダメだ！
「蛙学への招待」が経験した数々の危機　　122

第4章　なぜ今コンピテンス基盤型教育なのか　　133

はじめに

　答えがひとつではない世界と向き合う人材を、いかに育てるか……。

　出口の見えない中東紛争やウクライナへの侵攻、その背景をなすナショナリズムやテロリズム、警告されながらも一向に進まぬ地球温暖化対策、新型コロナウイルスCOVID-19 に代表される新たなウイルスの驚異。世界中の優秀な頭脳を集めたとしても、一朝一夕には解決できぬ深刻な問題が、今山積している。この混沌とした世界の中で、次世代を担う児童、生徒、学生は自己実現に向けて進んでいかなくてはならない。ではどのような能力や資質が彼らに求められるのだろうか。また、教育はどのような役割を担うべきなのだろうか。

　2018 年に示された日本の新学習指導要領では"資質や能力の育成"が強調され、その育成と評価が求められた。資質や能力、態度やスキルは今日「コンピテンス」という言葉で表現される。コンピテンスを育てることを目的にデザインされた「**コンピテンス基盤型教育**」は医学教育から端を発し、アントレプレナー(起業家)教育で注目されたフィンランドの初等中等教育で開花しながら、今世界中の教育改革や人材育成を牽引している。しかし日本においては、学習指導要領の目的とは裏腹に、医学系の高等教育を除いてほとんど浸透していない。それはなぜか？

　今から 23 年前の 2001 年に、北海道大学で開講したコンピテンス基盤型教育を具体化した授業が「蛙学(あがく)への招待」だ。全学教育の一般教育演習のパイロットスタディとして、19 年のべ 20 回に渡って展開し、2020 年 7 月 18 日に幕を下ろした。表向きは、蛙をモチーフにした両棲類無尾目の総合学習だ。入学仕立ての 1 年生を対象にした、たかが 16 回の授業。しかしその裏には明確なねらいがある。学びを通して学生に常にホンモノとの直接体験を迫り、徹底したエビデンスの収集と処理を求め、推論やメタ認知など問題解決に必要なコンピテンスの醸成をがむしゃらに目指す。されど 16 回、だ。

「蛙学への招待」履修生と札幌市と豊平川さけ科学館前で

　「蛙学への招待」はこの 20 年、私が心血を注いだもののひとつだ。履修制限が導入される前は、一時期履修希望者が 10

倍近くに達したこともあった。絶好のタイミングでの幕引きだったと自分自身には言い聞かせているが、退官後3年を経た今でも心中は穏やかではない。「先生は大切なものを手放したんだよ」という蛙学OBの言葉が心に痛い。

500名近い蛙学を履修したOG/OBは、それぞれ所属する学部や大学院での教育や研究を経て、国内や海外の大学や研究機関、大手の機械メーカーや商社に就職、または医師、新聞記者、アナウンサーなどになり世界各地で活躍している。現在も交流が続いているが、彼らに学び、多くの己の欠点も突きつけられた20年間でもあった。どちらが教師かわからない。

学生が授業を無記名・自由記述で評価する「学生評価」や、毎回の授業で交わした「学生カード」に書かれた学生たちの言葉には、心を洗われた。私と学生の闘いがリアルに刻まれているそれらは、永久に私の財産となるだろう。

北大の1年生を対象とした一般教育演習だけでも、実に160近くの選択肢がある。その中のたったひとコマであったにもかかわらず、この授業にはOG/OB会があり、東京支部会まである。「蛙学への招待」はNHKのドキュメンタリー番組に取り上げられ、読売新聞や螢雪時代の連載、そして朝日新聞や北海道新聞でも度々紹介された。

今から5年前、私を支えた歴代の履修生への感謝の意もこめて、このコンピテンス基盤型教育のコンセプトを学生やOG/OBとともに原稿にまとめた。しかし、COVID-19の感染拡大などの諸事情から出版できず、長く塩漬けとなっていた。再度出版のきっかけを与えてくれたのも蛙学を履修した学生らだった。彼らがZoomと対面での最終講義を企画していることを知ったのは、昨年の秋のことだ。彼らの熱い思いに応えるには、何をすべきか？　答は一つだった。

本書が、現在の初等中等教育や高等教育、その学習内容や指導のあり方へのアンチテーゼとなることを願い、今世に送り出す。

2024年3月2日

鈴木　誠

第 1 章

北海道大学初年次教育で最もヤバい授業：
「蛙学への招待」を解剖する

精神的・肉体的にとても辛い授業だった。本当はこの場を借りてこのまま悪口を書き連ねてやりたいくらいなのだが、残念なことにこの「蛙学」には、それを補ってなお余りある素晴らしいものがあると確信している。

この授業は他のどの授業よりも「変わっている」。まず、授業が「変」だ（ごめんなさい）。そして授業内容も「変」だ。自習時間も「変」だ。色々と「変」な授業だったが、この「変」なところは全て、プラスの力となって自分の身についていったと感じている。この授業は僕にとって大きなプレゼントだったように思う。大きすぎて、箱をあけ中身を楽しむのにもひと苦労するものだったが、中身を全て味わいつくした今は、最高のプレゼントだったと強く思う。

この授業はとても大変だった。やることが、ものすごく多い。遊べないし、寝れない日々もたくさんあった。だが、そんなに大変で忙しい日々だったのに、1度も不満がなかったのも事実である。シラバス通り自分もすごく成長したと思う。この先、人生で色々なことがあるだろう。ここでの経験が必ず役に立つ日がくると思う。今まで生きてきた中で最高の授業だったと感じる。

学生による授業評価の自由記述より（無記名、ほぼ原文（一部抜粋））：第1期生佐藤舞によるチョイス・以下同じ

なぜ「あの授業はヤバい！」
「あれだけは止したほうがいい！」といわれるのか？

　本のタイトルは、その内容が凝縮された顔である。本書の題名「あの授業だけは取るな！」は、第18期の蛙学生（「蛙学への招待」を履修した学生は、その後自らを「蛙学（あがく）生」と呼んでいる）である小林慧（ケイ）が探してきたものだ。「北大」「蛙」と Google 検索すると、トップに現れる取材記事（北大 CoSTEP　2015年本科生　村山一将氏の作品）の冒頭にある記述がこれだった。慧にもフィットする言葉のようだ。遠く「先生らしいタイトルでワクワクしますね！」との声も聞こえてくる。

　「蛙学への招待」は、「ヤバい」「履修はやめとけ」などと様々な形容で、学生たちの間で語られてきた。なぜそのようにいわれてきたのか、その理由をまずはきちんと読み手に伝える必要があるだろう。この冒頭部分は、これから読む意欲を高める上でも大切な部分だからだ。しかし私自身がそれを解説すると、我田引水、唯我独尊、お手盛り感満載になってしまい、実につまらない。思い切ってここは、学生目線で慧に任せることにした。

　なお、本書で登場する「蛙学への招待」を履修した OG/OB 諸氏については、以下全て敬称を省略することにする。実際の授業ではほぼ下の名前で呼び、「君」や「さん」づけをしたことがないからだ。以下、慧の原文をそのまま記す。

　「蛙学への招待」（以下「蛙学」）は、北大の学生たちから、「あの授業はヤバい！」「履修はよしたほうがいい！」などと形容されてきました。何がそんなに「ヤバい」のでしょうか？

　「ヤバい」といわれる最大の理由は間違いなく、膨大な作業量が要求されることでしょう。蛙学では約3ヶ月半で、野外実習・90秒スピーチ・系統解剖・レポート・学生授業と多くの課題をこなします。卒業論文や修士論文を書く時期になると、多くの大学生が忙しさを経験することになると思いますが（私はまだ修論を書いていませんが、先輩がたを見る限りそうだと感じています）、蛙学生はこれに近いものを、入学したての1年生の前期に体験します。量が多いだけでなく、それぞれの課題に求められるレベルも高いのです。

　たとえば「90秒スピーチ」は、蛙学生を最初に待ち受ける試練です。

　90秒と聞くと、なんだ、短いな！と、それほど大変な印象は受けないかもしれません。しかし様々な情報を収集し、整理して人に伝えるのは簡単なことではありません。しかも手原稿なしで、90秒プラスマイナス5秒以内にスピーチを収める、とい

う要件もあるため、内容を精査し、リハーサルを重ねる必要があります。

　授業の中盤に行われる系統解剖は、午後4時半から開始して夜中の11時過ぎまでぶっ通し。解剖が終わった頃には真っ暗です。これは誰が聞いても「ヤバい」と思うでしょう。さらに、系統解剖当日まで約1ヶ月をかけて必要な知識や技術を習得し、系統解剖後には1週間でレポートをまとめることを要求されます。

　極めつけは学生授業です。グループでテーマを決め、学術論文から情報を得て（第一人者にコンタクトすることもあります）、他の履修生への授業を構成します。

　データの収集や整理が得意な学生でも、ここでは思考の転換が必要になります。それらの作業と「授業に仕立てること」には、大きなギャップがあるからです。大学入学までに「授業をした」経験のある学生はほとんどいません。手探りで未知の世界を切り開いていくことになります。また、授業づくりの過程のどこを切り取っても、圧倒的な作業量が必要です。これを2ヶ月間、授業外で行わなくてはなりません。時には自宅アパートで深夜にリハーサルをしたり、北大構内にあるコンビニのフリースペースで夜中まで打ち合わせしたりします。

　ここまでで、「履修をやめたほうがいい」というほど忙殺される蛙学のヤバさを紹介してきましたが、蛙学には"いい意味のヤバさ"もあります。大量の課題に取り組むことで、蛙学生は1年生の前期の間に実力をつけます。議論を深める力、徹底的に観察しこだわり抜く力、時間を管理する力…などが養われていきます。

　全てが一度にうまくいくわけはありません。授業の中で多くの失敗を経験しながら少しずつ、しかし着実に前進していきます。チームで課題に取り組む経験をするのも蛙学の特徴で、仲間と喜びを分かち合い、時に衝突しながら学び合っていきます。

　さて、「蛙学のヤバさ」を紹介する上で、その生みの親である鈴木先生に触れないわけにはいきません。先生はエネルギーに満ち溢れる方であり、年中国内外を飛び回っています。あの年齢にして、階段を平気で2段・3段飛ばしで上っていくこともあるほどです。蛙学の授業では、先生はそのエネルギーで蛙学生と向き合います。大学に入りたての1年生にも、手加減はありません。

　だから蛙学生は、うろたえながらも必死になって食らいつこうとします。また、OB/OGで構成されたTA（ティーチングアシスタント）も全力で挑みます。歳の近い先輩にサポートされながら（そして時に辛口なコメントを受けながら）、蛙学生はなんとか自分なりの解を見つけ出そうとするのです。

　授業が終わってからも学びが続くのも、蛙学ならではです。札幌市内のカフェで、学生が授業をすることもあります。ボランティアで翌年の授業のTAになる蛙学生もいます。履修終了後に蛙学に携わらない蛙学生に対しても、鈴木先生のドアは常に

開いていて、「いつでも相談 OK だ」と最終授業ではっきり伝えられます。おそらく全国を見渡しても、大学で行われる初年次の授業でこのようなものは、他にないでしょう。

この型破りの授業がどのような理念のもと行われ、どのように変遷してきたのか、じっくりお読みいただきたいと思います。

「蛙学への招待」 開講の経緯

慧、ありがとう。ではここから、「蛙学への招待」とはどのような授業なのか、その成り立ちから具体的に解説していこう。

後述するが、民間企業、中・高の教諭を経て、私は 2000 年に北大に赴任した。その 1 年後、京都大学の市川衛先生の名著『蛙学』へのオマージュを込めて開講したのが、「蛙学への招待」だ。開講するにあたり、両棲類の恩師である新潟大学の故・岩澤久彰先生にそのコンセプトをお知らせしたところ大喜びされ、「是非出版すべし」というお手紙をいただいた。それがようやく 24 年経って実現したのが本書である。

北海道大学の全学教育科目は、2023 年現在、23 名での少人数ゼミナール形式で学んでいく一般教育演習(フレッシュマンセミナー:約 150 科目)、複数の学問分野を融合した統合講義で進められる総合科目(約 70 科目)、最良の専門家が最良の教養教育を展開する主題別科目(約 170 科目)、第 2・第 3 外国語を学ぶ外国語科目・外国語演習(約 350 科目)、体育や統計学を学ぶ共通科目(約 30 科目:以上北大コア・カリキュラムという)、そして専門教育の基礎となる共通科目(約 40 科目)から構成されている。「蛙学への招待」は、その中の一般教育演習(フレッシュマンセミナー)に属していた。最大定員 23 名で、教員の理念のもと、主にゼミ形式で進められる授業だ。

赴任後 1 年の間に、札幌農学校(現・北海道大学)のクラーク博士の "Boys be ambitious(少年よ大志を抱け)" を含む 4 つの建学の理念を軸に、私の教育理念を組み込みながら授業の設計をした。北海道大学は、未来の知を創造する研究者の養成を、そして「解」のない世界で自己実現を目指すことができるコンピテンスを具備した人材の育成を目指している。それには、小学校から営々と求められてきた「解」のある学びから脱却するパラダイム転換が必要だ。また、問題解決能力をブレーク・ダウンしたコンピテンス、たとえば対象物を正確に捉えることができる力や、得た情報を優先順位を付して切り取る力、データにこだわりメタ認知できる力などの入り口を、学生に見せることが必要であろう。その種をいかに播くか、そこで考えたのがこの授業だった。

開講するにあたり、FD(Faculty Development:大学教員の教育能力を高める実践的研究や研修)をはじめとする日本の大学教育改革の第一人者として有名だった解

剖学の阿部和厚先生の「医学史」や「組織学実験」などに参加し、自分の経験値が通用するか否かを確かめた。16時間の学びの内容については、最新の両棲類無尾目の知見を導入し、播種すべき資質や能力の種を分析しながら準備した。

これが「蛙学への招待」のシラバス（授業設計図）だ

　「シラバス」という言葉は徐々に、教育の中で市民権を得るようになり初等中等教育でも拡大してきた。ご存じの方が多いかもしれないが、シラバスとは授業の設計図のことであり、履修する学生との"契約書"を意味する。

　学生は教員が作成した授業設計図を見て、オリエンテーション期間中に複数の授業に参加し、履修したい科目を選択する。希望者が多い授業は、北大の一般教育演習の場合、抽選となる。

　教員側は契約書にしたがって、16回の授業を行うことになる。いいかげんな授業をしていると、授業の最後に行われる無記名・自由記述を含んだ学生評価で、厳しい洗礼を受けることになる。私の場合は毎夏、講義が終了するとすぐ、TA（蛙学OBでボランティアの学生）らとともに反省会を行い、良かった点と改善すべき点を明らかにして、次年度に向けてシラバスを修正する。

　まずは、2019年度「蛙学への招待」のシラバスをお見せすることから始めよう。これはネット上でも検索可能である。

2019年度「蛙学への招待」シラバス

　シラバスではまず、「一般目標」を記す。ここには多くの場合、教員の教育理念が記される。私の場合はこの授業の存在理由を、毎年具体的に記している。学生は、私がどのようなコンセプトで一般教育演習を行おうとしているのか、どのようなコンピテンスの育成を狙っているのか、ここで概略をつかむのである。

[一般目標]
　今から約3億6000万年前のデボン紀に、暖かい沼地の浅瀬から勇気ある両棲類の先祖（ユーステノプテロン）が陸を目指した。それは水圏からの脱出、すなわち体重を支えるための骨格の劇的な進化と、空気中の酸素を獲得するための未完成な肺の誕生を生み出した。この陸上への進出がなければ、私たちヒトは今日存在しなかったのである。

　本講座は、現存する両棲類の中で特異的に進化した無尾目を、形態や生態、繁殖戦略や鳴き声といった生物学的側面、また絵本や短歌・俳句、日本絵画や食文化といっ

た文化的側面から分析し、総合的に捉えようとするものである。また同時に文系理系を問わず、今後「解」の無い世界で生きていく上で必要となる「問題解決の手法」と、研究する上で必須な資質である「独創性」「創造性」の基礎を、1年生の早い段階で体験するというものである。

　本講座を希望する学生は、下記の到達目標や授業計画、また備考を熟読の上、第1回目の授業を必ず受講した上で履修届を出されたい。

　次に、この授業を履修することによってどのようなコンピテンスが身につくのか、学生の具体的な目標となる「到達目標」を示す。各項目の先頭部分に「学生が」と主語をつけて読めば、授業で何が待ち受けているか、どのような評価が待っているかが具体的にわかる記述となっている。

［到達目標］

1　日本産カエル目7科48種の種名と特徴を判別することができる。

2　系統解剖実習を通して150の外部形態と内部形態を、正確性とこだわりを持って確認することができる。

3　日本産カエル目6科の代表的なメイティングコールをリスニングすることができる。

4　両棲類の最新知見を基礎とした、学生の意欲を引き出す授業を30分間することができる。

5　2ヶ月に及ぶ学生授業の準備を通して、研究に必要な問題解決(情報収集・情報処理・推論・メタ認知)の手法の入り口を体験・習得することができる。

6　ホンモノとの接触、自然との直接体験、第一人者へのインタビューが授業の設計を通してできる。

　「備考」に記すのは一般目標を補完する内容で、私はここで学生に学びへの覚悟を強く求めている。過去には新年度教務の掲示板に、この内容を図にしたものを掲示していたこともある。

［備考］

　「蛙学への招待」は、多くの先輩たちの努力によって築き上げられてきた屈指の人気授業である。OB各位は世界各地で研究者を中心に活躍しており、「蛙学OB会」まで行われている。

　本授業は学生が自ら教材研究を行い、最後は教官に代わって授業を行うというスタ

イルで進められる。そのために現地調査や取材、各種編集作業やリハーサルなど、授業のための努力とモチベーションが要求される。知的好奇心や体力も必要であろう。学生はある程度の覚悟が必要である。また、多くの授業場面で作業を伴う。

　なお、本年度は水田や野山での実習や施設見学など特別研修も予定しており、休日の出動がある。真の学びの力や研究者を目指す上で必要な力を身につけたい学生には、格好の授業となろう。

　ここまでが「蛙学への招待」の授業に関する理念と目標、またどのような姿勢で取り組んで欲しいかという教員の思いが記された部分である。具体的にどのような学びがあるのかも予想できるようになっている。これらをどのような流れで学んでいくかが、以下に示す授業計画になる。

　本授業は、具備して欲しいコンピテンスの種を、3つの Phase に分けてスパイラル型に播種できるように設定してある。後ほど詳しく解説するが、「解」の無い世界で必要な問題解決能力のうち、直接体験と 90 秒スピーチを用いて情報収集力と情報処理力の意味が実感できる Phase1、その情報収集力や情報処理力を構成する要素であり、創造性や独創性の基礎となる「正確にものを捉える力」、「こだわって対象物を見る力」をホンモノとの直接体験から確かなものにしていく Phase2、そして Phase1 と Phase2 の仕上げとなるテーマから全て自分たちで設定しなければならない、まさに「解」のない「学生授業」製作を通して、学生一人一人に種を蒔いていく Phase3、この 3 つから授業は構成されている。

Phase1

1) 4.11　本講座の理念(含むカエル検定短縮版)
2) 4.18　蛙学概論①「外部形態・内部形態」
3) 4.20　特別研修　北大キャンパス(エゾサンショウウオ卵塊調査)
4) 4.25　文献検索実習
5) 4.29　※特別研修　札幌市豊平川さけ科学館(両棲綱無尾目「外部形態」観察会)
　　　　　　　9：40　真駒内集合
6) 5. 9　90 秒スピーチ(個人)　情報収集・処理には何が必要か
　　　　　　蛙学 OB(工学院 D3)
7) 5.16　研究にはどのような資質・能力が求められるか？
　　　　　　蛙学 OB(獣医学部人獣共通感染症リサーチセンター助教)
　　　　　(学生授業に向けてのテーマ設定、計画立案、論文収集)

Phase2

8) 5.23　ウシガエル・ドライラボの製作１：系統解剖を通して我々は何を学ぶのか

9) 5.30　ウシガエル・ドライラボの製作２：着色作業＋貼り付け＋名称記入

　　　　蛙学概論② 「蛙のコミュニケーション」

10) 6. 6　ウシガエル・ドライラボの製作３：模擬解剖・事前指導・レポートの書き方

11) 6.13　*Lithobates catesbeiana* の系統解剖 (生物実験室)

　　　　16：30 麻酔　18：15 開始　23：00 終了

　　6.14　12 時　医学部動物慰霊碑集合　※埋葬と献花

Phase3

12) 6.20　学生授業への準備(1)学生授業設計に当たって＋G 面談

13) 6.27　学生授業への準備(2)G 面談・リハーサル他

14) 7. 4　学生授業 1(30 分×2G：B・D)

15) 7.11　学生授業 2(30 分×2G：A・C)

16) 7.18　両棲類捕獲野外最終試験(北大農場)　最終講義　「蛙学」を終えるに当たって

　これが本授業の設計図だ。私とまだ出会ったことがない学生は、このシラバスを読み、学内に蔓延る「蛙学への招待」の噂を耳にしながら集まってくる。

　かつて学生に履修の理由を聞いたところ、意外にも「シラバスが明解」「どのような力がつくのかがわかる」といった答えが返ってきて驚いたことがある。私たち教員が思う以上に、シラバスは学生を集めるのに大きな効果があるようだ。

　では、より具体的に授業の構造について解説していくことにしよう。

「蛙学への招待」
Phase1

問題解決の初段階を体験する
―いかに情報を集めそれを切るか―

「蛙学」というと、学問的に遠いと思う人もいるが、実際に調べて発表するという、今までの授業には絶対なかったものが学べた。自分は大学生なんだということを実感できた。

研究への足がけになるだけでなく、エビデンスペースのイシキ、そして「ホンモノ」に出会うという重要な体験ができた。

北大の初年次授業の中で、学生が参加できる唯一の授業でした。この授業がなければおそらく大学の講義のつまらなさに幻滅していたと思います。他のどの授業よりもツラく、発表前などは二徹、三徹の勢いでしたが、徹夜してもうまく発表をしたいという意欲が湧き出てくる授業でした。

❶ ホンモノとの直接体験から良質な情報を収集する

　本授業は、前述したとおり３つの Phase に分けられる。その目標達成の過程の中で、求めるコンピテンスの醸成が様々な角度から進められていくスパイラル型の学びが展開されていく。

　「解」のない世界で自己実現を目指していくには、「問題解決能力」が欠かせない。その中でも特に初歩の段階である「情報収集」と「情報処理」の力を、Phase1 の最初の７時間で学生に徹底的に求めていく。まず、ここでの体験的な学びが全ての基礎となる。

「なんか変」自分の知識を疑わせることからスタート

　学生との初対面となる１回目の授業、「本講座の理念」。

　「カエル検定」なる全 20 問（年度によって内容は異なる）からなる簡単なテストから始まる。授業は彼らの両棲類に対する知識や常識を、驚きとともに破壊することから始まる。「えっ？」「何それ？」と驚かせて圧倒するのだ。

　たとえば、日本には毒を持ったカエルが何種生息しているのか？前肢の指の数はみな４本なのか？カエルはどこから水分を獲得しているのか？…身近な生物だと思っている生物でも、意外と事実を知らないことが多い。

　ここでの学生とのやりとりから、彼らが知識をテキストベースで学んできたのか、ホンモノとの体験から学んできたのか、獲得の背景の違いがわかってくる。また、学生の中で生じる「変だぞ？」「なぜなんだ？」という認知的不協和が、その後の学習の動機に繋がっていく。

　２回目は、抽選を突破した 23 名に対しての座学。数少ない私の一斉型授業だ。

　カエルを観察する上でまず基礎となる外部形態の見方について、内部形態についても少し触れながら、詳しく説明する。指、水かき、目、上瞼、鼓膜、外鼻腔、吻端…外部形態の器官名について、様々な資料をもとに細かい学びを進めていく。後の観察会に挑む前に、基礎的な知識を獲得しておくことが極めて重要だからだ。

資料を基にした詳細な外部形態の学習

　３回目の授業は休日に行う。大学キャンパ

ス内に生息する、エゾサンショウウオの卵塊調査だ。有尾目であるエゾサンショウウオの卵塊は、両生類の中でも比較的容易に見つけられる。この調査を通じて、直接体験することの意味や情報の集め方を感じ取ってもらうのがねらいだ。

なお、この授業までに、私とTAは23名の学生の様子を、可能な限り観察している。理系か文系か、学部はどこか、わかっている範囲での出身地域に性別など、属性をできるだけバラバラにし、TAらと相談しながら4つのグループに分ける。学生間の化学反応が起きやすいようにするためだ。

そして4回目の授業。

大学図書館とタイアップした授業だ。こ
こでは両棲類の情報の集め方や、論文の検
索方法について学ぶ。疑問に思ったことを
徹底的に調べ上げ、先行研究で明らかにさ
れているエビデンスと照合するのに、文献
検索のスキルは必須だ。Phase2のメイン
テーマである系統解剖でのエビデンスとの
照合と、それに基づくレポート作成、さら
にPhase3での学生授業の設計時に必要と
なる論文検索でも、このスキルは柱とな
る。それをこの時点で学ぶのだ。

図書館主催の情報検索実習。内容については図書館側と入念な打ち合わせをする

情報収集をした結果をグループでまと
め、授業の終わりに、3回目で調査したエ
ゾサンショウウオの卵塊についてプレゼン

エゾサンショウウオの卵塊調査報告。指示はせず、学生の自由な発想で進めていく

をしてもらう。授業の主役はこの頃から徐々に、私から学生に移行していく。主役は彼らで、私は陰からのサポート役に徹する。この段階でのプレゼン方法については、一切口出ししない。自分たちで先行研究を読み、手法について考えてもらうのだ。

最初の本格的なホンモノとの直接体験

ここからがPhase1の特に重要なパートだ。5回目に行われる、札幌市の真駒内にある「札幌市豊平川さけ科学館」での両生類の観察実習「両棲綱無尾目・外部形態観察会」と、その報告会となる6回目の「90秒スピーチ」である。

形態観察会では、約8種類の無尾目（年度によって異なる）を観察する。時間は2時間。目視による外部形態の観察から始まり、種ごとに細部の形態を詳細に計測し、触

水槽に食い入る蛙学生たち

診して観察、また給餌や飼育の様子なども直接体験して、情報収集を行う。前回までに両棲類無尾目に関するある程度の基礎知識が身についていることから、学生らは毎年興味津々で、かなりの集中力を持って臨んでくる。この段階で、1回目の授業のカエル検定の答えを見つける学生も多い。

観察において、カメラ類は一切使わない。見て、触って、感じるという、あくまでもアナログ感覚で、自分の五感を総動員して情報をとらえていく。それは徹底的なホンモノとの直接体験、それによる五感をフル活用した、質・量とも潤沢な情報収集だ。ここでいうホンモノとは、両棲類無尾目だけではない。飼育を担当している方々や施設全体、また小さな来館者たちもみなホンモノなのだ。

かつて「さけ科学館」には、小沢加代子さんという、両棲類無尾目の飼育に長けた専門家がいた（5頁の写真中央私の右側）。両棲類を受精させ、個体まで飼育することは、並大抵のことではない。彼女は餌となるフタホシコオロギの管理から、成長のステージに合わせた給餌などをほぼ独学でやってのけ、飼育という立場から様々な挑戦を行ってきた。現場での経験でしか得ることができない優れた知見を持ち、その質と量はどんな本にも載っていない優れたものだった。根底には、カエルへの深い愛情がある。まさに実践者としてホンモノである彼女から話を聞くことも、この体験実習の重要な学びだった。

歴代の学生らは彼女の話に驚き、その多くが感銘を受け、中には後日個人的に来館する学生もいたほどだ。本授業に参加されたこともあり、定年で退職されてしまったのがとても残念だ。

見て触って感じる直接体験の2時間

カエルの基本的な持ち方を学ぶ

さけ科学館の空間でのインタラクティブなやりとりから得た情報を元に、学生たちは各自でエビデンスにあたっていく。そして集めた情報から不要なものを切り取り、

必要なものを残すとう情報を処理する重要な学びを、次の授業で学生に迫っていく。

膨大な情報をたった 90 秒にまとめる

　6回目の授業は、Phase1 の山場となる「90 秒スピーチ」である。「さけ科学館」での体験的な学びの中で、学生はそれぞれお気に入りの「My・ガエル」を決めている。この「My・ガエル」について、GW 期間中、図書館に通って情報収集をしてもらう。テーマの設定は自由だ。現地での直接体験とそこで感じた疑問点を、文献検索を通してエビデンスとの深掘りをする。

　膨大な情報が集めた後に待っているのが、それをわずか 90 秒に切り落とす作業だ。学生はここで初めて、優先順位をつけて情報を処理する難しさに直面する。

　しかもプレゼンにはあえて、古いオーバーヘッド・プロジェクター(OHP)を使うことを求める。パワポに慣れた学生を混乱させるのだ。自動でフォントまで設定されてしまうパワーポイントは、初期の情報処理能力を育成するには不向きである。

　OHP の使用について、私はあえて何も言わない。初めての体験に様々な取捨選択を迫られ、自分で試行錯誤を繰り返しながら、アナログ感覚で OHP シートに書き込んでもらう。また。プレゼンに際し、学名や引用文献の記載といった基本事項も、この Phase でたたき込んでおく。

「学名の記載がない」と私に突っ込まれる蛙学生

実習で生じた興味の対象は大きく拡大：上腕の筋肉群に着目

　90 秒スピーチでは、手持ち原稿は認めない。これも将来に向けての対応である。学生らは GW 期間中にシートを作り、リハーサルを重ね、90 秒(＋－5 秒以内)で納める準備をする。このスピーチは、Phase3 で行う学生授業に向けてのテーマ設定や計画立案にも関係する重要なところで、学生の集中力も凄い。

　学生の興味は、種はもちろんのこと、性決定や外部形態、可塑性や繁殖戦略など広く分散する。それらのスピーチを、私と TA 数名で①動機②情報収集③情報処理④わかりやすさ⑤創意工夫の 5 観点から 5 段階評価し、上位 3 名をカエルグッズで表彰する。また、学生一人一人に言語的支援となるエンカレッジなコメントを残す。

90秒スピーチがどのようなものか、第20期の肥田太陽に紹介してもらおう。その動機とプロセスに注目していただきたい。以下原文のまま記す。

　　さけ科学館にて、僕が目をつけたのはアズマヒキガエルだった。何種類もいたカエルの中で、その圧倒的に力強い立ち姿と腕っぷしにすぐに惹かれた。キリッとした顔立ちと背中のゴツゴツとしたイボに反して、お腹は可愛らしいまだら模様で、そのギャップに心打たれた僕は「My・ガエル」をアズマヒキガエルに決めた。

90秒スピーチで蛙学生が作ったOHP（左からユミコ・ホカリ・タイヨウ作）

　90秒スピーチの前日、僕はその準備に頭を悩ませることになった。まずそもそも、90秒スピーチとは何なのか。手本も雛形も与えられていない状態で、どのような方向性で準備していいのか分からなかった。先生は具体的な説明をしてくれない。

　わざわざアナログのOHPシートを使用させていることと「90秒"スピーチ"」という名前にヒントを得て、自分なりの方針を定めた。口で話すことをメインにして、シートに書くのは最小限の情報だけにし、聞き手の興味を引くデザインにしよう。この方針がよいのかは分からなかったが、先生の「正解はない」という言葉に後押しされて、自分なりの90秒スピーチを作ってみた。

　アズマヒキガエルに夢中になっていた僕は、様々な文献をあたって情報を集め

た。しかし、たった90秒のスピーチで伝えられる情報は少ない。そこで、さけ科学館で気になった、力強い腕に注目して調べてみた。

　アズマヒキガエルのオスの前肢には、「指だこ」と呼ばれるこぶのようなものがある。産卵のために集まったオスたちはメスを巡って争い、指だこを使ってメスを力強く抱きかかえ、交尾を行う。この際、メスに覆い被さるように押し合いをするオスがまるで合戦をしているようであることから、アズマヒキガエルの産卵は「蛙合戦」と呼ばれる。僕はこの蛙合戦に焦点を絞って、スピーチを作った。

　90秒スピーチの準備をするにあたって注意したことは、2つ。1つは、まず聞き手の興味を引くこと。そしてもう1つは、その興味を90秒間途絶えさせないことだ。そのために、第一印象を決めるシートのデザインに拘り、聞き手を引き込むような話の構成を考えた。

　90秒という短い時間でのプレゼンはやったことがなかったため、蛙学の授業の中でもかなり苦労させられた回だった。数ある情報の中から正確なものを見つけ、さらに自分のテーマに沿ったものだけに焦点を絞り込む。この大切さを、90秒スピーチでは嫌というほど感じさせられた。

　今振り返ってみると、この経験は後の学生授業づくりにも、かなり役立ったと思う。圧倒的な量の情報の中から正確かつ質の高いものだけを抽出する作業が、学生授業づくりでは鍵となったと感じたからだ。

90秒スピーチを経て、研究とは何かを知る

　すべての90秒スピーチの発表が終わったところで、「90秒スピーチ」のねらいについて
　・なぜホンモノとの直接体験が重要か
　・情報の取捨選択はなぜ必要か
　・なぜ小沢さんはホンモノなのか
　・なぜ五感を研ぎ澄ませることが重要か
　・90秒スピーチが、その後の何に生かされるのか
の5点から総括する。

　2020年は、蛙学第7期OBで現在北見工業大学の教員である稲葉一輝に、TAを

含め蛙学に5年間携わった体験や現在進め
ている研究内容を交えて話してもらった。
写真はその様子である。歴代 TA は、皆
私以上に「蛙学への招待」の本質を理解し
ているのが凄いところでもある。

蛙学 OB による「90秒スピーチの隠された目的」の説明

　7回目の授業は、ゲストのプレゼンを聞
く回だ。前の授業の「90秒スピーチ」の
まとめを受けて、では研究にはどのような資質・能力が求められるのかを、ゲストに
話していただく。
　例えば、最後の年は、蛙学第3期 OB の梶原将大を迎えた。NHK の『プロフェッ
ショナル』にも登場した、北海道大学人獣共通感染症国際共同研究所国際展開推進部
門の准教授である。エボラウイルス病(旧エボラ出血熱)対策の最前線で研究に携わっ
ている彼の経験値豊かなプレゼンは、研究の動機や目的、また実験計画のプロセスな
どを明確に示したもので、学生に「目から鱗」と言わしめたほどであった。「『役に立た
ない』といわれるものにも、研究として価値があることが分かった」と発言した学生も

蛙学 OB の北大教員のプレゼンに食い入る蛙学生

いた。役に立たなければ意味がないと教え
られているらしいことに、大変驚いた。ゲ
ストに蛙学 OB が登場するのは不定期であ
り、たまたまミュンヘン大学から一時帰国
していた第6期 OG の山下由衣(現・北大
大学院農学研究院助教:分子生物学)をつ
かまえて、研究とは何かについてプレゼン
してもらったこともあった。

　外部からのゲストにプレゼンをお願いすることもある。たとえば 2016 年には、日
本で最初の独立時計師・菊野昌宏さんを千葉県からお招きし、「創造性と独創性」に
ついて学生に語っていただいた。菊野さんは ipad に収録されている様々な動画を用
いながら、手作業で小さな歯車やギア類を μ 単位で正確に削り出す様子や、有名な
不定時法時計(和時計改)の製作の様子などを、実物を交えてご教授くださった。この
内容も蛙学生にはジャストフィットするもので、"第一人者"というホンモノの凄さ
を全員が肌で感じる、貴重なひとときとなった。

　以上7時間の授業で、「解」のない世界で自己実現していくために必要な、情報収

集と情報処理の能力の入り口へ、体験的な学びを通して学生を誘導する。Phase1 での学びは、Phase2 で展開される学びによって、創造性や独創性の基礎となる「正確にものを捉える力」や「こだわって対象物を見る力」に繋がっていくのである。

② いかにして集めた情報を切るか

　高度情報化社会が到来し、巷にはさまざまな情報が溢れている。生徒や学生は、身近な IT 機器でいとも簡単に情報を集積することができる。実際、初等中等教育で展開されているグループ学習や調べ学習で鍛えられているためか、彼らの情報収集力はなかなかのものだ。

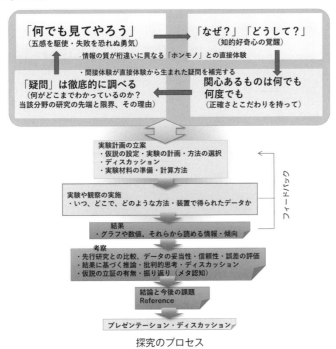

探究のプロセス

　それは、私たちの研究の世界でも同じである。あるテーマを解決するため、研究動機を元に、まず何がどこまで明らかになっているかを徹底的に調べることから始まる。多くの書籍にあたり、その元になった先行研究や論文を隈なく洗い出す。そして集めた情報から必要なもののみを抜き出し、何がどこまで明らかになっていて、何が不足しているのかを白日の下にさらす。それが、研究動機をより強固なものにする。

これが研究の最初のステージであり、かつ最も重要なところである。情報を多岐に渡って収集する力はもちろんのこと、何が大切かを見極めることができる力、そこに優先順位をつけることができる力が必要なのだ。

　この情報を整理し、切る力は、研究が進み、発表や論文を書く時点で再び問われる。我々が数年に渡って追い求めてきた膨大な研究成果は、学会などで発表することによって公となり、そこでの議論や批判を経て一つの知となる。
　学会で発表に与えられる時間は分野によって異なるが、理系では10分前後が普通。そこに数年かけて得たデータを全て投入する…わけにはいかない。10分間の起承転結を考えると、データの提示にかけられるのは多くて2分だろうか。パワーポイントのスライドにすれば、最大4枚だ。そこに最も重要で自分が強調したい部分を、数年間かけて収集した様々なデータの中から切り出さなくてはならない。したがって、最初のステージで行った情報処理と同じ操作が必要になるのである。
　優れた研究発表は、それが綺麗にできていて、とても分かりやすい。逆に論点がボケてしまい何が言いたいのか分からない研究発表は、データがてんこ盛りの場合がほとんどである。
　昨今の学生を見ていると、情報収集は比較的上手だが、プレゼンでは優先順位を設定した情報処理ができておらず、焦点がぼけ、論旨が曖昧になってしまう者が多い。一番必要な情報が切り落とされてしまっているようなことも散見される。
　必要な情報を収集し適切に処理できる能力は、「解」のない世界で問題解決を進めていく上で基本となる重要な力といえよう。「蛙学への招待」Phase1 では、それをさけ科学館でのホンモノとの直接体験を経た学生らに求める。90秒という短時間で迫ることでその力の種蒔きをするのである。
　前述の稲葉一樹が授業で説明してくれた「90秒スピーチの意味」を、以下、原文のまま示す。

　蛙学を受講する新入生にとって最初の試練である「90秒スピーチ」が持つ意味と役割について考えてみます。
　「90秒スピーチ」は講義が始まって間もなくの4月終りから5月初旬に組み込まれ、その流れは以下のようにとてもシンプルです。
①「My・ガエル」選定：豊平川さけ科学館での生体展示からスピーチ対象の蛙を決定

②発表原稿・資料作成：90秒でMy・ガエルの良さを伝える原稿と発表資料の作成
③スピーチ本番：90秒のスピーチを実施、その後、他の学生からの質問タイム

　蛙学を「あえて」受講する学生は、生物好きや好奇心旺盛な人が多く、My・ガエル選定の際は目を輝かせて真剣に取り組んでいます。鈴木先生は最初から「解」を与えることはしないので、この時点で90秒スピーチが持つ本当の意味を理解して取り組む学生はほとんどいません。最初から気づいている学生がいるとしたら、この時点で蛙学の70%を修了しているといってもよいくらいでしょう。

　私が思う90秒スピーチに込められた意味は、「実体験を通じて研究者としての最初の一歩を踏み出してほしい」ということです。上述の①〜③の内容を2週間程度の短期間で学生に経験させるのは、そのためです。

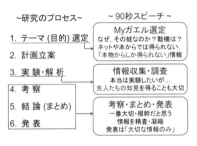

90秒スピーチと実際の研究活動の対比

　ここで、図に90秒スピーチと実際の研究活動の対比を示します。蛙学は一般教養科目なので、実験設備もなく時間も限られており、実験などは行えませんが、図から90秒スピーチが研究活動のエッセンスを凝縮した流れになっていることがお分かりいただけると思います。

　特に重要なのがMy・ガエル選定です。先生はさけ科学館に行く前に「ホンモノとの接触が重要」と学生に口酸っぱく伝えます。これは対象を正確に捉えて記録するという実験・解析能力を養うことだけが目的ではなく、自分にしかない動機・目的を心に宿す、という狙いもあります。

　最近ではインターネットで簡単に大量の情報が手に入りますが、それらは全て二次情報で、自分の五感で実際に体験して手に入れた一次情報には決して敵いません。一次情報から動機および目的が生まれ、その後の研究活動の指針になるのです。

　また、発表にあたっては、得られた・調べた情報を精査し、90秒という極々短い時間に収めなければなりません。この作業は研究活動の最後にあたる学会発表の際にも行いますが、目的から結果・考察、結論まで、一貫したストーリーに基づいた発表資料を作成する力が必要となります。

よく見られる90秒スピーチの失敗例は、本などで調べたことばかり述べて、「なぜその蛙に興味をもったのか（動機）」「ホンモノに接触して何を感じたのか」について触れないものです。「つぶらな瞳がかわいかった」「さわってみてこう感じた」…そんな簡単な情報でよいのです。それらがその人

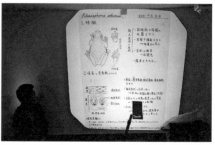

90秒スピーチ風景：あえてアナログで情報を整理する

自身が得た一次情報であり、動機の源であり、他人とは異なったものの見方です。

　学会で発表する資料を作る際にも、やったこと(実験結果)ばかり述べてしまいたくなりますが、そうしてできた資料はわかりづらく、何のために研究をしているのかが相手に伝わりません。目的と手段が逆にならないよう、自分の状態を客観的に評価する「メタ認知」が必要です。これは、蛙学の1つのキーワードにもなっています。

　鈴木先生はたった90秒のスピーチを題材に、研究者に必要な力が身につくよう、授業をデザインしています。しかし、このような背景や目的を、先生は学生に事前には伝えません。学生の自主性に任せ、スピーチ後に「実はこういう意図があった」と伝え、学生自身に取り組みの過程を振りかえらせるのです。

　蛙学では90秒スピーチの後に、ウシガエルの系統解剖実習や、班で協力して行う学生授業という、さらに多くの力が求められる課題が待っています。90秒スピーチは、それらに取り組むための足掛かりとしての役割も持っています。

　その一方で、私が最後にお伝えしたいのは、90秒スピーチは研究活動の一環であると難しく考え、型にはまったようなプレゼンテーションをすることを、先生は望んでいないということです。かくいう私も、大学1年生の頃は90秒スピーチの意味を理解してはおらず、その後の研究活動やTAとして蛙学を外から眺めた経験を通じて「こういう意味なのかな」と自分なりの理解に至りました。毎年、意味を理解していなくても、すばらしい90秒スピーチを行う学生達に出会えます。研究の進め方はあくまで手段であり、その手法を伝えることが90秒スピーチをさせる目的ですが、学生の持つ自由な発想を引き出すということも、大切なもう1つの意味だと思っています。

閑話休題　他とは異なる蛙学のTA

　TA(Teaching Assistant)という言葉を耳にされたことのある方は、多いのではないだろうか。TA はここ 20 年で大学や各研究機関で急速に広がった制度で、大学院生に新入生や学部学生の授業や実験の補助業務を経験させ、大学教育の充実を目指そうというものである。北海道大学はいち早くこの制度を導入し、私も年に 1 度、TA を希望する大学院生を集めてワークショップを行ってきた。TA となる大学院生には、一定の手当も支給される。

　本書に度々出現する蛙学の TA は、それらとはかなり異なる。蛙学 TA の狙いは、蛙学生の更なる人材育成にある。単位を出せば確かにその授業は終わりだが、その学生が在籍している間は北大の学生であり、同じ学びの仲間でもある。可能な範囲で、継続して履修者と関わりを持ち、「伸ばせるものは伸ばし、種蒔きをさらに継続する」。これが蛙学に TA を導入した動機である。

　したがって TA は、冒頭の目的や補助業務を理解するだけでなく、①蛙学履修者であること　②将来研究や開発を志している学生であること　③仲間とのコミュニケーションに優れること、の 3 つが必須条件となる。それを念頭に、数年に 1 回希望者を募ってきた。インセンティブは、年に 1 回私の家で食事会をするか、行きつけの中華料理屋や北大前のカレー屋で飯を食うか、大学院生になれば大学前の焼き鳥屋で一杯やるといった程度である。いずれにしても、完全なボランティアだ。過去には希望しても、人数の関係からかなわぬ学生もいた。それについては、いまだに申し訳なく思っている。

　蛙学 TA は、歴代の OG/OB の努力によって築かれ、定型化された。私は彼らを"教育者の卵"として育ててきた。私のノウハウをできるだけさらけ出し、そこから彼らが必要なものを吸収できるように配慮したつもりだ。

　蛙学履修時と同じく、彼らにも学生指導での「解」は与えない。モニタリングを徹底し、まずは学生を見ることから始めるよう強く求める。これは蛙学を含めた教育の生命線だからだ。幸いにも、彼らはそれを身をもって体験しているので、ブレることはまずない。学生に迎合することなく、冷静に、客観的な情報を収集していく。そしてそれらを元に、現在の Phase での学習の文脈では何が問題になっているのか、それを解決するには何をすべきか、私との情報交換や共通理解を重ね、一緒に改善策を考えていくのだ。

　そこで、授業以外での TA とのコンタクトは頻繁に行われる。学生との間合いの

取り方や、どこまで具体的な情報を出すかについて TA たちが私にヒントを求めてくることもある。潜在能力の高い TA であれば時にはあえて無視し、その後の動きを遠くから見守る。彼らにより高いハードルを設定し、まずは自分で学習者への最適解を考えさせるためだ。文句も出るが、多くの TA はそれを着実に乗り越えていく。

　Phase2 になると、TA は各グループにそれぞれ専属で張りつく。より学生と密にコンタクトし、責任を持たせるためだ。もちろんすべての責任は私が負う。学生は私に直接話しかけてくることも多いが、年齢の近い TA はやはり頼りになるようだ。TA は担当するグループの学びの現状や課題を適宜モニタリングし、私にフィードバックする。その情報と、私自身が得ている情報をブレンドして、次の一手を繰り出していく。

　TA の力が特に発揮されるのは、Phase3 の学生授業の設計だ。この頃になると、私と TA と学生とで、三つ巴の戦いが繰り広げられるようになる。リアルタイムで集まった様々な情報をもとに、夜な夜な指導の修正を繰り返していく。時にはひと晩中、TA たちが学生のカエルの野外調査につき合うこともある。

　TA 研修会を受けてきた一般の大学院生には、これらのことは難しい。蛙学を履修した OG/OB でなければ対応できない。一方、蛙学履修生の彼らであれば、学部 2 年生からでも十分 TA として活躍することができる。

　蛙学 TA に、出席管理など教育上の補助業務をさせることはない。あくまでも私と同じ「教員」の一部を、早い時期に体験してもらうことが目的なのである。年度によっては、レポートの評価や総括的評価にまで意見を求めることもある。それらを通して、TA らのコンピテンスが伸びるように、種蒔きや水やりをするのである。

「蛙学への招待」 Phase2

ホンモノとの直接体験から得られる 究極の Active Learning

一歩踏み出せば、これ以上おもしろい授業はないと思う。いい意味でばかになってやれる。がむしゃらにやれる。カエルの鳴き声をマネしたりとかカエル捕えたりだとか、そういうことを真剣にやれるのって、もうないのかもしれない。

蛙学を通して多くのことを学びました。まず、命の大切さ。解剖実習を通して命の尊さとかはかなさ、温かみを知りました。

1回1回の授業に真剣になれたので、生徒としてとても良い体験ができたと思います！蛙学っていったい何学ぶんだろ…なんて初め思っていたけど、これから先、絶対役立つ何か（プレゼンテーション能力、情報集収、ガッツ！etc）を得られたと思っています。私、この授業とれて本当に本当にラッキーで、本当に本当に恵まれた人間かも。先生との交換日記のコメントいっつも楽しみにしてました。

❶ 創造性・独創性・問題解決の入り口を体験する

　Phase2は、問題解決の入り口である情報収集や情報処理の学びを、さらにホンモノとの体験を通して深化することを目標としている。素材はなんでも良い。大切なことは、このPhaseでホンモノと対峙し、

・正確に対象物を観察し、こだわって見る姿勢を身につける
・圧倒的な情報の質と量を実感する
・1対1で生命と向き合う
・「オレにもできる」という自己効力を獲得する

この4つの能力の醸成をねらった直接体験が目的だ。

　授業ではまず、より正確にものを捉えること、こだわって対象物を見ながら生物を探究していく姿勢の意味を全員に問う。そしてその基礎となる①動物への感謝の気持ち、②150に上る器官名を含めた認知面の習得、③スキルの獲得、④メンタルの充実といった、心・技・体・知の意味を学生に理解してもらい、その習熟を徹底する。

　これらがしっかり学生の体に収まると、教員の指示なく自動運転が可能となる。修了は黙々と、6時間にわたる系統解剖に臨んでいく。毎年の光景である。これは何も北大生だからできるのではない。Active Learningとは本来そのようなもので、教育の基本はどこでも同じだからだ。

　では具体的に、心・技・体・知を充実させるため、どのような学びをさせたのか紹介しよう。

ドライ・ラボで知識を叩き込み、解剖を模擬体験する

　形態学(Morphology)は、生物の構造や形、組織などの特徴を学ぶ上で、先人たちによって築かれた優れた学問である。Phase2ではこれを学びの中心に据え、外部形態と内部形態を学ぶことができる系統解剖を行う。問題解決能力の「推論」や「メタ認知」といった、高次な段階に学生を導くことをねらい、蛙学開始の翌年から本格的に導入した。

　Phase2の1時間目は、系統解剖の事前指導用に用いるドライ・ラボ(Dry Laboratory)の製作から始まる。解剖実習という素材を教材に換えていくための、最初のステップだ。

その前に、「系統解剖を通して我々は何を学ぶのか」、その目的の共通理解を図ることから始める。この理解度が、実習の成否に直結するからだ。表は、そのとき用いたパワポの一部である。

・外部形態・内部形態の学習（形態学の基礎）（Γαληνός：ガレノス：129-200）
・ホンモノとの直接体験（桁違いの情報の質と量）
・正確に対象物を捉える力の育成
・五感を通した知識とセンスの獲得
・情報の精緻化（二重符号化・項目内精緻化）
・学生の主役化（自己効力の育成）
・プロセスのモニタリング（メタ認知能力の育成）

表　解剖実習の意義（授業資料から）

動物實驗解剖の指針（風間書房）

動物實驗者の自戒の頁：素晴らしい言葉が並ぶ

まず解剖学がガレノスによって2世紀に確立され、以後今日まで進化を遂げながら営々と受け継がれてきた学問であることを学生に伝える。ホンモノとの正確な直接体験によって、テキストベースとは異なる桁違いの情報量が享受できる学びとなることを伝えるためである。

たとえば「肝門脈」という用語を文字で学べば、わずか3つで済む。しかし解剖を通してこれを確認するには、両棲類無尾目の場合、胃間膜静脈や上腸間膜静脈をたぐりながら三葉構造の肝臓の下を探っていくことになる。そこには文字ではなく、手触り（触感）、色（色覚）、匂い（嗅覚）といった、様々な情報が学びの過程で引き出されてくる（情報の符号化という）。このように二重、三重に符号化された情報は、すでに脳内にある長期記憶の内容と結びつき（「項目内精緻化」や「項目間精緻化」という）記憶の定着や知のネットワーク化の促進、知的好奇心の覚醒につながっていく。実験・実習でのホンモノとの直接体験の意義はここにある。これらを丁寧に、学生に解説していくのである。

その上で、前述した歴代の蛙学生のバイブルでもある、故・岡村周諦先生の「動物実験者自戒の念」を全員納得の上で暗唱する。感謝の気持ちで動物実験に臨み、動物から学ぶ姿勢を自覚することが、これらの学びの基本だからだ。これらによって、学びに取り組む姿勢を学生に問うていくのである。

　6時間に及ぶ系統解剖の流れと到達目標は、事前に学生に配布する。それは以下の通りだ。

実習場所：情報教育館 4F　多目的教室Ⅱ、及び生物実験室
所 持 品：解剖実習用ドライ・ラボ、系統解剖テキスト、筆記用具、白衣、己
　　　　　　の心技体知
日　　　程：
2019 年 6 月 13 日(木)
　16：20　学生集合
　16：30-17：00　麻酔／観察
　17：00-18：00　・手技・剖出手順の確認
　　　　　　　　　・注意事項の再確認
　　　　　　　　　・160 mm オペ用直尖刀授与式
　　　　　　　　　・麻酔の洗浄
　18：10　高等教育推進機構生物実験室へ移動
　18：15　外部形態観察開始
　19：05　皮膚の観察・各筋の観察・筋皮静脈等脈管系の確認
　19：45　筋肉／骨格の切開
　20：00　消化器系諸器官の観察・胃腸静脈／門脈等脈管系の確認
　20：40　消化器系内部の観察
　21：00　消化器系の剖出・泌尿生殖系諸器官の観察
　21：30　泌尿生殖系の剖出・脊髄神経の剖出
　22：00　脊髄神経／交感神経の確認　心臓の剖出
　22：30　終了・後片づけ
　　　　　情報教育館 4F へ移動
　23：30　授業終了予定

14 日(金)
　12：10　生物実験室前集合　医学部実験動物慰霊碑に移動　献花

表　*Lithobates catesbeiana* の系統解剖実習の流れ

系統解剖：到達目標

1　外部形態 32 部位※を、手で正確に確認できる。

2　筋肉系、下顎下筋から大内転筋、白線まで 26 部位が確認できる。

3　消化器系 21 器官（幽門の痕跡を含む）を確認できる。

4　泌尿生殖器系♀ 9、♂ 8 器官を目視で確認できる。

5　腎生殖動脈・腎生殖静脈、肝門脈、前腸間膜静脈、胃腸静脈を確認できる。

6　脊髄神経 10 対が目視で確認できる。視神経が確認できる。

7　心室、左心房、右心房、左動脈幹、右動脈幹、左前大静脈、右前大静脈を確認できる。

8　各テーマに基づいた正確な観察ができる。

※　剖出時、剣状胸軟骨、軟骨本体、鳥口骨、鎖骨、上胸骨、尾骨（第 10 椎骨）、腸骨の確認できる。

表　系統解剖の到達目標（授業資料から）

　これらをほぼ自動運転で進める上で必要なのが、十分な「知」や「スキル」に関する事前指導と事後指導であり、そのマストアイテムのひとつが「ドライ・ラボ」である。ドライ・ラボとは、1960 年代のアメリカの理科教育の現代化の中で開発された思考実験教材のことで、実際に行われる実験（ウエット・ラボ）に対比される言葉として誕生した。

　「蛙学への招待」では、独自に開発したドライ・ラボ（1990 年第 22 回東レ理科教育賞受賞）を用い、紙製の解剖模型を製作する。その過程を通して、実際に解剖を行う前に、最大 187 に及ぶカエルの器官名を習得し、解剖のスキルを学び、また心の準備を進める。この学びでの妥協はない。学生にはまず、

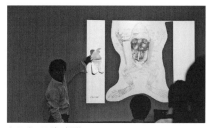

ドライ・ラボの解説

「器官名を含めた解剖図が全部頭に入っていないと系統解剖はない」と伝えている。「知らなければ興味はわかない」「できなければやる気にならない」からだ。

　ドライ・ラボは、皮膚（それぞれ腹面・背面）、筋肉、消化器（雌・雄で各 1 枚）、血管系、泌尿生殖（雌・雄で各 1 枚）、脳・神経、骨格（それぞれ腹面・背面）といった系統別に 11 枚に分かれたシートから構成されている。学生は各自で雌雄を選択し、用意したスライドを見ながら、各器官に黒、焦げ茶、赤、紫、水色、緑、白、黄土色の色鉛筆で重ね塗りして着色していく。合い言葉は、「猫が咥えて持って行く」。それほどリアルな内臓を目指して、徹底した着色を進めていく。

皮膚(腹面):着色がホンモノそっくり

筋肉系

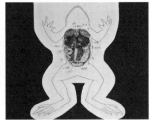

消化器系

脈管系

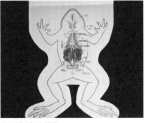

泌尿生殖系(雌)

神経系

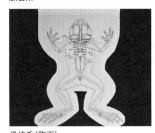

骨格系(腹面)

骨格系(背面)

ドライ・ラボ　皮膚(背面)
以上第 19 期　石川楓子の My ガエル

　着色の上手下手は関係ない。そのことは学生に伝えている。美術の授業ではないからだ。

　たとえば心臓は、心房と心室の明確な色差について、その構造を含めて解説し、的確な着色を促す。肺は柔らかさが出るような着色を求める。学生は大学生になっての色塗りという衝撃的な体験に、毎年ほぼ全員必死になる。

　大切なことは、あくまでも自分の眼で見た情報を正確性に捉え、できる範囲で紙上に表現し、各自こだわりをもって作業することだけである。この作業プロセスの中で、器官名や位置関係が自然と理解できるようになる。

器官名をドライ・ラボに記入していく

Phase2 の 1 時間目の授業は、肝臓と心臓、肺でおよそ終了する。各器官の写真を
ラミネート処理した自宅学習用のシートも提供し、各自で消化器系の着色を完了して
もらう。この頃になると、学生たちもすっかりのめり込むようになり、ラミネートの
写メを携帯の待ち受け画面にして持ち歩く輩も出没する。グループごとに心臓や肝臓
などをスーパーの食材売り場で求め、それを手本に、夜な夜な学生のアパートに集
まって明け方まで着色したりするようになる（着色後は、「レバーパーティ」と称され
るコンパの食材となるらしい）。スーパーで購入した臓器は血液がすでに抜けてお
り、暗色を呈しているが、ホンモノにこだわる学生は後を絶たない。

　2 時間目は、脈管系、泌尿生殖系、神経系、血管系などの器官への着色を、スライ
ドを見ながら進めていく。着色終了後に、表から見ても裏から見ても一匹のカエルと
なるように、テキストの指示に従って各シートを正確に貼りあわせていく。できあ
がった My・ガエルには、自由に名前をつけ、以後持ち歩く。解剖実習に持ち込める
のは、この My・ガエルとテキストだけである。
　同時に、解剖用のテキストを学生に渡し、準備として必要な外部形態、筋肉系、消
化器系、脈管系、泌尿生殖系、骨格系含めて最大約 187 の器官名を、シートに書き込
みながら頭に入れさせていく。実際の解剖で学生が目視で確認できる器官は、約 120
から 150 である。
　これらを約 10 日間で、着色しながらすべて覚えるように促す。教室全体をモニタ
リングしながら、すべてを習熟するまで、朝または昼休みの時間も活用して、学生全
員と確認を進めていく。昼休みにはグループごとに面接し、どれだけの器官名を暗記
で答えられるか、達成度のチェックを団体戦で行う。チェックはなるべく短くリズミ
カルに、グループ内でミスが 3 つ出ると脱落、次回再挑戦となる。
　通常、初回は必ず全員が再挑戦となる。明らかに習熟が遅れているグループには、
「ランチ・ミーティング」や「ブレックファースト・ミーティング」と称した時間を
設定し、学習プリントを用いたチェックを行う。到達度が高くなったところで、昼休
みの面接に戻す。ここは久々の一斉型授業であり、学生とのガチンコ勝負だ。
　時間に余裕がある場合は、このタイミングでカエルのメイティングコールを全員で
種別にリスニングしたり、初夏の夜中の農場で、リアルなリスニングテストをしたり
する。

　3 時間目は、できあがった各自の紙製模型をホンモノに見立て、模擬解剖を行う。
その前提として、当日までに切開の手順について、テキストを元にイメージトレーニ

ングをしておくことを義務づける。

模擬解剖では、切開の手順、はさみの角度や、注意すべき血管や器官の位置など、系統解剖実習で必要なことを学ぶ。膀胱を切らないようにするにはどうするか、前腹静脈や筋皮静脈の処理はいかに行うかなどの注意事項、刃先は常に上向きで、正中線の１mm脇を切るなどの手技を解説し、私が29歳のときに作っ

ドライ・ラボを使った模擬解剖

た約30分の解剖の手技ビデオを見せる(このビデオを自分のipadにダウンロードして持ち歩いていた、蛙学生の保護者もいたらしい)。学生は様々な意味で驚きながら、各自でドライ・ラボを切開していく。

　ここの模擬解剖での正確性は、本番でのミスを少なくする上でとても重要である。これによって、学生にはあらかじめ切開のスキルと心構えが自然と醸成されていく。実際、模擬解剖により解剖時の速度や正確さは格段に向上し、そのぶん注意を観察に向けることができる。これも主体的に情報を取捨選択し、自らテーマを設定して実験を計画するといった「Activeな学び」の基礎となるのである。知らなければ、またできなければ、より「深い学び(Deep Active Learning)」にはならないのだ。

　一人で一つの生命と向き合うことはとても重要で、大きな意味を持つ。この模擬解剖によってスキルをマスターし、心・技・体・知に自信を持つ学生は多い。

　これらの学びをうまく機能させるには、毎回の授業で交換する学生カード(交換ノートのようなもの)や、各グループのランチミーティングで、学生一人一人をしっかりモニタリングすることも重要である。ドライ・ラボ作業の進捗状況や学生カード

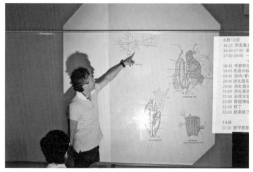
鳥口骨周辺の外科用ハサミの進め方を解説する私

に書かれているコメントと字数から、学生のコンディションや心の揺れがおよそつかめる。万一のときは、学生を呼んで本人から話を聞くこともある。命と向き合うことになる解剖実習に対し、アレルギーを訴求する学生には無理強いしてはならない。必ず理由を聞き、本人の意思を尊重することが大切だ。

外部形態

1. 吻　　2. 外鼻孔　　3. 上眼瞼　　4. 鼓膜　　5. 第2指　　6. 第3指　　7. 第4指
8. 第5指　　9. 前腕　　10. 第1趾　　11. 第2趾　　12. 第3趾　　13. 第4趾　　14. 第5趾
15. 足首　　16. 下腿　　17. 肛門　　18. 腿　　19. 上腕　　20. 眼　　21. 鋤骨歯　　22. 内鼻孔
23. 耳管の開口　　24. 声門　　25. 舌　　26. 咽頭　　27. 口蓋　　28. 上顎歯　　29. 指だこ
30. みずかき

筋系

1. 下顎下筋　　2. 舌下筋　　3. 烏口橈骨筋　　4. 胸筋　　5. 三角筋　　6. 橈腕伸筋　　7. 長掌筋
8. 尺腕屈筋　　9. 橈腕屈筋　　10. 上腕三頭筋　　11. 腹直筋　　12. 外腹斜筋　　13. 縫工筋
14. 長内転筋　　15. 大腿三頭筋　　16. 短脚伸筋　　17. 長前脛骨筋　　18. 短前脛骨筋
19. アキレス腱　　20. 後脛骨筋　　21. 腓腹筋　　22. 小内直筋　　23. 大内直筋　　24. 大内転筋
25. 白線　　26. 胸部皮筋

消化器系（一部脈管系）

1. 心臓球　　2. 心室　　3. 左心房　　4. 肺　　5. 前腹静脈　　6. 肝臓　　7. 胃　　8. 脂肪体
9. 膵臓　　10. 十二指腸　　11. 膀胱　　12. 腎臓　　13. 精巣　　14. 脾臓　　15. 大腸
16. 小腸　　17. 腸間膜　　18. 胆嚢　　19. 食道　　20. 総排出腔

泌尿生殖器系

1. 脂肪体　　2. 卵巣　　3. 卵管　　4. 子宮　　5. 尿管　　6. 副腎　　7. 後大静脈　　8. 腎臓
9. 卵管の開口　　10. 精巣　　11. 背部大静脈　　12. 膀胱　　13. 膀胱の開口　　14. 尿管の開口

胸骨周辺・脈管系

1. 上胸骨軟骨　　2. 鎖骨　　3. 肩甲骨　　4. 上肩甲骨　　5. 関節窩　　6. 烏口骨　　7. 胸骨本体
8. 剣状胸骨軟骨　　9. 上烏口軟骨　　10. 上胸骨　　11. 左動脈幹　　12. 右心房　　13. 左前大静脈
14. 心房中隔　　15. 左心室　　16. 静脈洞開口　　17. 房室弁　　18. 心室　　19. らせん弁
20. 右前大静脈　　21. 肺皮動脈弓　　22. 大動脈弓　　23. 内頚動脈　　24. 頚動脈小体
25. 外頚動脈　　26. 頚動脈弓　　27. 右動脈幹　　28. 大動脈弓　　29. 肺動脈　　30. 肺動脈
31. 腹腔腸間膜動脈　　32. 肝動脈　　33. 前腸間膜動脈　　34. 胃腸静脈　　35. 前腹静脈
36. 腎静脈　　37. 腎生殖動脈　　38. 腎生殖静脈　　39. 筋皮静脈　　40. 背部大動脈
41. 肝門脈　　42. 後大静脈　　43. 肝静脈

脊髄神経・脳神経系

1. 三叉神経の分枝　　2. 鼻嚢　　3. 瞳孔　　4. 虹彩　　5. 顔面神経　　6. 視神経　　7. 鼓膜
8. 舌咽神経　　9. 迷走神経　　10. 第1脊髄神経　　11. 第2脊髄神経　　12. 第3脊髄神経
13. 第4脊髄神経　　14. 第5脊髄神経　　15. 第6脊髄神経　　16. 第7脊髄神経
17. 第8脊髄神経　　18. 第9脊髄神経　　19. 座骨神経集網　　20. 座骨神経　　21. 尾骨
22. 第10脊髄神経　　23. 上腕神経　　24. 視葉　　25. 嗅神経　　26. 大脳　　27. 間脳
28. 臭葉　　29. 視交叉　　30. 脳下垂体

骨格系

1. 前上顎骨　　2. 鋤骨　　3. 前頭頭頂骨　　4. 環椎（第1椎骨）　　5. 上肩甲骨　　6. 上腕骨
7. 指骨　　8. 掌骨（中手骨）　　9. 腕骨（手根骨）　　10. 橈尺骨　　11. 蹠骨（中足骨）
12. 付骨（足根骨）　　13. 距骨　　14. 跟骨　　15. 番外指　　16. 脛腓骨　　17. 大腿骨
18. 座骨　　19. 尾骨（第10椎骨）　　20. 腸骨　　21. 仙骨（第9椎骨）　　22. 方頬骨
23. 上顎骨　　24. 鼻骨

表　系統解剖の学びに必要な器官名（187）一覧（授業資料より）

深夜まで全集中! 系統解剖本番

　5時間目が本番である。学生たちが何を学んだかについては、OBの解剖実習体験記から推察されたい。第20期の蛙学生・富岡稜太（農学部）に、話が少し戻るがドライ・ラボの段階からを含め、その様子を紹介してもらうことにする。取り組む姿勢と学びの様子に注目していただきたい。

　以下に、ほぼ原文のまま記す。

　ウシガエル（*Lithobates catesbeia*）の系統解剖実習は、蛙学の授業の目玉です。日本最大種のウシガエルを、約6時間かけて一人の手で解剖するのです。これまで本格的な動物の解剖を経験したことのなかった私にとって、この実習は本当に魅力的でした。自分一人で、責任をもって一匹を解剖するということが、怖くもあり、また楽しみでもありました。

　蛙学の解剖実習では、実習当日に先生が手順を指示したり、手本を見せたりすることはありません。初めから終わりまで、学生が主体的に進めることが求められます。このため、解剖前に入念な事前準備を行いました。

①事前学習としてのドライ・ラボ

　解剖の準備として、ドライ・ラボを用いた模擬解剖を行います。ドライ・ラボとは、カエルの体の階層モデルです。系統別に分かれた7枚のシートを重ね合わせて作ります。腹側から順に、皮膚シート、筋肉シート、消化器・内臓シート、血管系シート、泌尿・生殖器シート、脳・神経シート、皮膚シートの順です。学生は配布される解剖写真を見ながら、各シートに着色をしていきます。

解剖手技のイメージトレーニング

　用いるのは普通の色鉛筆ですが、色を何色も重ね合わせることにより、本物そっくりの色に仕上げることができます。たとえば肝臓は、黒、茶、赤、水色の4色を用いると、本物に近い色になります。作業自体は塗り絵なので難しくありませんが、実物通りの色を再現しようとこだわるうちに、蛙の体内写真が目に焼きついてきました。

　私は同じ学生マンションに住む蛙学履修生の全君

と、よく話をしました。彼は努力家で、もう内臓部分の塗り直しを10回以上も行っているといいます。着色途中のシートを見せてもらうと、破れそうなほどに薄くなっていました。でもそのおかげで紙はつるつるになり、彼の作品はホンモノのような輝きを放っているではありませんか。それを見て、私も着色作業に力が入りました。

　着色と器官名の記入を終えた9枚のシートを重ね合わせ、のりづけして、ドライ・ラボは完成。ホンモノそっくりの紙製ガエルに名前をつけると、愛着が湧いてきます。

②事前準備としての模擬解剖と「動物実験者自戒の念」暗唱

　完成したドライ・ラボを用いて、模擬解剖を行います。腹側から見ると、皮膚、筋肉、消化器・内臓、血管系、泌尿・生殖器、脳・神経…の順に、シートは重ね合わされています。これを実際の解剖手順にのっとって、一枚一枚切り開いていきます。実際の解剖でも、カエルを腹側から順に開いて器官系ごとに観察する点は同じなので、十分な練習材料になるのです。模擬解剖により、解剖手順を体で覚えることができました。

蛙学生のバイブル「動物実験者の自戒」の解説

　解剖の準備のもう1つの山は、器官名の習得です。覚えるべき器官名は150近くに上ります。初めは絶句しましたが、ノートに何度も図を模写することでだんだんと覚えていきました。

　さらに「動物実験者の自戒」を暗唱します。この自戒、言葉遣いが古く、言い回しがややこしいので、なかなか完璧に覚えられません。しかし、覚えようと何度も読み返すうちに、この言葉を残した昔の研究者の思いが実感されてきました。特に「誠心感謝の意を以て、研究を有効ならしむることに、常に自ら戒むること肝要なり」という言葉が、私にとっては印象的です。解剖の準備を始めるこの頃から、蛙学は忙しさを増し、私は班の仲間の頑張りに日々刺激を受けるようになりました。

③6時間に及ぶ系統解剖での学び

　ついに解剖実習の日。昼頃、段ボールに入って23匹のウシガエルが運ばれて

段ボールを恐る恐る覗く蛙学生

麻酔前にひとり1体 My・ガエルを触診

麻酔をかける

きました。開封すると、カエルたちが新聞紙の上におとなしく座っていたのが印象的でした。

　16時半、授業開始。まずはウシガエルを丸型水槽に入れて麻酔します。ジ・エチルエーテルを染み込ませた脱脂綿を水槽の中に入れると、それまで元気に動いていたウシガエルはピタリと動きを止め、やがて瞬膜が目を覆いました。もう蘇ることのない眠りに蛙たちを導いているのだと、実習の始まりをしみじみ感じました。

オペ用160mm直尖刀授与式

　続いて、外科用ハサミの授与式です。鈴木先生から、オペ用160mm直尖刀が一人一人に手渡されます。このハサミはポーランド製の一級品です。先生が生徒一人一人を呼び、その生徒に見合った切れ味のハサミを選んでくれます。鈴木先生のこだわりと愛が詰まった、ユーモラスな授与式です。これによって学生に覚悟ができます。

　授与式のあと夕食休憩を入れ、18時からいよいよ解剖が始まります。麻酔が十分に効き、瞬膜の上がったカエルを実験室に運び入れました。
　実習は、外部形態の観察から始まります。まずは定規と体重計を用いて身体測定。次いで、事前に暗記した30ヶ所の器官名を順に確認し、特徴をなるべく多く記録していきます。外部形態の中で観察しがいがあるのは口腔内です。たとえばカエルの舌は、驚くほど粘着力の高い唾液で覆われています。この粘着力で獲物を捕らえるわけです。また、カエルは、目玉を引っ込めることで口に入れた獲物を飲み込みます。この仕組みも確認できました。班の友人の一人は、オスの声

外部形態の詳細な観察から始まる

びっしりと書き込まれたテキスト

剣状胸骨軟骨から腹部の確認

五感を総動員した学び（鋤骨歯と舌の確認）

門にストローを刺すことに成功しました。息を吹き込むと黄色い鳴嚢が膨らむのを、興味津々に見つめました。

外部形態の観察を一通り終えると、いよいよ解剖スタートです。解剖前に動物実験者自戒の念を全員で暗唱します。これは、カエルの命の犠牲を自覚し、研究者としての責任をもって解剖に臨むためです。

「動物実験者自戒の念」を胸に

解剖はまず皮膚の切開から始めます。はさみを入れる向き、切り進め方など、多くのことに注意を払う必要があるので、精神を集中させ、切り進めていきます。皮膚を切り開いてみると、皮膚の裏側には毛細血管が網の目のように張り巡らされており、その緻密さに驚きました。

皮膚を切開すると筋肉が現れます。胸

持ち込めるのはドライ・ラボとテキストだけ

「解」は自分たちで探す

どこまでも続く自動運転

部は分厚く、腹直筋は数枚に割れていて、ボディービルダーのようです。蛙の筋肉の構造は、外見から想像されるよりもはるかに高度に発達しており、その構造は人間にも似通っているのです。中でも著しく発達しているのが、大腿三頭筋や縫工筋などの太ももの筋肉です。カエルは進化の過程でこれらの筋肉を特に発達させることで、跳ぶ・泳ぐといった、カエル特有の身体能力を身につけました。

　筋肉を切り開くと、ついに内臓が露わになります。各臓器や内臓の配置は個体差が大きく、特に生殖器官は大きさが非常に異なります。私の解剖したメス個体は、卵巣が極端に小さく、他の個体と比べると腹腔内がスカスカしていました。産卵直後なのか、それとも他の要因があるのか、考察のテーマにすることにしました。

　続いて消化器を剖出します。私の個体は胃がパンパンに膨れていて、何を食べたのだろうと期待しつつ切開すると、中からは赤いハサミの断片と大量の泥と葉が出てきました。どうやらこの個体は、アメリカザリガニを丸のみにしたようです。小腸もザリガニの外骨格断片によってところどころ膨れており、ザリガニの殻はかなり消化しにくいことが分かりました。ザリガニを捕食することからも想像がつきますが、胃の内壁は比較的厚く丈夫で、弾力性があります。他の個体を見ても、胃の大きさは内容物の量により全然違っていました。

ピンセットを使った交感神経の目視

　一方、小腸の内壁は薄く柔らかいのが特徴です。また、小腸には腸間膜がついており、

時刻は 22 時半をまわるが集中力は切れない

小腸の栄養分が腸間膜上の血管を通って肝臓に流入する仕組みを確認できました。その後は、泌尿器系や神経系の観察を進めます。太い血管を避けながら慎重に剖出作業を進めていると、あっという間に時間は過ぎていきました。

　実習の最後に、心臓の観察をしました。カエルの内臓は基本的にヒトの内臓に似ていますが、心臓は構造が異なっています。切断して興味深く観察しました。私のカエルはもう心臓が止まっていましたが、班の友人のカエルの心臓はまだ拍動していました。手のひらに乗せてもなお脈打つのを見ると、生命の力強さを感じました。

　長時間の実習を最後まで適切に進められるか最初は不安でしたが、始まって見るとそんな不安を感じる余裕もなく、実習終了まで本当にあっという間でした。事前学習でドライ・ラボを用いた模擬解剖を実施していたので、当日は先生の指示がなくても、自分の判断に自信を持って解剖を進めることができました。また、多くの器官名を覚えるのは大変でしたが、観察記録をつける際に非常に役立ちました。入念な事前学習のおかげで、実習本番では先生に頼らず、自分の力で学ぶことができたと思います。

④事後の取り組み
　実習を終えたあとは、取り出した内臓を元に戻して成形し、その場で合掌します。そして翌日は埋葬と献花。実習をさせてくれたことに感謝の気持ちを持ってお別れしました。

　実習後、レポート提出までの時間は一週間。学生授業に向けた準備も忙しさを増し、時間がない中で、最大限の時間を使ってレポートを仕上げました。レポートでは観察結果を可能な限り詳しく書くこと、好奇心や探究心を大切にして考察内容を決めることを心掛けました。

ご遺体と感謝の気持ちでお別れする

献花に添えられた学生の感謝の手紙

私にとって、本格的な動物の解剖を行うのは、今回が初めてでした。事前準備からレポート作成までの一連の実習を通して、「一度の解剖を最大限に生かして多くの情報を得る」という姿勢を身につけられたことが非常によかったです。
　また、先生は解剖の基礎知識や技術だけでなく、ホンモノの動物を解剖することの意義や責任を、生徒自身が理解することを重視されていました。そうした動物実験の教育的・倫理的側面に向き合う機会を得たことも、非常に貴重な経験でした。
　私は将来、研究の道に進むべきか悩んでいますが、どのような人生を歩むにせよ、蛙学での解剖実習の経験を今後ずっと大切にしていきたいと思っています。

　解剖実習は、翌日の埋葬までが実習となる。学生は翌日昼に集合し、各班それぞれ準備した花を持って、医学部動物慰霊碑に献花し合掌する。

解剖翌日昼の医学部動物慰霊碑前での献花と合掌

　レポートは1週間後に、時間厳守で提出される。評価に関してはまとめて後述するが、7つの観点から5段階で、ドライ・ラボとともにすすめる。第20期の場合は、評価は私とTA2名の3名で行い、その評定平均値を元に合議して、レポートの最終評価を出した。そこには12回までの学びの成果が統合され露呈する。
　ここまで来ると、個人間での学びには差が出てくる。特に学生カードの記述内容や系統解剖のレポートでは、それが顕著になる。問題が散見されるときは本人と必ず接触し、理由を尋ねる。
　過去に、未提出とレポート内容に手抜きが見られたものがそれぞれ1件あった。前者は本人と接触し、理由を確認した後、評価なしの条件でレポートを提出させた。後者も理由を聞き、再提出を求めた。命と向き合う学びである以上、責任を持った自己完結を本人に求める。この方針は崩さない。ここをうやむやにすると、何のための学びだったか意味がなくなるからだ。

　以上5回の授業を通して、「解」のない世界で必要な正確にものを捉える力、こだわって対象物を見る力、それと同義の探究する姿勢、またその作業を通して、自分な

りの論理の構築とそれらの振り返り(メタ認知)の入り口を体験させる。ここまでの学びが、Phase3 ではじまる「解」のない学生授業の構築に繋がっていくのである。

② Active Learning を可能にする授業デザイン

　学生の学びを Active にし、教員の指示のない究極の自動運転にするには、用意周到な準備が必要である。これは、中心となる学習の前後の指導をいかに充実させるか、ということに尽きる。学んだ内容を精緻化させ、既習内容との項目内精緻化を促進させることにも繋がり、知的好奇心の覚醒や記憶の強化にも結びついていく。

　学生が、勉強が得意・不得意であるかは関係はない。また「理科は実験が必要であり、実験や観察をたくさんやれば生徒や学生の知的好奇心は向上し、意欲は高まる」という暗黙知が、教育現場には多く存在する。しかしこれは盲信にすぎない。一時「面白かった、楽しかった」と興味や関心が高まったとしても、多くの場合それは一瞬のことであり、時間の経過とともにすぐに減じてしまうからである(エビングハウスの忘却曲線が詳しい)。

　本実習は、知識とスキルに特化した、事前指導の徹底から開始している。形態学の学びを Active にするには、生徒や学生が目にする範囲の認知的要素をあらかじめしっかり学んでおくことが、とても大切である。とかく批判されがちな一斉型授業だが、ここでは知識注入授業をあえて用いる、10 日間でグループワークを通じて約 150 もの器官名を完全に頭の中に入れていくのだ。

　何かを覚える前に、なぜこれだけの情報を覚えなくてはならないのか、その目的を十分理解させていくことも成否の鍵となる。その切り札が、「動物実験者自戒の念」に書かれた「誠心誠意感謝の意をもって」の一言にある。並行してこの言葉の重みも、伝えていく。

　一見強制的に覚えさせるようなスタイルをとるが、グループ内で学びがスムーズに行く気配があれば、チェックはグループリーダーを中心に、学生間で進めるようにしていく。ここの教員の引き際、学生への主導権の委譲が、Active な学びへのポイントである。ただし名称の暗記の成果については、ドライ・ラボの模擬解剖に進むまで妥協しない。事前にこれらの器官名を頭の中に入れておけば、いちいちテキストで確認する必要がなくなり、観察スピードと観察精度は格段に向上するからである。これによって、生徒や学生自らが探究しようとする Active な学びは確実に広がっていく。

❸ 心・技・体・知の準備が揃って初めて、授業の素材は「教材」になる

　授業がうまくいかない原因は、教員側の誤解や準備不足にあることが多い。たとえば多くの教員が「教材」だと思っているものが、実は「素材」にすぎない場合が多く見受けられる。

　系統解剖を例にしてみよう。いきなり実習となると、生徒や学生は確実にパニックを起こすだろう。それは「素材」のままの提示だからだ。その学びで必要なものとは何か、問題となるものは何かをすべて洗い出し、それらを分析することから授業の準備は始まる。

　入学時の合格点や偏差値が同じであったとしても、学生が知識を獲得してきた背景は多様で、今年の学生が前年と同様だとは言いがたい。教科書中心での学びか、実験中心での学びか、その実験の指導にどのような工夫がなされているかによって、獲得できる認知領域の情報やコーディングの程度といった学びの質は、大きく異なってくる。

　そのためには、受講する学生が学んできた知識や経験、スキルといったレディネスやモチベーションを事前に十分把握し、毎年予定している教材群との整合性を図る必要がある。学びの質が履修希望者の母集団によって左右されるのは、周知の事実だ。それをきちんと把握した上で、前年用いてきた素材に手を加え、本年度用の教材として加筆修正する。表に示したこのマッチングが重要であり、ズレると学生の学びはActive にはならない。

意図を持った事前の加工によって初めて「素材」は「教材」となる
- ・学習者のレディネスとの整合性
- ・学習者のモチベーションの把握
- ・教授目標に対する適合性
- ・効果的な知識やスキルの獲得
- ・学習者の能動的参加
- ・ホンモノとも出会い・インパクトの享受
- ・事前・事後指導の充実

表　「素材」を「教材」にするためには何が必要か？より

受講する学生の学習履歴や経験（過去の自然体験や実験などの経験も含む）を把握し、事前指導を押さえた上で実習を実施することによって、その実習から獲得できる情報の質はまるで異なってくる。レポートを用いたクラス全体での代理経験など、事後指導も大きくそれに寄与する。「心」「知」「技」「体」の４つの軸で授業を計画するとよい。

　まずは「心」の充実である。それには学習の文脈に、目標がきちんと位置づけられていることが大前提である。その場だけの興味本位の実習であれば、真逆の効果が生じてしまう。本授業では「動物実験者の自戒」を深掘りしていくことを軸に、系統解剖に求められる姿勢や態度、心構えといった情意領域の備えを進めている。心の充実に対する先行事例は少ないが、この取り組みは蛙学生にはフィットしていたようだ。もちろん、ほかの授業での指導姿勢も大きく影響する。

　次に「知」の充実である。学びに必要な認知領域の獲得が不可欠である。これは学習の文脈、つまり目標とリンクする。必要とする知識、本授業の場合は器官名をすべて洗い出し、最も効率的な一斉授業で詰め込んでいく。復唱になるが、この事前の知識量なくして Active な学びは望めない。生徒や学生が学びにただ参加するのが Active Learning ではないのである。

　さらに「技」の充実、つまり剖出におけるスキルの獲得である。切開を進める上で注意すべき点は、血管や器官、胸骨付近のハサミの使い方、麻酔管理、切開の手順など多岐に渡る。これらも事前に学んでおかなくてはならない。これができると大幅な時間短縮が可能となり、そのゆとりが Active な学びにつながっていく。

　そして「体」の充実である。「健康な体に健全な魂が宿る」とは古い格言だが、本授業では己の体調をきちんと管理し、「十分睡眠をとった上で当日ベストの状態で集合するように」、「吸い取り紙のようになって当日集まるように」と学生に伝えてきた。多くの学生は前夜までにイメージトレーニングを行い、当日やって来る。これは「心」や「技」の充実にも繋がることである。ここまで来れば、結果はすでに明白だ。

　これら心・技・体・知が整って初めて、系統解剖実習という素材が教材となる。一つでも欠けていれば、その教育的効果は半減されてしまうのだ。

　教員側のリスク管理も重要である。何がどこで起きるか、実習中に予測できることは生徒や学生の状態を含めてすべて把握し、事前にリスクの低減を行うことが大切である。これらの準備ができて初めて教材は機能し、学生の学びはより Active になるのである。

4 教育は学習者のモニタリングが全てである

　教師は医者に似ている。学びへのレディネスやモチベーションは、学生によって異なる。彼らをしっかり観察し、各自に対して正確な診断と適切な処方箋をいかにして書き、それを元に治療を進めることができるかが、学生を Active にする最も重要なポイントである。これは教育分野だけでなく、スポーツ指導でも全く同じである。

　入試の成績や調査書、記載されている申し送り、教師の直感や経験値だけでは、学生のポテンシャルを十分把握し、適切な処方箋を書くには足りない。たとえば知識をテキストのみで得たのか、体験を通して獲得したのかのではバックボーンが大きく異なり、知的好奇心の強さにも影響が及ぶ。特に理科の場合は、幼少期の自然との直接体験の有無や家族とのキャンプなどの社会体験がたいへん重要である。これらは、現在の入試では測ることができない。

　また、多くの学生は授業を受けるにあたって、「上手くいくか」「やれそうか」など、目標達成に関わる自分の能力や方法、予測や期待、不安などを抱えている。それは実業高校の生徒だろうが世に言う偏差値の高い学生だろうが同じである。したがって、表に示すように学習前にそれらを把握(診断的評価)し、それに合わせてその年の授業内容を修正し、十分な準備をすることが大切である。

　診断的評価：学生のレディネスやモチベーションの情報を事前に捉え、その後
　　　　　　　の指導フィードバックする評価
　形成的評価：学習活動の中で得られる学生の情報を指導にフィードバックし、
　　　　　　　学習内容の定着やモチベーションの高揚を図る評価
　総括的評価：学生の学習成果全体を測定するために、単元や学期の最後に用い
　　　　　　　る評価

表　評価の６原則「Why：いかなるねらいで評価するのか」より

　学生の学びが始まれば、学習の進展状況を明らかにし、目標達成に必要な情報を提示し、学習を促進させることが必要である。学生の様子を、提出物を含めてしっかり見極め、「学習の進め方はこれで良いのか」「躓きはどこにあるのか」など、指導の効果や教材の適切性を振り返ることが重要なのである。それを学生個々にフィードバックしていく。これが Active な学びを生み出す上で、必要不可欠となる。

　復唱になるが、手段はさておきまずは学生をしっかり見ること、様々な処方を使っ

てモニタリングしていくことに尽きる。秀・優・良・可、あるいは5・4・3などの「評定」といった総括的評価は、これらをインテグレート（統合）して出てくるものだからだ。

　蛙学の極意は、「肉を切らせて骨を断つ」ことにある。学生には常に接近戦を挑んできた。

　たとえばPhase1の初期の段階では、「学生の名前はすぐに覚え、じっくりモニタリング」。これをTAと一緒に長年実践してきた。グループ面談や交換カードのやりとりを頻繁にし、3時間目の図書館実習やさけ科学館実習では学生らの動きや90秒スピーチでのまとめ方などを観察することで、学生のコンディションはかなり正確にモニタリングできる。そこで得られた情報から、授業内容や時間の配分、学生の活躍の場などを、学びがスムーズに行くように微調整するのだ。

　危険な行為以外については、励ましのコメントに終始する。ある程度授業が進めば、グループ内での動きや学生カード、個人面談などから、学生がどのようなポテンシャルを持っているか見えてくることが多い。このモニタリングを通した学生とのチャンネルから、次の学びの成果が予測できるようになる。

　実例を一つあげてみよう。過去に、系統解剖に腰が引けた文系の学生がいた。それに気づいたのは、Phase2に入った直後のドライ・ラボの着色の遅れと、後述する学生カードの字数からだった。まず、学生カードに返す毎回のコメント内容に留意しながら、授業後に学生から理由を聞くことから始めた。

　やりとりの中からは、本授業だけでなく、初等中等教育から受けてきた授業の中での様々な問題点や、本人自身の躓きが浮き彫りになってきた。決定打は、「今まで実験に類することはやったことがない。まして一人でなんてあり得ない」というものだった。自分の授業はある程度修正できるが、手が出せない領域もある。

　実習が近くなっても、彼女の作業スピードもモチベーションも全く上がらなかった。学生カードに返信される内容も対外的なコメントに終始し、こちらが期待するようなものが伝わってこなかった。

　だが、学生に無理強いしても何も生まれない。系統解剖1週間前の模擬解剖後、彼女に以下のように告げた。「実習に対してネガティブなのであれば、レポートで代換えする。仮にやるのであれば、ドライ・ラボを含めた心・技・体・知の準備が不可欠である。もしも迷っているのであれば、前日までの個人指導は吝かではない」と。困惑した表情が見て取れたが、毎日昼休みに、研究室に現れるようになった。遅れていた

着色から解剖のスキルまで、短時間ではあったが色々やりとりしながら詰めていった。

　実習まであと 3 日…に迫った月曜日の昼、「当日助手をやってもいいよ」と伝えた。もちろん前例のないことである。彼女はしばらく考え込んだ末、「ならやってもいいよ」と初めてポジティブな返事を返してきた。私は火曜日の課題の進捗状況とこれまでのやりとりからある感覚を感じ、前日水曜日に「助手はやめた」と彼女に告げた。すると「嘘つき！」という捨て台詞を吐いて、すぐに部屋から出て行ってしまった。

　だが当日、彼女は遅刻もせず 16 時 20 分にやってきた。私の視線を尻目に黙々と課題をこなしている。一人一体の解剖にもかかわらず、仲間との作業スピードも落ちず、正確そのもの。さすがに脳神経の剖出時には「もうダメ！」とガス欠となった。そこで全体の進行状況を確認した上で、少し早目の 22 時半に実習を切り上げた。疲れ切った姿が印象に残っている。

　1 週間後のレポートは、Phase2 での学びが統合されて出てくるものである。彼女のレポートは、私の予想を遙かに裏切るもので、得た情報は正確、実習で生じた疑問は先行研究にもあたるなど見事なものだった。

　一人一人に傾注するのには、信念と気力、体力と時間が伴う。彼女の場合はたまたまうまくいったに過ぎない。だが、学生をきちんとモニタリングし、抜けた穴を丁寧に修復することによって、思わぬ成果が上がることも事実である。こちらの姿勢も相手に伝わるからであろう。

時には予測外のことも起こる。2018 年 6 月に実施した Phase2 の系統解剖では、深夜 22 時過ぎに自然発生的な学び合いが突然始まった。私を尻目に、23 名の学生全員が次々にテーブルを移動しながら観察に没頭するといった異様な光景が繰り広げられた。学生らが勝手に次々リーダーとなって、発見した新たな情報を全員に提示しながら、その先々で学生どうしの議論が始まっていったのである。究極の Deep Active Learning である。

　当時の学生が「入念な事前学習の賜物です。各個人の学びへの意欲の高さがあったからですよ」と、その状況の分析をメールで伝えてくれた。このような Active な連鎖は、毎年起きるわけではない。

　幸運なことに、TA の慧が当時の様子を Facebook に残していた。それに加筆して当時の様子を再現してもらった。以下に原文のまま記す。

　系統解剖を終えて夜中に帰宅し、気づいた点を文章にまとめて、翌朝投稿しました。この時の解剖は、2 年間 TA をしていた中でもっとも印象的な時間の一つであり、記録しておこうと思い立ったからでした。

　実験室全体の雰囲気もまた、印象的でした。「寄生虫！！」と誰かが言うと、3 秒も経たぬうちに人だかり。今度はほかの誰かが「ザリガニのハサミ入ってた！」と叫ぶと、やはりそこに人だかり。オスを担当した人同士が、互いのカエルを行き来しながら話し合う場面も見られました。今年の実習では、学生がグループを超えてコミュニケーションをとることで、より多くのことを学ぶことができていたように思います。

ミズノ(中央)の引き寄せからアクティブな学びが始まった(照明付きのルーペで確認)

　蛙学の系統解剖は、実験室で、グループごとのテーブルで行います(小中学校での理科の実験のような要領です)。一人一匹のウシガエルを担当するため、基本的には個人作業ですが、例年、解剖の序盤から、お互いの解剖の様子を確認し合う学生が数人見られます。いくら事前練習をしたにせよ、実物の蛙は個体ごと

に違いが見られるので、グループの仲間と確認を取り合いながら、慎重に解剖を進めていきます。

　オスのウシガエルは、各グループに1匹しか割り当てられません。すると中盤に差し掛かった頃に、他の班員が覗きにくる姿が見られます。特に指示をしたわけではないので、自然と学び合いが起こっていたといえます。

　2018年度は、例年と比べてもより学生たちがエキサイトしていました。消化器系の剖出が始まった頃から、様子が変わってきました。童心に返ったよう、という表現が当てはまるでしょうか。

　解剖中に議論が始まっていたことにも驚きました。オスとメスの比較はもちろん、オスを担当した人同士で議論が起こる様子は記憶に残るものでした。詳しい内容は覚えていませんが、単なる感想の域を超え"議論"であったことは確かです。同じくTAを務めていた松田さん（当時学部3年）も、「チームの枠を超えて情報交換することや知識を確かめ合いながら議論を深めていく」様子に「ひたすら驚いていました」と記録しています。

　わかりきったことではありますが、意欲の表出の仕方は実に多様です。夕食時間中に、麻酔のかかり具合（※麻酔の掛かり具合を見守るのはTAの役目）を見に走ってやってくる蛙学生、解剖中にどんどん声を出して感情を表現する蛙学生、静かにゆっくり、しかし丁寧に細かいところを観察しながら解剖を進める蛙学生、普段とはまるで違う表情で心臓を観察する蛙学生…人それぞれ、熱中している様子は毎年違います。でもこの年は、全体として異様なまでの集中力・熱狂が見られました。

　今思えば、ということで、多少バイアスがかかっているかもしれませんが、2018年度の蛙学生は、グループごとの事前準備を特にしっかり進めていたことを思い出します。事前の反復や練習により知識や技術を定着させることで、ホンモノとの直接体験から、より多くの情報や驚きを得られる可能性があることを示唆する出来事でした。

5 モニタリングの決定打「学生カード」

　「大学生が交換ノートっておかしくない？」と思われる方もいるかもしれない。カードを使って学生をモニタリングする手法は、私が教員成り立ての頃から行ってきた交換ノートの進化形だ。もちろんカード以外でも様々なコンタクトをするが、文字にのせなければ伝えられないこともある。こちらも蛙学開講以来、19年20回ずっと続けてきたもので、まさに学生との心のキャッチボールになっている。

歴代の蛙学生が残した学生カード

　カードにはコクヨの B6 サイズのものを使う。カードを作るのは、抽選を通った受講生が集まる 2 時間目の冒頭だ。まず表紙に学生証をコピーしたものを貼りつけ、メルアドや電話番号などコンタクト可能な情報を記入してもらう。その下に、学生が私に知らせておきたいと思う情報や、自己アピールを記載してもらうのだ。

　このカードを毎回の授業終了時に配り、感じたことをストレートに書いてもらう。時には、己の学習指導を改善すべき情報が含まれることもある。私はそれを受け取り、学生の思いに対して支援的なコメントを載せて、翌週の授業開始時に確実に学生に返す。

　最初はぎこちなく、書かれる文字数も少ない。大切なポイントは、一人一人にきちんと返信を記すことである。出張がある場合も必ずカードを携行し、空の上や宿泊先で目を通し、コメントを書く。揺れた機内で書いたため、「象形文字だ」と笑われたこともある。

ホンモノとの直接体験が進むうちに、学生らも本音で、自分の考えや感じたことをダイレクトに表現するようになる。それを逃さずコメントを書き、教員として伝えたいメッセージも盛り込んでいく。

　この繰り返しを最終回まで、全員とそれぞれ15回続ける。学生は蛙学を学ぶにあたっての、様々な課題や問題解決について記してくる。五感を通した驚きや感情が、そのまま記述される。

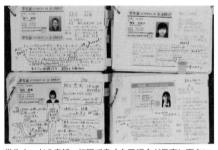

学生カードの表紙　初回で書く自己紹介が最高に面白い

　授業が中盤になる頃には、進路選択や将来への不安、退学についての悩みなど、授業とは違う内容を記載してくる学生も出てくる。それらにもきちんとコメントし、必要なときは話を直接聞くこともある。前述の、解剖に対してネガティブな学生がいることがわかったのも、このカードのおかげである。

　かつて大学を辞めたいと私に言ってきた学生がいた。彼は蛙学で唯一無断欠席した学生でもあり、その場で「おまえと今日は会いたかったよ」とメールしたところ、本人からすぐに返事が返ってきた。後日ゆっくり話を聞いたところ、その悩みが出てきたのだ。彼のカードの記述内容は、どこか斜に構えており記述量も少なかった。前から要注意だとは思っていた。

　私は終始話を聞くことしかできず、その後彼はどうするか気を揉んでいた。すると気持ちの整理がついたのか、次の授業から取り組む態度ががらりと変わった。最終回の北大農場で行われる両棲類無尾目捕獲野外最終試験では、真新しい長靴で先陣を切って活躍していた。彼は結局大学を辞めることなくそのまま大学院に進学し、修士2年の時に突然「学生授業」のコメンテーターとして「蛙学」に顔を出してきた。今は道内有数の企業で活躍している。

　一度学生との間にチャンネルができると、学生らの記述には核心を突くものや、心が洗われるものが登場してくる。それらによって、蛙学の学習内容や指導方法は、20年間脈々と進化し続けてきた。学生もこの学生カードを通して、私をモニタリングしていただろう。このカードなくしては授業は成り立たない、まさにマストアイテムなのだ。手元にある学生カードのごく一部を、私の当時のコメント（ゴシック）とともに、原文のまま以下に示す。

5/9　学生Ａ：90秒スピーチはとても緊張した。準備はしたつもりだったが、理想通りの発表はできなかった。90秒は自分の言いたいことを伝えるにはとても短く、枠におさまるようにまとめるのはとても難しかった。まわりのみんなの発表を聞いていると、どれほど熱いカエル愛があるのかはっきり伝わってきた。今回のスピーチの機会を与えてもらったことで、文系であろうとも必要な、研究をする際の心構えのようなものの端緒に触れることができた気がする。

研究とは何がどこまでわかっているのか、いないのかを徹底的に調べることから始まる。それが動機へとつながるのだ。次は系統解剖。事前の学びの質と量で全てが決まる。

5/16　学生Ｂ：生の研究者の声が聞けて、とても今後に向けて参考になった。文系でも自分の興味を深くつきつめ研究し、論文を書くという姿勢は、他人の評価を気にしなければいけないという点でとても難しいことだと思った。大学教授にもしなったら、日々その繰り返しを続けて生活するという環境に身を置くことになるはずなので、大学生の早い段階で少しでも経験できるのはとてもありがたい。だから、蛙学の授業で自分の糧になるものを得たいと思った。

人の評価など気にすることはない。それは後からついて来るものだ。まずは知的好奇心を全開にし、様々なジャンルにつっ込むことだ。その中から気になることを探し出し、調べる。全てはそこから始まる。

5/23　学生Ｃ：ドライ・ラボを作るのに苦戦しています。絵は苦手ではないのですが、色鉛筆は苦手です。スケッチは必要な技だと思うので、この期に色ぬりの練習をしようと思います。授業の準備をしなければならないのですが、図書館で延滞をしてしまいました。

着色は気にしなくて良い。芸術の授業ではない。この作業を通して心・技・体・知を充実させることにねらいがある。大丈夫だ。延滞？それもOKだ。たくさん失敗せよ。大きくなるよ！

6/12　学生Ｄ：まずは、先週の先生の言葉への返答をします。命というのはとても大きな価値を持っているので、それと同等というとおこがましいかもしれないが、自分自身にとって大きな大きな"何か"を得た日になったと思う。それが何かは、今、これを書いている自分にはわかりませんが、家に帰ってじっくり考えたいと思います。

　人生で１度このような解剖を経験しているか否かは、そこそこに大きい差で、文系の自分にとってはアドバンテージになったと思う。皮膚、心臓、大腸、種類は違えど自分にもあるもので、役割をはたしている臓器などを切り、調べるというのは、大きなくくりで見れば自分の体の理解をすることにもなるのかと思った。

　先生がどこかでこの話をしていた気がするが、日本の教育において足りないのは、人を含む体の構造の理解不足だと聞いた。かくいう自分も、ブタの腎臓を切って調べるようなことを高校でしたことがある以外、やったことがなかった。理解するにはやはり、実際にやるべきなんだなと思った。学んだことが多すぎて、何をレポートにまとめようか全然見当もつかないが、ぜひとも良い結果を残して自分の成長をみんなに見せたい。

すばらしい！その姿勢。よく集中して取り組んでいたな。文系・理系は、もはや意識する必要はなし。君はヒトとしてすばらしい取り組みをしたのだと思う。命の重さとは何かという、命題を君に渡した。その「解」を学生時代に探して欲しいと思う。

6/14　学生Ｅ：みんな真剣な表情でカエルをサバいていて、有意義な時間だったのだと思う。結局、最後は死体となって燃やされてしまうカエルから、あの短時間で何を学べただろうか。教科書には載っていない情報を得られたかもしれないが、一匹の命を奪うのに、良いも悪いもないのではないか。

　テキトーに６時間を過ごしていた人も、真剣に吸い取り紙になった人も、等しく命を奪っている。人間だから許されるのか？許すも許さないもないのだろうか？合掌すれば弔ったことになるのだろうか？今日は動物の命を、自らの知識のために奪うことの意味を考えられる日になりました。

命の重みとは何かという命題を今日、蛙学生に託しました。君が指摘する通り、果たして人に他の生命を奪う場面が許されるか。極めて重要な問いです。年間、何十万という実験動物が実験や薬品開発で命を落とす。もしくは障害を受ける

（たとえばウサギの失明は何千羽ともいわれている）ことは許されるのか‥‥人とは何かなどなど、岡村先生の自戒の念は一つの解のような気がします。

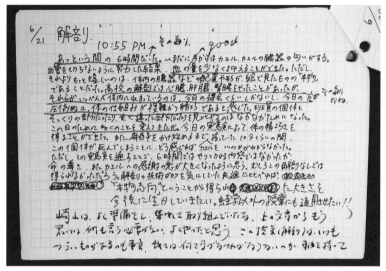

解剖直後に書かれた学生カード：本質を突いている

6/27　学生F：考えれば考えるほど、頭が真っ白になります。授業が怖い。もっとよく考えなければ…。結論や結果がうまくまとまらない。やべえぞ、あと一週間、資料を集め仮説をつくりデータで検証しようとしてもうまくいかないことが多い。端的にいってつらいです。

今日はどうだった？つらかっただろう。やばかっただろう。でも端から見ていて、○○中心によくまとまっていたと思う。オレはこの時点ではリハーサルも見ていないが、すでに良いできだったと予想しているのだよ。解剖といっしょ要はプロセスさ。それができればOKさ。

5/21 解剖から1週間、実習レポートを書き続けた。気づいたと
感じたことをアウトプットするたびに知識や経験が定着して
いくのを感じた。

次はいよいよ集大成の学生授業です。班員と"授業とは"について
語り合った。でい"まなび"の"授業"をつくり、退屈な"講義"になら
ないよう、準備を進めた。

授業とは みんなで学生が作る "協同作"である。
この事を胆に命じよ！ 難しいことを そのまま伝えるのは
"退屈な講義"である。
ホンモノにこだわり、正確なエビデンスで学べ
チームで ハードワークせよ。 必ず 何かが得られるはずだ。
失敗もOKだ。

授業とは何かを模索する学生

6/28　学生G：『情熱大陸』で、獣医学部の高田礼人先生を取り上げた回があっ
た。彼はコウモリの体内のウイルス分離を試みて、失敗して泣いていた。たぶ
ん、梶原さんのボスは高田先生だったと思う（スライドから見るに）。熱いボスの
元で勉強するのは、幸福だと思う。ウラヤマシイ！！が、今の私には蛙学があ
る！だから今は幸せです！後期もどこか見つけて、なんとかこの熱い感じを持続
させたい。

やがて、対象がなくてもその心は宿るだろう…いや、もう宿っているか…

　ウイルスについて、とてもわかりやすく説明してくれてうれしかった。エボラ
出血熱に関する誤解を訂正できた。"研究とは何か？"の答えが"自分のやりた
いことをやるための強力な武器"っていうのが、いい答えだと思う。

　6/25(月)18：10～20：10のD班の話し合いに、TAのナガタケさんがずっと
つき合ってくれた。うまく話をふれなかったりしたが、最後までいてくれてびっ
くりした。授業は今までしらべたことを、考えたことをまとめる時期です。少し
遅れています。

**それは素材だ。それを料理して、初めて教材となる。そして、それは君達への授
業の目標と合致していなければならない。私としては疑似ツアーがドライ・ラボ
の様に体験できるとおもしろいと思う。なぜなら全員が参加でき、生かすことが**

できるからだ。"授業"とは何か。難しい高度なことをそのまま伝えるのは、誰にでもできる。でも興味は生じない。さあ、D班はどうする？ X＋Y＝5の学びを、この授業作りから味わって欲しいな。

7/5　学生H：小・中・高の学校生活を通して、何のために学校に通うのかな？と思っていました。今日授業をしたB班に欠けていたのは、動機だったのでしょうか。何のためのものなのかわからないと、こういう気持ちになるのです。情報量が多くて何が正しいのかわからず、時間が十分に与えられない、と感じました。

　でも、B班が沢山悩んだことは伝わりました。一本自分が正しいと思う線を、授業づくりでも学校生活でも見つけたい。ツボカビにかかったかもしれません。このままだとどうしたいか、描いただけで終わってしまいます。成長します。

貴女はすばらしいことを言っています。そう、自分が正しいと思う線を大学生活に見つけること。その通りです。なにごとも軸、姿勢が必要。そこから全てが始まるのです。貴女はとても素直で前向き、キラキラ輝いています。その姿勢を忘れなければ大丈夫です。でも多い人はどうなるかなあ…

7/12　学生I：D班の様々な欲求に答えていただいて、ありがとうございました。今までは蛙学にひたり、がんばることはできていて、私の大学生活は"蛙学だ！"と胸を張って言えてました。蛙学がなくなったら、鈴木先生や長竹さんに会えなくなってさみしいとすごく思いました。でも、今日、卒業しなくちゃいけないんだなあと思いました。たくさん学ぶことができたこと、これからできるようにならなくちゃいけないことを受けとめてがんばります～。

　私の課題は沢山ありますが、ちょっとずつやってきます。少し見ていて頂きたいです。

学生授業の場で、貴女の良い所を引き出せなかったこと。私の指導力不足の何物でもありません。貴女に手原稿を持たせたプレゼンはさせたくなかった。見ていて涙が出そうでした。夢へ向かうには、どのような力が必要か。それ（その一部）を見せるのが「蛙学」。今年も多くの課題が私に残りました。最大の収穫は、すばらしい学生達と出会えたことです。

7/11　学生J：今日の最終プレゼンでは、他の班と比較してアカデミックな内容を突き詰める事ができなかった…。「文系の人にも分かりやすく！」をテーマの一つに掲げていたが、とうてい大学生向けのプレゼンにはできなかった。非常に悔しい気持ちだ。

　思えば最初のプレゼンも解剖のレポートも、先生の期待に応えることができなかった。今からでも「蛙学」を最初からやり直して、自分で納得のいくようなものを創り上げたい。でも、グループのみんなと協力した時間は楽しいものだった。もっともっと突き詰めたい。もっともっと知りたい。蛙学が終わってしまうのが、とても寂しい。もっと理系マインドをつきつめたい。「研究は苦しいが楽しい」という気持ちをもってみたい。

○○よ。要はプロセスなのだ。そこをきちんと正確にこだわりをおってやり抜く。結果はその後についてくる。この授業はそこを見ていたのだ。確かにあのプレゼンは、市民なら喜ぶだろう。ここは北大だ。ただしチーム・ワークという意味では、ゴライアスは Best だった。カエデがオレの部屋で泣いていた。いつまでも 4 人、仲良くな。

7/18　学生K：今日は「蛙学への招待」最後の授業だった。大きなカエルを捕えることはできなかったけれど、4人で1匹のカエルを追いかけたのはとても楽しかった。蛙学の授業が丸1年続いてくれれば良いのになあ、と強く思う。

　僕たちのチームは先生が求めていたものに応えることができず、いつもヘッポコな結果だった。でも、チームでプレゼンの準備をしたり、資料集めのときに知らなかった情報を知ることができたときは、すごく楽しかった。まだまだ言葉は書き足りないし、もっともっとみんなと蛙学をやりたかった。半年間、本当にありがとうございました。

※最終回のカード：最終回は回収のみでコメントはない

命と向き合う学生

新たな「知」を生み出す「正確に対象物を捉える力」：
Active な学びのために

「解」のない世界に立ち向かい、自身の問題と対峙するのにどのような力が必要か、先人たちの業績の数々が明確に示している。知を生み出していった偉人たち、解を求めて試行錯誤を繰り返していった先人たちに共通する一つに、正確に対象物を捉え、徹底してこだわり抜く姿がある。芸術に携わる人たちを例にみていこう。

たとえば、ヴァイオリニスト。最近はベテランの域に到達したヒラリー・ハーンや五島みどりの音色は、あくまでもヒラリー・ハーンであり、五島みどりである。ヴァイオリンはギターと違って、フレットがない。左指の正確なポジションがすべての音程を決定する。小さなポジションのズレはそのまま音程の濁りを生み出し、作曲家が指定した音にならない。スコアを読み込み、正確に運指することがまず求められる。特にハイポジションでは指板を押さえる指の間隔が狭くなり、弦を瞬時に押さえていくのは至難の業だ。一方、音を出すのは弓を動かす右腕と指で、音の強弱や微妙な揺

れを表現する奏者の武器である。上腕二頭筋や上腕三頭筋、三角筋や大胸筋、大円筋や広背筋、また短母指外転筋や虫様筋など、様々な筋肉が運弓をコントロールし、その微妙な筋肉の発達具合と力加減、その複雑な動きから生じる強弱の差や揺らぎによって、それぞれ個性溢れたメロディが飛び出していく。楽器から個性溢れる音を奏でるには、まず正確に楽器を操ることができる基礎が必要なのだ。これはジャズの世界でも同じである。

　日本絵画では、鬼才・伊藤若冲が江戸中期に残した鶏鳥図が、その色彩と相まって多くの日本人の心を掴んでいる。2016年に、「若冲生誕300年記念展」が上野の東京都美術館で開催された。なんと4時間待ちの長蛇の列に並ぶことになった。しかし、私にとっては貴重な空間と時間を共有できた素晴らしい一日だった。若冲は元々、京都錦小路の青物問屋の長男だが、商売に関心がなく、40歳で家督を弟に譲っている。その前後に庭に放った鶏や昆虫を数限りなくデッサンし、それが後の国宝動植綵絵を生み出す基礎となった。多くの生物を描いたが、こと鶏については、デフォルメをしながらも、獰猛なキジ科としての本質をとらえた様を見事に表現している。その基礎は紛れもなく、身近な生物を黙々と正確に写実した画力にある。また、若冲の真骨頂は墨絵だ。過去に京都の相国寺に残された彼の襖絵を二度見たが、墨で書かれた葡萄の画力の凄まじさ、正確な筆致の見事さには思わず舌を巻いた。

　自身の自己実現を目指してものを生み出して行くには、その前提となる基礎・基本が極めて重要なのだ。若冲の作品には、彼の類い希なる正確性と異常なまでのこだわりが見て取れる。それによって新たな独創的な「知」が生み出されていく。江戸絵画の進化形である絵師長沢芦雪やキュビズムのピカソやダリも同じである。彼らの幼少時代のデッサンの基本、画力の正確さは尋常ではない。同時に芸術家たちの足跡が、いかに Active であったかも想像に難くない。

　ピカソや伊藤若冲だけでなく、京都大学の山中伸弥先生の IPS 細胞のような新たな独創的な知が生まれる背景には、潤沢な基礎・基本と技術、それを支える非認知的能力が重要であることを示しているのである。

「蛙学への招待」
Phase3

「解」のない学びへようこそ！
学生たちで授業づくり！
メタ認知を繰り返えす究極の学び

授業づくりは楽しい反面、苦しかった。ぎりぎりまで授業に筋というか骨を通すことができず、発狂して奇声をあげながら走り出しそうになりました。色々な意味で、得たものは多かったと思います。そして何より大きいのは、仲間の存在です。裏表ひっくるめ、きつい経験ができました。

実際に授業づくりに取りかかってみると、予想以上に難解で、本当に手探りの状態だった。史上最悪の絶望的な進度の遅れの中で、授業構成に挑んだ一週間はとてつもなくつらく、死にたくなるほどだった（自業自得だけど）。けれども終わってみれば、味わった充実感は今まで生きてきた中でも素晴らしく爽快で、少しだけ自分が一回り大きくなれた気がした。色々と不快な思いもしたが、共に苦労を味わった班員らには本当に感謝している。この班でなければ、授業はつくれなかったと思う。他にも鈴々先生、TA、他班の方々、蛙学以外の人々からも様々な面で励ましを受けた。感謝するばかり。「蛙学への招待」を受講することができたこと自体、幸福だ。この講座は本当に、時間への意識だとか大切なことを教えてくれる。積極的に挑めば挑むほど、もっともっと、たくさんのものを得られる。

学んだのは友情です。学生授業の準備に追われた約1ヶ月間、まさに「怒濤」でした。しかし、マジで忙しいその1ヶ月の間に、同じA班のみんなとたくさん話せたし、つながりを持てました。授業前1週間は僕の家で合宿状態だったけれど、お互い励まし合うことで乗りきれたと思います。これから何年も続く大学生活、そして大学を卒業した後もこのA班のみんなと仲良くしていきたいと思っています。普通の一般教育演習ではこんな友情が芽生えません。蛙学をとってよかった、とマジで思っています。この授業は一生の宝物です。これからの大学生活に、ここで得た経験を生かしていきたいと思っています。ありがとうございました。

① なぜ「学生授業」なのか?―その目指すものとは―

　Phase2までは、北大の入試がクリアできる資質や能力があれば、ある程度対応できるだろう。しかしここからはそうはいかない。

　Phase3では、学生が2ヶ月間、授業以外の時間を使って教材研究をし、両棲類無尾目の授業を組み立てる。授業はプレゼンとは違う。他の蛙受講生(教員およびTAを含む)に向けたホンモノの教授であり、そこにたどり着くための「解」はない。両棲類無尾目に関する世界中の原著論文やデータを集め、解読・分析し、世界のホンモノとコンタクトしなければならない。

　ここではPhase1、2で身につけた力が必要で、それらが複合して化学反応を起こしていく。テーマは自由で、方程式もない。無尾目について調べるとなると、欧文の文献をあたらなくてはならない。野に放たれた学生は、苦闘しながら授業づくりに奔走し、高校まででは教えてもらえなかった、「解」のない学びへ飛び出していく。

　最も苦しむのは、授業のテーマ設定だ。初等中等教育では、「探究の過程」が長年重視されており、新学習指導要領でも新たに探究に関する科目や記述が設定されている。しかしその指導においては、教員は、指導の難しさを感じ、テーマや仮説、実験方法を与えてしまうことがほとんどである。そのため、すでに明らかになっている事実の検証に終始してしまう。そこには何ら面白みはない。探究の起承転結に拘らず、「起」だけに特化した教育も日本の理科教育には必要である。

放課後、グループごとに授業準備を進める

テーマは自分たちで考える(時には徹夜となる)

　世界の初等中等教育の理科では、実験計画能力の育成が重視されており、大学入試にもそれが出題される。しかし、日本はその対応にも大きく遅れている。それを補完するのが、この「テーマを自ら決める」ということだ。

　ほぼ全員が初めて、この壁にぶつかる。まず学生に求めるのは、①何がどこまで明らかになっているのか　②何がまだわかっていないのかを見極めることだ。これが、探究の過程の最初のステージだ。この2点について先行研究を徹底的に検索し、グ

ループ内で情報を共有する。私からは、レフリーつきの論文へのアクセス方法やネット情報への対応など、研究の基本となる手段や取り扱いについて伝えていく。

　学生授業は、系統解剖実習のレポート提出の2週後の7月頭から、1回2グループで実施される。この Phase では、学生がグループごとにさらに主体的になって動く。教員はそれを絶えずモニタリングして問題点を洗い出し、グループにフィードバックする。学生カードや朝・昼の面談、TA からの報告、リーダーらとの情報交換などは欠かすことができない。

　学生授業は1グループ30分。
　①内容は Academic でなければならない
　②学生全員が授業に参加しなければならない
　③高度な内容を分かり易く伝えなくてはならない
　④授業を受ける側が Active になる仕掛けがなくてはならない。
　⑤手持ち原稿を持ってはならない。
が長年の不文律になっている。

リハーサルをくり返して本番へ

授業の聞き手の作業が伴う教材を必ず準備する

　これまで行われてきた授業タイトルの一部を紹介すると、
・和歌かえる
・オタマジャクシの生き残り戦略
・カエルの飼育と教育的効果
・最終警告：本当に怖いツボカビ
・幸せカエル計画
・めんそーれ！あたびちツアー：琉球蛙学への招待
・アストラジンと雌雄同体
・カエルのコミュニケーション
・人間の持つカエルのイメージをつきとめよう
・Poison Frog：毒って素敵ね
・環境への適応：乾燥
・カエルオタクへの招待
・これで納得？君も明日から蛙料理を食べたくなる？

自信に満ちた様子で授業を行う学生

学生授業で出された課題について議論する受け手側の学生ら

・カエルの駆除と有効利用法

・オタマジャクシの尾はなぜ消えるのか？

・カエルの繁殖戦略

など、型にはまらぬユニークなモノが多い。後に日本獣医師会の研究会で発表したものや、喫茶店を借り切って市民向けにサイエンス・コミュニケーションを実施した傑作も多く、文系から理系までそのテーマは多種多様である。

　1コマの授業内に実施する学生授業は2つだが、90分の授業枠を軽くオーバーしてしまう。内容を詰め込みすぎているのかもしれない。

　各授業が終わると10分程度の質疑応答があり、授業を受けた側の学生はあらかじめ用意した12観点からの授業評価を、授業を行った学生は7観点からの自己評価を行う。

　その後、毎回集まってくる多くの蛙学OG/OB、学内で授業参加を希望する教員や大学関係者、小学校や高等学校の教員、高校のPTA、同窓会の方々、マスコミ各社も参加し、ジャンルを超えた様々な方々からコメントをいただく。過去にはフィンランドから教育視察が入り、現地の専門誌で蛙学が紹介されたこともある。最後にTAと私がコメントし、全体を締めるのである。

　コメントは、学生たちがヘコむほど容赦なく厳しい。要点を的確についた辛辣なものも多く、授業評価の自由記述欄にそのときの落ち込んだ気持ちを綴る学生も多い。しかし、蛙学生はこの洗礼を見事に乗り越え、内容を吸収していく。

フィンランドの専門誌に「蛙学」が登場

② これが「蛙学」の学生授業だ！：
学生はそこから何を学んだのか

ではここで学生に登場願い、学生授業を紙上で簡単に再現してもらうことにする。

・第19期の2018年度C班「**あなたの知らないカエルのヒ・ミ・ツ**」
　（リーダー：中瀬　満、前田唯眞、川原実那子、水野陽太、木村理季、青木真太郎）
・第20期の2019年度B班「**カエルの成長度**」
　（リーダー：井戸ゆみ子、肥田太陽、三宅楓子、加藤叶大、全　佳晃）
の2つの授業創りだ。

ご覧いただければわかると思うが、内容についてはまだまだ詰めが甘く、基本となるデータの取り方やローデータでの基本的な分析によっては違った考察になる可能性など、多くの問題も散見される。だが、まだ高校を卒業して3ヶ月の学生である。ここでは内容の科学的な質ではなく、どのように学生たちが授業と向き合い、何を得たかという視点からご覧いただければ幸いである。COVID-19(新型コロナウイルス)感染拡大の前年に、すでにウイルスのパンデミックを取り上げている蛙学生のセンスの良さなどは、なかなかのものであろう。

　なお、2つの授業の整合性をとるために、2つの原稿のレイアウトをB班の授業内容をまとめた肥田太陽が担当した。授業の流れをスライドとともに掲載し、授業を作るまでのプロセスと、授業を終えた後の感想もそれぞれ紹介する。

1) 2018年度C班 学生授業「あなたの知らないカエルのヒ・ミ・ツ」

青木：(スライド1)皆さんこんにちは。これからC班の授業を始めます。私たちの授業テーマは「みんなの知らないカエルのヒ・ミ・ツ」です。

スライド1

> みんなの知らないカエルのヒ・ミ・ツ
>
> C班「カエル愛好会」中瀬滉 前田暉眞 青木眞太郎 木村理希
> 水野陽太 川原実那子

(スライド2)私たちが今日一番伝えたいことは"カエル半端ないって"ということです。

スライド2

> 私たちが伝えたいこと…
>
> **カエル半端ないって！**

(スライド3)カエルの何がそんなに半端ないかというと、「抗菌ペプチド」これが半端ない、ということをお伝えしたいと思います。

　それではご唱和ください。"抗菌ペプチド半端ないって"。もう一回、"抗菌ペプチド半端ないって"。ありがとうございます。

スライド3

> カエルの何が？
>
> **抗菌ペプチド**
>
> 半端ないって！
>
> ご唱和ください。

(スライド4)なぜ私たちがこのようなことを思ったかというと、ロシアのおばあちゃんの知恵袋に、牛乳にカエルを入れておくと日持ちするという話があったからです。

(スライド5) 調べたところ、カエルの皮膚分泌物には抗菌抗ウイルス作用のある物質が入っていることが分かりました。これこそさきほどの"抗菌ペプチド"でした。ということでまず、抗菌ペプチドとは何かということについて水野君に説明してもらいたいと思います。お願いします。

水野: (スライド6) 水野です。それではこれからカエルの抗菌ペプチドについて話したいと思います。

　まず抗菌ペプチドが何かについて説明します。ペプチドとは、ここではタンパク質とほぼ同じと考えて問題ありません。抗菌ペプチドは多くの生物種が生まれつき持つ生体防御システム、つまり体を守るシステムです。人間も含めて、多くの生物の体表に抗菌ペプチドがあります。抗菌ペプチドはウイルスや細菌などを攻撃して、体内に入るのを防ぐという役割があります。

(スライド7) 抗菌ペプチドには、1つの抗菌ペプチドが効果を示す病原体が複数あります。つまり、ひとつひとつの抗菌ペプチドがそれぞれ様々な病原体に効くということ、これがすごいところです。すなわち、抗菌ペプチドは種はもちろん個体ごとにも実に多様な抗菌ペプチドが存在します。

(スライド8) ここで、みなさんに少し考えてもらいたいのが、「なぜカエルはここまで多様な抗菌ペプチドを持っているのか」ということです。3分時間を取りますので周囲の人と話し合ってみてください。3分後に意見を聞きたいと思います。

スライド4

ロシアのおばあちゃんの知恵袋
「牛乳に蛙を入れておくと日持ちする」

スライド5

調べると……

蛙の**皮膚分泌物**には抗菌・
抗ウイルス作用のあるものがあることが判明。

抗菌ペプチド

スライド6

抗菌ペプチド　その1

＊ペプチド≒タンパク質

・多くの生物種が生まれつき持つ生体防御システム

・ウイルスや細菌などを攻撃して体内への侵入を防止

スライド7

抗菌ペプチド　その2

・1つのペプチドが効果を示す病原体は複数

・カエルの抗菌ペプチドは種・個体ごとに多様

スライド8

質問

なぜカエルは多様な抗菌ペプチドを持っているのだと思いますか？

（3分後）

水野：H君、どう思いましたか？

H君：そもそもカエルはかなり皮膚呼吸するものだと思うし、皮膚が湿っている状態なのでかなり菌が発生しやすいと思います。また、色々な環境に適応して、いろんな菌に接する機会が多いから、それに対する免疫も必要なので、抗菌ペプチドを多く含んでいるのではないかと思います。

水野：水中だけにいる病原体とか、陸の病原体とか、それぞれ別の病原体に対応するために抗菌ペプチドを発達させてきたということですね。ありがとうございます。もう一人、T君はどうですか？

T君：カエルにとって一番大事なのが皮膚呼吸だと思うので、皮膚がウイルスなどに感染してしまっては元も子もない。一番大事な皮膚を守るようにということだと思います。

水野：なるほど、皮膚呼吸が大事だからその皮膚を守るためということですね。ありがとうございます。それでは、見ていきたいと思います。

（スライド9）これはカエルの生息環境を示した図です。今、H君が言ってくれたとおり、カエルの生息環境には水も土もあって、水の中にだけいる病原体や、土の中だけにいる病原体など、遭遇する病原微生物の種類が多様なために、それらに対応するかたちで抗菌ペプチドを発達させてきたのではないかと考えられます。

スライド9

（スライド10）さらにT君が言ったとおり、カエルの皮膚構造も抗菌ペプチドが発達した要因なのではないかと考えられます。

　カエルは皮膚呼吸が非常に大事で、常に体の表面が湿っており、透過性が高く、角質層も薄いです。つまり、カエルの体表は、細菌やウイルスにとっては大変うれしい状態で、病原体の侵入を防ぐために抗菌ペプチドを発達させてきたのだと考えられます。

スライド10

さて、ここまで両棲類には抗菌ペプチドが多いという話をしてきたのですが、実際にどのくらい見つかっているのかが、データベース化されています。なんと今現在2,571個、実に2,500以上の抗菌ペプチドが両棲類から発見されています。

（スライド11）その中の例を少し挙げると、マガイニンとブレビニン、これはエイズとかヘルペスウのウイルスに効きます。さらにウルミン、これがなんとインフルエンザウイルスに効くんです。みなさんがよくかかるインフルエンザに効くんです。

スライド11

（スライド12）まとめると、カエルの抗菌ペプチドは種・個体によって実に多様で、2,500以上という非常に多くの種類が見つかっています。エイズやヘルペスのウイルスに効く物質も発見されたことから、研究や医薬品などへの応用が進行中です。今後も人類に有用な物質がまだまだ見つかるか

スライド12

もしれない、ということで抗菌ペプチドのまとめを終わります。

青木：ありがとうございます。抗菌ペプチドすごいですね。半端なさが分かっていただけたと思います。

（スライド13）次に、さっき出てきたこのウルミン、インフルエンザに効くんです。これは最近発見されたのですが、私たちはこれに注目しました。
　それではこれについて、中瀬君から説明してもらいたいと思います。

スライド13

中瀬：それではウルミンがどういう物質かというと、先ほどの抗菌ペプチドの一つです。何に効くかというと、H1型のインフルエンザウイルスです。H1型はス

ペイン風邪とも聞いたことのある、インフルエンザの原因となったやつです。ウルミンは、この可愛らしいつぶらな瞳と落ち葉に似た色の背中が特徴的な、南インドに生息するカエルから見つかりました。

(スライド14)ここでウルミンの説明に入る前にちょっとインフルエンザの事を勉強してもらいたいと思います。インフルエンザのことを勉強しないとウルミンのすごさはわからんので。

スライド14

(スライド15)はい、これがインフルエンザウイルスです。これは遺伝情報が入っているRNAですね。で、それをタンパク質と脂質二重層が包んでいます。で、こいつは自分で自分のことを複製できないので「半生物」って呼ばれたりするんですが、複製の際に一番大事なこいつら、ヘマグルチニンとノイラミニダーゼ…ちょっと名前が長いので復唱してください。じゃあ行きます。「ヘマグルチニン、ノイラミニダーゼ」。はい、ありがとうございます。

スライド15

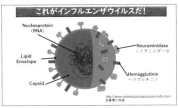

スライド16

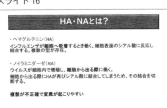

(スライド16)ではこれを詳しく見ていきましょう。ヘマグルチニンっていうのは、インフルエンザが細胞吸着するときに働く、細胞表面のシアル酸に反応して結合するもので、複数の型が存在します。で、ノイラミニダーゼは、ウイルスが細胞内で増殖し細胞から出る際に働くもので、細胞から出る際にHAが再びシアル酸に結合してしまうため、その結合を切断する、複製が不正確なものなんです。

　ヘマグルチニンは、インフルエンザが細胞に吸着するときに働きます。ヘマグルチニンはこの青の磁石です。標的細胞表面のシアル酸に反応して結合します。
　シアル酸にヘマグルチニンがくっつくと、細胞は何か美味しいもだのと勘違いして、食作用という細胞内への取り込みを起こします。それによってインフ

ルエンザウイルスに感染したことになります。

　じゃあ、ノイラミニダーゼの説明に移ります。ウイルスが中で増えましたね。そうしたら、別の細胞に感染しなきゃいけないんです。もうウイルスが感染している細胞はバラバラに壊れているので、次の細胞に行きたい。細胞から出たいです。出たいんだけど、HA がまたシアル酸にくっついてしまった。この結合を切断しなきゃいけない。そこでノイラミニダーゼが働きます…というわけで、ノイラミニダーゼのおかげで、インフルエンザウイルスはいろんな細胞に感染できます。この 2 つは複製が不正確ということを覚えておいてください。

(スライド 17)はい、じゃあ復習します。

スライド 17

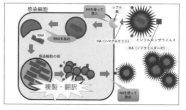

　ウイルスがヘマグルチニンを使って、細胞内に侵入しました。そして中で感染細胞のシステムを使って複製してもらいたいので、外側の殻が取れて RNA を放出します。そして感染細胞のシステムが、インフルエンザウイルスを増やしてくれます。さらに HA、NA のタンパク質も作ってくれて、出ることができるという仕組みです。

スライド 18

(スライド 18)インフルエンザウイルスをまとめると、感染に大きな役割を果たすのはなんでしたっけ？…じゃあ I 君？

I君：HA。

中瀬：ありがとう。HA が大きな役割を果たしています。A 型インフルエンザは変異性に富むので、人類の脅威となることがあります。次はインフルエンザを倒さなきゃいけない。それをどのようにしているのかを、木村君に教えてもらいましょう。

スライド 19

木村：(スライド 19)はい、じゃあインフルエンザを倒す対処法です。対処法には、みんなの知ってるワクチンと治療薬とがあります。
　治療薬には、この 4 種類があります。ではまずワクチンについて説明します。

（スライド20）ワクチンは感染力をなくしたウイルスを体内に入れて、免疫、抗体を作らせて予防しようというものです。

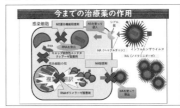
スライド20

　ですが、問題点があります。インフルエンザウイルスは変異しやすいので、毎年新しいものを作らなければいけないということと、流行予想が外れると効果が少ないということがあります。毎年WHOがこの時期にこういう型が流行りますよというのを予想してくれるんですが、これが外れてしまったらとんでもない、ワクチンが効かないってことになってしまいます。また、ワクチンを作るのに時間がかかってしまうので、WHOの予想が外れるとパンデミックになっちゃいます。

　次に治療薬について説明します。

（スライド21）まずM2蛋白機能阻害剤っていうものは、ウイルスがRNAを自分の体から出すときに使う酵素を阻害するものです。キャップ依存性エンドヌクレアーゼ阻害剤とRNAポリメラーゼ阻害剤には、この感染細胞のRNA複製を止めるという働きがあります。そして最後のNA阻害剤はさっきのNAの作用を阻害して、ウイルスが外に出れなくなっちゃうっていうような働きをします。さて、ウルミンの作用はどうなのか、それを前田君が説明してくれます。

スライド21.1
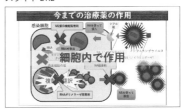

スライド21.2

前田：はい、ではウルミンの場合どうなっているのでしょうか。

（スライド22）これが今までの治療薬の作用機序でした。じゃあ突然ですが聞いてみ

スライド22

ましょう。ウルミンはどこに効くでしょうか？ S君。

S君：最初の細胞に入るところ。

前田：その通り、ウルミンはここに効きます。今までの治療薬は全て細胞内で作用していましたが、ウルミンはここに作用するので、細胞に入る前。細胞の外でブロックできるということがあります。じゃあ、ブロックしてみましょう。

木村：インフルエンザです。これがウルミンです。ウルミンが HA を攻撃します。はい、インフルエンザこうなっちゃいました。

前田：(スライド23)はい、今の工程を実際に電子顕微鏡写真で見てみます。これがインフルエンザウイルスを実際に培養した写真ですね。それではウルミンがこのインフルエンザをどうしてくれるのか、こうなりました。分かりますか？完全に破壊されています。それではどうやって破壊されるのか詳しく見てみましょう。

スライド23

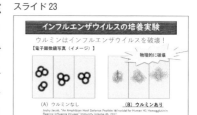

(スライド24)さっきウルミンが働いていたのは何回も出てきている HA、ヘマグルチニンというところでしたね。

ヘマグルチニンはこの上のシアル酸がくっつく部分と、支えている竿の部分に大きく分けられます。インフルエンザは変異しやすいという特徴がありましたが、この

スライド24

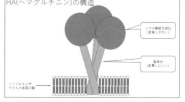

変異しやすいのは上の部分で、下の竿部分はあまり変異しにくいという特徴があります。ウルミンはどこに働くかというと、この竿部分、変異しにくい竿部分に効きます。

　これについて獣医学部の迫田教授に話を聞いてきたところ、竿部分のつけ根の部分をえぐるような形でインフルエンザを破壊しているのではないか、という意見をいただきました。変化しにくい部分に効くので、ウルミンは変異株にも有効で、ワクチンが外れちゃって世界的に流行しちゃったというときに効くんじゃないかと、現在研究が進められています。

（スライド25）実際どれぐらい効くのか、マウスで実験しました。これはインフルエンザに感染したマウスですね。そのまま2週間飼育すると残ったのは20%です。

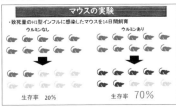

スライド25

　では、ウルミンを入れたらどれぐらい残るでしょうか。70%です。すごいですね！20%が70%になったということで、ウルミンは紛れもなくインフルエンザに効きます。

　まとめます。
　ウルミンはカエルの皮膚から見つかった抗菌ペプチドで、H1型インフルエンザウイルスを殺すことができます。ウルミンは変異しにくい竿部分に作用するので、画期的な治療薬がこれから作られるんじゃないかということで研究されています。

青木：（スライド26）ありがとうございました。すごかったでしょう？ウルミン。僕たちは本当にびっくりしたんです。

スライド26

　では、この授業の一番大事なまとめでございます。川原さんにお願いしたいと思います。

川原：（スライド27）カエルの皮膚には、身を守るためにたくさんの抗菌ペプチドがあります。そしてこれは種や個体によっても様々なので、本当にたくさん存在するということがわかります。ウルミンの他にも有用な物質がたくさんあるのではないかと、現在研究や医薬品への応用が進んでいます。

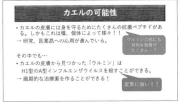

スライド27

　その中でも今回取り上げたウルミンは、H1型のA型インフルエンザウイルスを殺すことができます。ウルミンがすごいのは、変異なんてものともせずにインフルエンザウイルスを殺すことができるということで、画期的な新薬を作ることができるのではないかと期待されています。

（スライド 28）「かえる半端ないって」ということで私達の授業終わりたいと思います。ありがとうございました。

スライド 28

【参考文献】
・長岡功ら(2017)「抗菌ペプチドの機能解明と技術利用」シーエムシー出版
・田中千賀子ら編(2017)「NEW 薬理学 改訂第 7 版」南江堂
・内田亨・山田真弓監修(1996)「動物系統分類学 9 下 A1.2 脊椎動物 両生類Ⅰ Ⅱ」中山書店
・生田哲(2001)「ウイルスと感染のしくみ」日本実業出版社
・片桐千明(1998)「両生類の発生進化学」北海道大学図書刊行会
・松井正文(1996)「両生類の進化」東京大学出版会,
・Joshy Jacob, (2017) "An Amphibian Host Defense Peptide Is Virucidal for Human H1 Hemagglutinin-Bearing Influenza Viruses" Immunity Volume 46
・T. Yu. Samgina, E. A. Vorontsov, V. A. Gorshkov, E. Hakalehto, O. Hanninen, R. A. Zubarev, A. T. Lebedev, (2012) "Composition and Antimicrobial Activity of the Skin Peptidome of Russian Brown Frog Rana temporaria", J. Proteome Res
・無尾類抗菌ペプチドデータベース
http://split4.pmfst.hr/dadp/?a=list(閲覧日：2018 年 11 月 4 日)
・インフルエンザウイルスとは？，(公財)東京都医学総合研究所,
http://www.molmed.jp/projectcorner/influ.html(閲覧日：2019 年 5 月 5 日)
・インフルエンザウイルスの基礎知識，北海道大学大学院獣医学研究科微生物学教室,
https://www.vetmed.hokudai.ac.jp/organization/microbiol/fluknowledgebase.html(閲覧日：2018 年 5 月 7 日)
・インフルエンザ Q ＆ A，厚生労働省
https://www.mhlw.go.jp/bunya/kenkou/kekkaku-kansenshou01/qa.html(閲覧日：2018 年 5 月 10 日)

【画像引用元】
・スライド 4 カエルと牛乳
https://pikabu.ru/story/veterinarnyiy_fakt_4055203(accessed 2018-5-10)
・スライド 14 Hydrophylax bahuvistara
https://en.wikipedia.org/wiki/Hydrophylax_bahuvistara(accessed 2018-5-14)
・スライド 15 インフルエンザウイルスとは？，(公財)東京都医学総合研究所
http://www.molmed.jp/projectcorner/influ.html(閲覧日：2018 年 5 月 11 日)
2024 年 1 月現在は https://www.igakuken.or.jp/infectious/reserch.html で閲覧可能
・スライド 23 生田哲(2001)「ウイルスと感染のしくみ」日本実業出版社
・スライド 24 Joshy Jacob, (2017) "An Amphibian Host Defense Peptide Is Virucidal for Human H1 Hemagglutinin-Bearing Influenza Viruses" Immunity Volume 46,

2）「あなたの知らないカエルのヒ・ミ・ツ」：その授業づくりのプロセス

①学生授業をつくるにあたって

　班のメンバーが決定したのは、3回目の授業でのことでした。蛙学の授業で初めて出会った、学部も出身地も様々な6人。リーダーは自らの意思で、中瀬が務めてくれることになりました。カエル好きのほかに、魚好きや野球好きもいました。

学生授業から解放された直後のC班の面々

　全員、履修者抽選前の鈴木先生の脅し文句に屈することなく自ら望んで履修している6人ですから、すばらしい授業をつくってやろうというやる気に満ち溢れていました。その一方で、本当にできるだろうかと不安を抱えていたのも事実です。

　鈴木先生からは、「班のメンバーは運命共同体になる」と言われ、「解を与えない」とも言われました。授業の成功にはチーム・ワークが必須であることを感じ、これから始まる「解」のない授業づくりの厳しさを予感しました。そのときは、蛙学のために本当に徹夜をすることになるとは予想もませんでしたし、授業から1年たった今も全員で鍋パーティーをやっていることは知る由もありません。

②興味ある情報を数多く収集し、整理する

　私たちが学生授業に向けて本格的に動き出したのは、学生授業まで2ヶ月を切った5/14でした。この日初めての班としてのミーティングを開き、鈴木先生から借りた過去の学生授業のビデオを見ました。先輩たちの授業は要点がまとまっており、寸劇を織り込むなどわかりやすく、見ていて飽きないものでした。自分たちもこのレベルを超える授業を作ろうと、決意を新たにしました。

　ビデオ鑑賞の後、早速授業の題材の決定に向けて動き出しました。テーマは自分たちで探さなくてはなりません。自分たちが面白いと感じた事柄を授業テーマとして、授業を通してその面白さを生徒にも伝えるのが授業の目的であると考え、まずは各々が興味のある事柄を挙げてみることにしました。

　結果、あまりにも多くのテーマ案が飛び出したので、その中から1人1つを選び、詳しく論文などを読んで調査することにしました。テーマは以下の6つでした。

　　・文化的側面から見た"蛙"
　　・カエルの種による鳴嚢の違い

・カエルアレルギーについて

・オタマジャクシの鰓の構造、水流の作り方

・オタマジャクシから変態する際のカルシウム源

・カエルのメイティングコールの可視化、情報処理への応用

③授業テーマを絞り動機を明確にする

　1週間後、テーマ案について各々がプレゼンを行い、ディスカッションをしました。

　どのテーマも魅力的な内容でしたが、中でも特に、カエルアレルギーについて調べていた学生の発表内容に一同くぎづけになりました。彼はカエルアレルギーのことを調べる中で、カエルの皮膚に存在する抗菌物質である「抗菌ペプチド」に出会っていました。ロシアの古い言い伝えに、カエルを牛乳に入れておくと牛乳が腐らない、というものがあり、これがカエルの持つ抗菌ペプチドの働きによるものであるという記事や、カエルのもつ抗菌ペプチドがインフルエンザウイルスを破壊するという論文があることも知りました。

　カエルを牛乳に入れるという衝撃的な内容や、インフルエンザウイルスとカエルとの新しい関係には意外性があり、私たちは非常に興味を持ちました。「抗菌ペプチド」には様々な種類があることも分かり、調べていくうちに、なぜカエルは抗菌ペプチドを豊富に持つのか、なぜカエルと関係のないはずのインフルエンザウイルスに作用することができるのかなど、様々な疑問がメンバーの中から生まれてきました。「カエルの抗菌ペプチドについて深く調べたら面白そう！」と全員の意見が一致し、テーマが決定しました。

　ひとまずカエルの持つ抗菌ペプチド、特にインフルエンザウイルスを破壊する抗菌ペプチド「ウルミン」について扱うことにして、ウルミンがインフルエンザウイルスを破壊するという論文を翻訳することから始めました。英語論文でしたが、全員で分担し、期限を2日後と決めて翻訳作業を行いました。英語論文を読んだことがあるメンバーはおらず、辞書が手放せませんでした。論文を要約すると以下のような内容でした。

・南インドに生息するカエルの皮膚に存在する「ウルミン」という抗菌ペプチドは、A型インフルエンザウイルスを破壊する。

・ウルミンは薬剤に耐性を持つインフルエンザウイルスに効果がある。

・ウルミンはマウスによる実験で、インフルエンザウイルス感染後のマウスの生存率を上昇させた。

　私たちは、将来のインフルエンザ治療を変えるかもしれないこの物質のすごさ、こ

のような物質を持つカエルという生物の面白さを生徒に伝えようという動機で、授業作りを開始しました。

④授業とは何か？

　授業を作る前に、「授業」とは何かを考える必要がありました。私たちは抗菌ペプチドの面白さを伝えたい、と思いましたが、みんなに抗菌ペプチドに興味を抱けというのは、少し偉そうなのではないかと考えました。そこで私たちは、「学生がこの授業を通して何を得ても、何も得なくても、それは学生の自由。私たちはこんな特徴を持つカエルって凄い！という気持ちを持ってもらえるように精一杯の授業をする」というスタンスで授業を作ることに決めました。

　スタンスが決まると、「自分たちが興味を持ったことを生徒にも体感してもらう」という授業の方針も、おのずと見えてきます。そのためには、自分たちが興味を持ったのと同じ順番で体感してもらうことが一番だと考え、授業の構成を練り始めました。

⑤授業の構成を考える

　話し合いの上、以下の構成で授業を組み立てました。

　　ⅰ　導入
　　ⅱ　カエルの生態と抗菌ペプチド
　　ⅲ　インフルエンザウイルスについて
　　ⅳ　従来のインフルエンザ治療について
　　ⅴ　ウルミンの作用機序
　　ⅵ　まとめ

　いきなり細かい説明をするのではなく、イメージしやすい事柄から説明すると理解しやすくなると考え、まず、カエルの生態と密接に関わる抗菌ペプチドとはどんな物質かを十分に説明することにしました。次に、ウルミンのすごさを伝えるために必須である、インフルエンザウイルスの構造とその感染のしくみ、さらに現在人類がどのようにインフルエンザに対処しているかを解説することにしました。そして最後の段階でウルミンについて紹介することで、ウルミンの作用機序がこれまでのインフルエンザ治療薬とは根本的に違う、画期的なものであることを理解してもらおうと考えました。

　構成が固まれば、次はその一つ一つの項目に関する調査です。調査項目を分担しながら、2週間ほどかけて文献調査を行ないました。調査の中で生じる疑問は、授業の聞き手も抱く疑問だと考え、質問に答えられるよう調べておきました。しかし、イン

フルエンザウイルスが構造の観点からどのように薬剤耐性を獲得しているのか、また
ウルミンがインフルエンザウイルスに対してどのように働いているのかという点につ
いてなど、本やネットの情報だけでは解決できない疑問が多く残りました。

⑥ホンモノから学ぶ

　そこで、少しでも疑問を解消するため、北大獣医学部の迫田義博教授にお話を伺う
ことにしました。迫田先生は獣医学部の微生物学教室の教授で、インフルエンザ治療
薬"ゾフルーザ"の開発に携わった研究者でもあります。すぐに連絡し、会っていた
だけることになりました。お会いするまでの 10 日ほどの間に、低レベルの質問をし
ないよう、インフルエンザウイルスに関する知識をより深め、理論武装しました。

　実際に迫田先生とお会いしてまず、「インフルエンザ」という言葉は症状を示し、
「インフルエンザウイルス」はその症状を引き起こす原因のウイルスを示す、と厳し
くご指摘いただきました。言葉の使い間違いで、伝えたいことが間違って伝わってし
まうかもしれないと、自分たちの授業を改めて見直しました。

　迫田先生のお話を伺うことで、インフルエンザウイルスが増殖時に生体内にどのよ
うな影響をもたらすのか、などの疑問が解決しました。特にウルミンがインフルエン
ザウイルスにどのような機構で作用するのかについては、迫田先生の考察力に驚かさ
れました。専門家に実際にお会いすることで、自分たちにはなかった、新しい視点が
得られました。

⑦リハーサルを遂行、それを元に再び授業構成を考える

　できあがった授業スライドと自分たちの喋りをアップグレードするため、何度もリ
ハーサルを行ないました。TA やメンバーの友人に生徒役をお願いして、多くの助言
をもらいました。特に蛙学 OB である TA の方々からは、かなり辛口なコメントも
頂き、そのたびに修正を重ねました。

　リハーサルの中でまず浮かび上がった課題は、情報の詰め込みすぎでした。情報量
が多すぎると、伝えたいテーマがぼんやりとしてしまうだけでなく、授業自体が退屈
なものになってしまいます。30 分という限られた時間で伝えられる情報は少なく、
そもそも情報を伝えることが授業の目的ではないと考え、肝要でない情報を削る作業
をしました。

　削ったのは、主に抗菌ペプチドに関する説明です。抗菌ペプチドに関して授業を行
うのですから、抗菌ペプチドについての基本的な知識は知ってもらわなければなりま
せんが、ウルミンのすごさを伝えられるのに必要な、最低限の情報だけに絞りまし

た。調べた情報は他にもたくさんありましたが、それは質疑応答の時間に質問への回答と絡めて説明することにしました。また、授業の序盤で「なぜカエルは豊富な抗菌ペプチドを持つか」という質問を投げかけ、考えてもらうことで、情報を削りながらも大事な部分をより深く理解してもらえるような工夫をしました。

　また、授業の動機をより強調し、生徒が「なぜこの題材の授業を受けているのか」を常に意識できるような工夫をしました。

⑧授業づくりを振り返って

i　学ぶということについてのパラダイム転換があった

　今までは、問題集や過去問を解くことが学びの全てだと思っていました。しかし、授業づくりを経験して、自分たちで見つけた愛着のある問いの答えを探す方が、はるかに面白いことだと感じました。答えがあるかどうか分からない、という怖さはありましたが、自分が他の誰も知らないことを考えているということに、高揚感を覚えました。

ii　情報の収集と取捨選択が体験できた

　まず、英語が読めないとお話にならないことを知りました。科学に関する基本的な情報は、日本語よりも英語の方が収集しやすく、英語で検索する能力や英語を読む能力が必要不可欠でした。

　最新の英語論文を訳したり、第一人者と意見交換をしたりして得た大量の情報の中から、授業で伝えたいことを理解してもらうために最低限必要な情報は何かを考えると、本筋の理解のために必要な情報は予想以上に限られることがわかりました。今まで受けてきた授業が入念に練られたものであることにも気づきました。

　ただ事実をつなぎ合わせるだけではなく、グループで考えを深めるために長い時間話し合いを重ね、思いつきや発見があればそれぞれすぐに共有し、授業づくりに生かすことができました。

iii　理論武装をしてこそ、ホンモノとの直接体験に意味があるとわかった

　百聞は一見に如かず。しかし、百聞の上での一見にこそ意味がある。徹底した情報収集による理論武装があってこそ、ホンモノとの接触は非常に意味がありました。知識があったからこそ迫田教授から多くの情報を得ることができましたが、さらなる理論武装をしていれば、もっとアカデミックな情報を得られていただろうと思います。

iv　チーム・ワークの必要性を感じた

　私たちの班は、チーム・ワークが素晴らしかったと先生から言われました。チーム・ワークがうまく機能した理由は下記だと考えています。

v　動機・目的を全員で共有した

　私たちはまず「カエルが持つすごい能力をみんなにも伝えたい！」という動機を固めてから、授業づくりに取り掛かりました。鈴木先生に「授業をやれ」と言われたからやるのではなく、自分たち自身がカエルの能力について伝えたいから授業をやるのだ、という動機をメンバーで共有できたからこそ、それぞれ積極的に取り組むことができたと思います。

vi　円滑なコミュニケーションがとれた

　全員で同じ目的を共有できたことで、チームとしてのベクトルが揃い、多くを語らずともよいコミュニケーションが取れたと思います。C班では誰も臆することなく、自分の意見を言うことのできる雰囲気が、議論を重ねるうちに整っていきました。それで、一つの問題に対して全員の知識を合わせて取り組むことができたと思います。

　それぞれが高校時代にどのような体験をしてきたのかも、この雰囲気づくりに関わっていたと思います。メンバーの1人は、出身高校が科学的な事柄について調査・議論・発表する機会の多いSSH（スーパーサイエンスハイスクール）指定校でした。高校の生物の授業形態が、自分たちで教科書を読み進め分からない箇所を先生に質問するという、特殊な「講義をしない授業」だったというメンバーもいました。それぞれの経験が、グループの中でも活かされました。

　リーダーが授業準備の計画を俯瞰し、正しい方向に向かっているかチェックして、調査などの役割を適切に分担させていたことも功を奏しました。リーダーがディスカッションでは進行役を務めず、あくまでメンバーの1人として参加し、ボス然としなかったこともよかったと思います。

vii　作業をうまく分担し、皆でブラッシュアップすることができた

　調査を全員で分担したことで、ひとつの疑問に対して探索する時間を多くとることができ、得られた多くの情報から、またさらなる疑問に出会うことができました。週に何度か昼休みに集まり、議論を進めましたが、この際にもそれぞれが調べてきたことをしっかりと説明したうえで議論し、また次回までに調べることを分担しました。議論をすることで、各人の理解は確実に深まったと思います。

常にチーム全員がそろっていたわけではありません。それぞれ他の授業や部活・サークルもあります。意見集約と情報共有の難しさを感じたこともありました。その結果、気になった部分や面白い情報などをファイル共有サービスで共有することになり、それで準備がスムーズに進むようになりました。忙しい人も、ランチミーティングにとりあえず顔だけは出すようにし、「時間はつくるものである」ということがよく分かりました。

　何より、この仲間とともによりよい授業をつくりたいという思いが、積極的な行動につながりました。1人でできることは限られていますが、複数人で協力すれば様々なアイデアが出ます。分担はしますが、任せっきりにするのではなく、皆でよりよくしていくことがポイントでした。

3) 2019年度B班 学生授業「カエルの成長度」

井戸：（スライド1）これからB班の授業を始めます。私たちのテーマはカエルの成長度です。

スライド1

蛙学への招待
鈴木誠

カエルの成長度

2019年7月4日
B班
02190032　井戸ゆみ子
02190475　加藤叶大
02190520　三宅楓子
02193079　肥田太陽
02199077　全佳男

（スライド2）突然ですが皆さん、これはあるカエルの変態直後の体の大きさから成熟しきった体の大きさをモデル化したものなのですが、これが何ガエルなのかわかりますか？体の大きさが17倍に変化しています。

スライド2

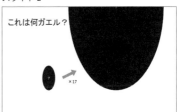

これは何ガエル？
×17

（スライド3）これはアズマヒキガエルの成長を表したものです。アズマヒキガエルは変態直後が7mmなのに対して成熟すると123mmにもなります。

スライド3

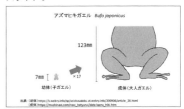

アズマヒキガエル　Bufo japonicus
123mm
7mm
×17
幼体（子ガエル）　　　　成体（大人ガエル）
出典［幼体］https://s.webry.info/sp/seichoudoku.at.webry.info/200906/article_26.html
［成体］https://mushinavi.com/navi_hatsyurui/data-kaeru_hiki.htm

（スライド4）ではこちらは何ガエルでしょう。こちらは変態直後から成熟まで体の大きさが1.8倍に変化しています。

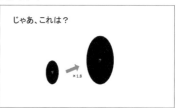

スライド4

じゃあ、これは？

（スライド5）これはツチガエルの体の大きさを表したもので、ツチガエルは変態直後の体の大きさが25 mmなのに対して成熟すると45 mmに変化します。

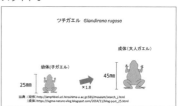

スライド5

ツチガエル　Glandirana rugosa

成体（大人ガエル）

幼体（子ガエル）

25mm　×1.8　45mm

出典（幼体）http://amphibiol.sci.hiroshima-u.ac.jp:591/museum/search_j.html
（成体）https://sigma-nature-vlog.blogspot.com/2014/11/blog-post_25.html

（スライド6）このように同じカエルでありながらも、種によって成長の差がすごいことが分かりました。

スライド6

種によって
差がスゴい！！！

ツチガエル
Glandirana rugosa

アズマヒキガエル
Bufo japonicus

×1.8　×17

（スライド7）そこで私たちはどうして、これほど種によって大きな成長の違いが生まれるのか、成長度を大きくするものは何なのかに着目し、調べることにしました。

スライド7

動機

どうして違う種の間に大きな差があるの？

成長度を大きくするものは何？

（スライド8）今回の授業目標は、成長度を大きくする要因を発見し理解することです。そしてその過程で論理を組み立てていく楽しさを、皆さんと感じていこうと思います。

スライド8

授業目標

・「成長度を大きくする要因」を発見し、理解する。
・論理的に考えを組み立てていく楽しさを感じる。

(スライド9)それでは、成長度を大きくして
いく要因を実際に突き詰めていこうと思
います。その前に成長度について定義しま
す。成長度とは、我々B班が新しく創っ
た言葉であり、「成熟しきった体長／変態
直後の体長」のことです。

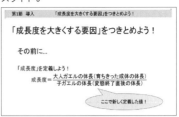
スライド9

(スライド10)しかし、いきなり異なる種
の中で成長度を大きくする要因を見つける
ことは、種によって生息地の環境や遺伝
子、食べ物が違うので難しいです。まず
は、ある種の中で成長度を比較し、成長度
を大きくする要因を見つけ、次に異なる種
間でもそれが適応するのか比較していきた
いと思います。

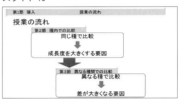
スライド10

三宅：(スライド11)第2節では、同じ種の中で
成長度の差が生まれる要因について考えて
みましょう。同じ種の中で、というのは、
たとえば同じニホンアマガエルという種で
あっても、個体により成長度には多少の差
があるはずで、この差の要因を考えようと
いうことです。

スライド11

そもそも成長度とは、子ガエルが大人ガエルになったとき、何倍に成長した
かという値でした。ということは、子ガエルがより小さく、大人ガエルがより
大きいときに、成長度はより大きくなりますね。そこで子ガエルがより小さく
なる要因と、大人ガエルがより大きくなる
要因の両方を考えれば、答えが見えてきそ
うです。

スライド12

(スライド12)しかし私たちは、「子ガエル
がより小さくなる要因」のみを考えること

にしたのです。これにはしっかりとした根拠があります。こちらの実験を見てください（我々が行った実験ではなく、ある論文から引用したものです）。

　ある同じ種のカエルで、子ガエルのときの体長の差が 3 倍だったものが、8 ヶ月の成長の後に体長を比べると、その差は 1.1 倍に縮まったという実験結果です。

　ある程度の成長を経て体長の個体差が縮まったということは、子ガエルの体長の個体差に比べれば、大人ガエルの体長の個体差はほぼなく一定であるといってよいでしょう。ということは成長度の大きさは、子ガエルの体長に懸かっているわけです。この実験を根拠として私たちは、「子ガエルが小さいほど成長度は大きくなる」と考えることにしました。

　これで「成長度の個体差を生む要因」を突き止めるためには、「子ガエルがより小さくなる要因」を考えればよいことになりましたね。

肥田：(スライド13)ではさっそく「大人ガエルの体長」や「子ガエルの体長」は何に影響されているのか考えていきましょう！
　まず私たちは、子ガエルの体長にはオタマジャクシの密度が関係していると考えました。

スライド13

(スライド14)突然ですが、ここで問題です！子ガエルの体長が小さくなるのは、オタマジャクシのころに密度が高いところで育った場合か、低いところで育った場合か、どちらでしょうか？密度が高いとストレスが大きいことに注目するといいかもしれませんよー。

スライド14

(スライド15)正解は…オタマジャクシの密度が高いとき！
　実際の実験結果をみながら、なぜそうなるのか確かめましょう。この実験は

生物の密度効果を確認した実験です。個体
密度が異なる2つの池を用意し、オタマ
ジャクシを飼育しました。すると高密度の
池では、各個体のエサや生活空間が少ない
ことから密度のストレスがかかり、それを
緩和するために、最小サイズで変態して陸
に上がりました。

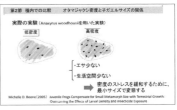
スライド15

（スライド16）まとめると、オタマジャク
シが高密度だと変態開始が早いため、子ガ
エルが小さいということになります。それ
では手元の「密度」のピースを、上手くは
めてみてください。

スライド16

（スライド17）次はカエルの卵の直径、卵
径に注目します。卵径は子ガエルの体長に
どのように影響するのでしょうか？

スライド17

（スライド18）実際の実験結果をみてみる
と、卵径が小さいほど、変態直後の子ガエ
ルは小さいということがわかりました。
　それでは次は、手元の「卵径」のピース
をはめてみてください。

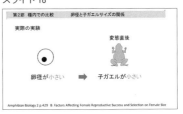
スライド18

（スライド19）最後に、卵径に影響している
要因について考えていきましょう。調べて
いると、卵径にはその卵を産んだときの親
の年齢が関係していることが分かりました。

スライド19

(スライド 20)ここで問題です！卵径が小さくなるのは、親が若いときか成熟しているときかどちらでしょうか？年を取るにつれて、親の摂取したエネルギーの使い道が変わることに注目して考えてみてください。

スライド 20

(スライド 21)正解は…親が若いとき！なぜそうなるのか確認してみましょう。

スライド 21

(スライド 22)親が若いときは摂取したエネルギーを自身の成長にも使います。そのため、卵に使えるエネルギーが少なく、卵径は小さいということですね。それでは最後に「親」のピースをはめてください。これでパズルが完成したと思います。

スライド 22

(スライド 23)ここまでのつながりを、手元のパズルをみながら確認しましょう。親の年齢が若いとき、卵径は小さくなります。卵径が小さく、オタマジャクシのころの密度が高いとき、オタマジャクシは早く変態し、子ガエルの体長は小さくなります。そして、子ガエルの体長が小さいときにカエルの成長度が大きくなると分かりました。

スライド 23

　さて、ここまではある種の中で比較して、成長度に関わる要因を考えてきました。では次に、異なる種間でもその考え方が応用できるのか見てみます！

全 ：同じ種の中では先程の成長度の関係が成り立っていたのですが、異なる種の間ではどのような関係が成り立っているのでしょうか？では、今から見ていきましょう。

(スライド 24)はじめの説明にもあった通り、同じ種の中での成長度を大きく

する要因が見つかれば、きっとそれが異なる種の間にも当てはまるのではないか、ということでした。先程の同じ種の中での成長度を大きくする要因を異なる種の間に応用してみました。

今回は皆さんご存じの『日本産カエル大鑑』で集めたデータをもとに検証しました。まず、卵径と成長度の関係を見ていきましょう。

スライド24

（スライド25）その前に、ここで復習です。同じ種の中での卵径と成長度の関係はどうだったでしょうか？では、C班の皆

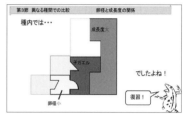
スライド25

さんに質問したいと思います。卵径が小さいと、子ガエルは大きかったか小さかったか、どっちだったでしょうか？

C班：小さい。

全：はい、正解です。では子ガエルが小さいと、成長度はどうでしたか？

C班：大きい。

全：正解です。同じ種の中では卵径が小さければ、子ガエルが小さい。子ガエルが小さければ成長度は大きい、という関係でしたよね。

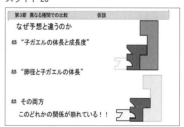
スライド26

（スライド26）では、もしこれが異なる種の間でも成り立てば、卵径と成長度はこのように負の相関になるはずです。

それでは実際の結果を見てみましょう。

スライド27

（スライド27）なんと、実際は予想とは逆の正の相関になってしまいました。

(スライド28)つまりこのように、卵径が大きければ成長度も大きくなるということになりました。

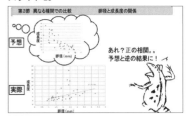
スライド28

(スライド29)では、なぜ予想と違う結果になったのでしょうか。考えられる原因としては、子ガエルの大きさと成長度の関係、それとも卵径と子ガエルの大きさとの関係、またはその両方の関係が異なる種では、同じ種のように成り立たないということになります。

スライド29

加藤：(スライド30)まずは子ガエルの体長と成長度から見ていきましょう。

　復習です。子ガエルの体長が小さいほど、そのカエルの成長度は大きくなりますよね。

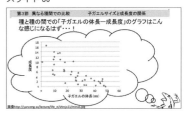
スライド30

(スライド31)つまり、カエルの種と種の間での子ガエルの体長と成長度のグラフは、このようになるはずです。

スライド31

(スライド32)『日本産カエル大鑑』によってデータを集計し、グラフにしてみた結果、このようになりました。

　相関係数は、約−0.47。つまり負の相関ができました。これは予想していたことと一致していて、同じ種の中で分かったことが種と種の間でも成立するということになりました。

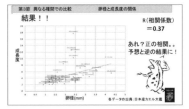
スライド32

　そのためこの、子ガエルの体長と成長度の関係が保たれているということが分かりました。

(スライド33)次は、卵径と子ガエルの体長との関係を見ていきましょう。

スライド33
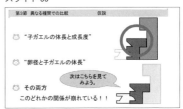

(スライド34)同じ種の中では、このように卵径が小さいほど子ガエルの体長は小さかったですよね。

スライド34

(スライド35)つまり、異なる種間での「卵形と子ガエルの体長」の関係をグラフにしてみると、このように正の相関ができるはずです。

　これをふまえて集めたデータをグラフにしてみた結果、

スライド35

(スライド36)予想していた結果とは違い、相関係数約−0.28と正の相関ができませんでした。

　つまり、同じ種の中では成立していた「卵形が小さいほど子ガエルの体長は小さい」という関係が、異なる種の間では成り立っていないということが分かったのです。

スライド36
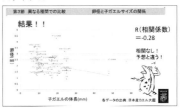

(スライド37、38)成長度を大きくする要因が同じ種内と異なる種間で違ったのは、異なる種間で「卵形と子ガエルの体長」の関係が崩れていたためでした。

スライド37

（スライド39）異なる種の間での成長度を変えている具体的な要因を、今回私たちが集めたデータからは見つけることができませんでした。しかし私たちは、異なる種間では、「卵形と子ガエルの体長」の関係を崩す何かの要因があると結論づけました。

井戸：最後に、私たちが成長度を定義することにより発見したことを紹介します。

　こちらは先ほどのカエルの卵の大きさと成長度の相関のグラフなのですが、赤丸で囲ったこの外れた点がすべて、ヒキガエル科であることを発見しました。

（スライド40）ヒキガエル科の外れた値を取り除くと、卵の大きさと成長度にはより強い相関関係がみられました。つまり、多くのカエルには卵の大きさと成長度には正の相関があるのに対して、ヒキガエル科では卵の大きさが成長度に関係していないことが分かります。

（スライド41）より詳しく調べてみました。カエルの系統分類を調べると、ヒキガエル科、アマガエル科は同じアマガエル上科（科よりも上の分類のこと）に含まれており、アカガエル科、ヌマガエル科、アオガエル科はアカガエル上科に含まれていることが分かりました。

　今回『カエル大鑑』から集めたデータの多く、アカガエル科、ヌマガエル科、アオガエル科のアカガエル上科に含まれるカエルたちでした。このことから成長度を大きくする要因は離れた種の中では異なっており、異なる種のカエルたちを

スライド38

スライド39

スライド40

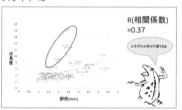

スライド41

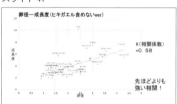

スライド42

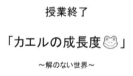

まとめて比較するのではなく、より近縁な種を比較すればカエルの成長度を大きくする要因が分かるのではないかと思いました。

（スライド42）これでB班の授業を終わります。ありがとうございました。

【参考文献】
・Harold Heatwole, George T. Marthalmus (1994) Amphibian biology, Srrey Beatty & Sons
・William E. Duellman, Linda Trueb (1994) Biology of Amphibians, The Johns Hopkins University Press Baltimore and London
・松井正文，前田憲男(2018)『日本産カエル大鑑 ENCYCLOPAEDIA OF JAPENESE FROGS』文一総合出版
・Michelle D. Boone, (2005) "Juvenile Frogs Compensate for Small Metamorph Size with Terrestrial Growth: Overcoming the Effects of Larval Density and Insecticide Exposure"
・Warren Y. Brockelman, (1969) "An Analysis of Density Effects and Predation in Bufo Americanus Tadpoles"
・Maria M. Gibbons, T. K. McCarthy, (1986) "The reproductive output of frogs Rana temporaria (L.) with particular reference to body size and age"

4)「カエルの成長度」：その授業づくりのプロセス

①始動

私たち2019年度B班の授業づくりが動き出したのは、学生授業の約2ヶ月前の5月16日でした。

まずはみんなの予定を合わせることから始まりました。リーダーの呼びかけで、LINEグループ上で時間割を共有し、班員5人全員が参加できると分かったのが木曜2限目と金

学生授業から解放された直後のB班の面々

曜5限目の週2回。この頃は週2回も集まって作業していれば順調に進むだろう、とただ授業づくりが楽しみで仕方がありませんでした。

②テーマ決定

5月23日、初のミーティング。この日までに、みんなで興味のあるテーマを探してこようということになっていました。

5人が思い思いのテーマを出し合う中で、全員の興味を引くテーマがひとつ見つかりました。「ヒキガエルって子ガエルのときは1cmくらいなのに、大人になると17cmくらいになるんだって！すごくない？」というリーダーの一言に他の班員も驚

きました。調べてみると、アマガエルはそれ程成長しないということが分かり、その違いがどこから来るのかますます気になりました。

こうして、B班の授業テーマは「子ガエルから親ガエルへの成長度を決める要因」の研究にぼんやりと定まりました。このテーマであれば、ネットや本を調べるだけでは答えが見つからなさそうで、単なる「しらべ学習」にはならなさそう。それでいて必要なデータは比較的集めやすそうで、時間が限られている私たちが研究するのに向いていると思われました。何より、誰も見つけたことがないであろうこの謎を解き明かしたい、ということが動機になりました。

③模索

5月26日の日曜日、図書館で作戦会議をしました。ここで改めて、テーマである「成長度」を「成体の体長÷変態直後の体長」と定義しました。

とりあえず成長度に関係していそうなデータをしらみつぶしに集めることから始めようと、カエル各種の体長、一回の産卵数、卵の直径、繁殖期間、産卵場所など、各種ごとについて見つけたデータをひたすらメモし、エクセルに打ち込んで整理しました。そうすれば、成長度に強く関係する要素を炙り出せると考えたからです。その日はそこで解散し、次回のミーティングまでに各々担当したデータを集めてくることになりました。

6月7日、内部形態の暗記テストの準備やドライ・ラボ作成に追われながらも、各自担当のデータを集めてきました。しかし、成長度との関係を確認しようとデータをひとつの表にまとめてみたものの、どこをどう見て分析すればよいのか分からず頭を抱えました。グループで話し合っても、なかなか方針を決めることができませんでした。

授業テーマを決めるミーティング

④方向転換

そのとき、私たちにヒントをくれたのがTAです。「そもそもカエルの骨ってどうやって育つの?」TAの問いに答えられなかった私たちは、基本的な知識が足りていなかったことに気づきました。そこで、データ分析の前にまず、文献や先行研究を読んで勉強することにしました。

⑤論文との格闘

　鈴木先生のもとへ行って、変態について知りたいと相談すると、とても分厚い英語の本を貸してくださいました。授業でも、インターネットを用いて論文を見つける方法を学びました。材料は十分なほど集まり、そこから約3週間、論文を読み漁る日々が続きました。翻訳アプリを駆使してひたすら論文を読み続け、気がつけば昼休みも放課後も、みんなで集まって黙々と論文を読んでいました。決定的な情報は読んでも読んでも見つからなかったけれど、時々見つかる使えそうな情報はすぐに班員で共有しました。少しずつではありましたが、答えに近づくための情報が徐々に集まってきました。

⑥焦り

　授業まであと1週間を切った6月28日。私たちは焦っていました。肝心の結論がまだ出せていなかったからです。どのように成長度が決まるのか、説明できない。そろそろ授業用のスライドも作り始めなければなりません。しかし、ここまで来て結論を諦める気にもなれず、私たちは論文を読み続けました。

⑦授業構成の決定

　5人とも焦りと不安で途方に暮れかけていた頃、リーダーの携帯にTAから1本の電話がかかってきました。結論が見つからず、明後日のリハーサルの準備ができていないと説明すると、結論はなくてもいいからとりあえず授業を作ってみろと言われました。

　「結論がなくてもいい」という言葉で少し肩の荷が下りた私たちは、今まで調べたことを元に授業を組み立ててみました。作り出すと、授業の流れは意外にもスムーズに決まりました。

　授業の構成を考える際、最も強く意識したのは、調べたことから新しい発見をする「研究」の楽しさを、追体験してもらいたいということです。得た知識が繋がっていくのを直感的に体験できるよう、授業内でパズルのピースを組み立てる、というアイデアを取り入れました。このあたりから、私たちの授業の目標は、「結論を提示すること」ではなく「研究の面白さを伝えること」に変わり、準備は一層勢いづきました。

　6月29日、前日に決めた授業の流れをもとに、授業スライドを一気に作り上げました。一日中図書館にこもって、パソコンの画面に張りつきました。なんとか翌日のリハーサルには、スライドとパズルピースの準備が間に合いました。

　リハーサルのできは散々たるもの。自分たち自身でも足りない部分が見つかりまし

たし、リハーサルを聞いてくれた蛙学 OB たちからも、辛口のコメントがたくさん出ました。その一方で、私たちの授業が実際の研究にかなり近いものだという、期待の言葉も頂きました。

⑧仕上げ

　授業当日までの 4 日間は、リハーサルで頂いた指摘を参考に、内容・伝え方・話し方の修正を重ねました。リハーサルを経たことで、自分たちが積み重ねてきた努力に少し自信を持てるようになっていました。

　当日の昼休みは、各班員で担当する部分を順に確認し、授業の目標が共有できているか確かめ合いました。「絶対みんなに研究の面白さを伝えよう！」そうして約 2 ヶ月間、必死に準備してきた成果を見せる時間に臨んだのでした。

⑨授業づくりを振り返って

　授業を作るにあたって、私たちは多くの人の力を借りました。TA の方々のヒントのもと、1 から授業を作り上げ、蛙学 OB からの指摘のもと、授業の改良を繰り返しました。TA の中瀬さんの「授業に結論が無くてもいい」という言葉にはハッとして助けられ、OB の稲葉さんの「君たちが題材とした『成長度』は、生物の何を明らかにするのか」と

私たちの授業風景

いう問いには確かにそうだと納得し、プロセスを重視する考えと結論を明確にしたほうがいいという考えと、両方の考え方があるのだということを強く実感しました。

　稲葉さんからは、「『成長度』が自分たちで定義した言葉だということをもっと強調すべき」という指摘もいただき、「新たな指標を自分たちで設定した」ということにも一つの価値があるのだと気づきました。

　自分たちで授業作りをしていく中でも、得たことがあります。私たちは、自ら設定した『成長度』が何を示すことができるか見出そうとして、データ集めや論文を読むことに必死になっていましたが、「何も示さないかもしれない」という怖さをときどき強く感じました。このような恐怖や焦りは、「解のない世界」だからこそ強く感じられたのだと思います。

　チームで活動するということの重要さも実感できました。出身も学部もバラバラで

したが、どんな小さな発見もどんなに細かなことでも、互いに面白がって聞くことができる5人でした。仲間がいることで「何も見つからないかもしれない」という不安感が薄れ、希望を持ち続けることができました。

③ 学外にも展開していく学生授業

　以上、2つの学生授業を例として紹介してきた。

　毎年、年度のベスト授業については、履修後の秋、地域でのサイエンス・コミュニケーション活動として市民向けにアレンジしたカフェを開催することがある。

　会場としてよく利用させていただいたのが、札幌市の近代美術館側にある「カエルヤ珈琲店」という名店だ。オーナーの井野さんは大の蛙好きである。

　学生たちは、井野さんとの交渉から、新聞社やテレビ局への告知、ポスターや資料類の作成、狭い室内でのプロジェクターやスクリーンの配置な

カエルヤ珈琲店でのサイエンスカフェ。手作り感がいっぱい

ど、すべて自分たちでやっていく。何度も喫茶店に足を運ぶ学生たちを見て、井野さんから「先生、少し野放し過ぎやしませんか？」などと言われることもあるが、こちらとしては「解」を与えずすべて学生に任せ、裏で様子を見ているのだ。

　サイエンスカフェの参加者は、小学生から大学関係者、動物園の飼育担当者からご高齢の方までと幅広い。したがって、どのように情報を提示すれば参加者全員にご理解いただけるか、また満足してもらえるかなど学生にとって新たな場となる。また、実社会とコンタクトする上で必要な、社会常識や取り組む姿勢や態度を体験的に学ぶこともカフェの目的である。カエルヤ喫茶店でのサイエンスカフェは例年好評で、参加者らが社内報等にも寄稿してくださっている(ネットでも読めるようです)。

　また、このような「解」のない学びを目指していると、1年生の時点で修士課程レベルの飛び抜けたものを作り上げてくる輩が現れることがある。当たらず触らずで要領よく対応してくる学生を、納得させながら追い込んでいくと、ある日突然持っている力を爆発させるのが最近の学生の特徴でもある。

2007年の第7期C班のグループ（武島幸太郎、中田龍太、小杉アキラ、山田裕二）は、「カエルの飼育における教育的効果」をテーマに設定した。徹底して先行研究を調べ上げ、大学近くの小学校の子どもたちに、分類上は"実験動物"であるカエルを約2ヶ月飼育してもらい、愛玩動物と同じ教育的効果があることを実証した。小学生を夕方、大学内に引率してきたのには驚いた。学校や保護者との交渉はすべて学生たちに任せ、私の出番は責任がかかるところだけにした。

　教育効果の測定には、好き嫌いという情意的なものだけでなく、それによって何がどこまで理解できたかという認知的能力の測定が必要である。彼らは調査校だけでなく、他地域の学校からの協力も得ながら、統制群としてのデータを取っていた。道内の教育研究所や地方の学校ともコンタクトするなど出色のできだった。

日本獣医師会第8回全国飼育動物研究会で発表する蛙学生

　ホンモノとの出会いが蛙学の柱である。そこで、彼らに「こんな学会が東京であるぞ」と告げたところ、講義終了後の秋から再度学生授業の内容を組み直し、日本獣医師会の第8回全国飼育動物研究会にエントリーして、翌年1月に東京大学弥生講堂で発表した。もちろん旅費は全員自腹だ。

　会の趣旨上、うさぎなどの愛玩動物に関する研究が圧倒的に多い中、両棲類が登場して場内騒然となったことは言うまでもない。しかし、会場はすぐに静まりかえった。初めての経験なので学生はたいへん緊張していたが、時間をオーバーすることもなく、リハーサル通り論旨をきちんと伝えた。終了後には多くの賛辞をいただいたが、それは内容が極めてタイトで教育学的にミスがなかったことと、大学1年生がそれをやってのけたことに尽きる。飼育動物研究会のHP上にも、しばらく記載されていた。

　「単位を出せば授業は終わり」ではない。学内に在籍している間は、資質や能力の育成をフォローする。これも本授業が目指すところだ。

　また、学生と普通に接しているだけでは、普通の授業しかできない。しかし、学生を理詰めで追い込んでいくと、復唱になるが、ほとんどの学生がある日がらりと豹変し、力を発揮し出す。学生のポテンシャルは極めて高い。その時が来るのをいつもじっと待っているのが、蛙学なのである。

4 「蛙学」：その評価方法

　評価について記しておこう。評価とは、授業の目標がどれだけ達成できたかを測定するものである。蛙学の場合は、ブレックファーストミーティングやランチミーティング、学生カードや個別面談、グループ面接やTAによる指摘、他各種モニタリングによる情報を診断的また形成的に学生フィードバックしながら、学生の躓きや課題を明らかにし、総括的評価に結びつける努力をしている。

　総括的評価に用いるのは、
1) ドライ・ラボ
2) 系統解剖のレポート
3) 学生授業
の3つで、それぞれ求めるコンピテンスに合わせて評価の観点を設定し、5段階評価で行う。

　総括的評価はその総合点で行うが、1) から3) の比率は年度によって異なる。また観点も固定ではなく、毎年学びの様子を見て手を加えている。2019年は以下の通りである。

・ドライ・ラボの評価の観点
　ドライラボは、①着色の正確性：A消化器系　②着色の正確性B泌尿生殖系　③器官名の記入　④全体の仕上がりの4観点から評価する。

・系統解剖のレポートの評価の観点
①求めるべき情報を収集したか　②得られた情報は正確か　③得た情報の処理は妥当か④新たな文献類で情報を収集し分析したか　⑤データを元に論理を展開しているか⑥レポートの書式に沿っているか　⑦創意工夫は見られるかの7観点から評価する。

　ドライ・ラボと系統解剖のレポートについては、TAの評価を参考意見として取り入れることもある。

・学生授業の評価の観点
①授業の目的は明確か　②情報収集は適切か　③情報処理は正確か　④Evidenceに基づいた論を組み立てているか　⑤学術レベルは高度か　⑥ホンモノから情報を得ているか　⑦プレゼンは工夫されているか　⑧レジメは有効に使われたか　⑨独創性に富んでいたか　⑩授業の中に評価が設定されているか　⑪理解しやすい内容だったか

⑫もう一度聞きたいかの 12 観点から評価する。

　学生授業の評価は、発表するグループ以外の全員に観点別の評価シート(自由記述欄あり)を配り、各授業終了後、教員や TA がコメントをする前に記入する。教員＋TA(外部視察も含む)と、学生の評価をそれぞれ平均し、ある程度の重みづけをして処理する(学生は授業の評価に慣れておらず、教員や TA に比べて総じて得点平均値が高くなるため)。

　授業を行ったグループも、7 観点からの自己評価(自由記述あり)を行う。

　過去には評価する観点に、
・双方向型の授業になっていたか　・全員が主役になっていたか　・ホンモノの教材を準備していたかなどの項目もあった。授業を作るにあたって用意したポートフォリオを、同様に観点別に評価して加えたときもある。

　これらの情報が私の授業改善につながることは言うまでもない。

　エクセルに記入した評価については、すべてオープンにすると学生に最後の授業で伝えているが、なぜか約 20 年間で訪ねてきた学生は一人もいない。授業評価の自由記述や、ネット上の鬼仏表を見ると、ハードワークをした割には成績のグレードが低く不満な学生もたくさんいたことは容易に推察できる。

　こちらとしては、開講直後より徐々に緩和しており、厳しさを残しながらも学生が納得できるように対応してきた。これも 3 つのシラバスを比較するとよくわかる。OB からは「甘くなったね」とよく言われている。2018 年度の成績は、A＋が 3 人、A が 4 人、A－が 3 人、B＋が 7 人、B が 6 人…確かに甘くなった。

　なお、本授業では出席点はつけていない。「出席したら何点」などという発想は私にはない。大学の授業とは学びたい者が学ぶところであり、来なければ来ないで良いのだ。学生もそれをよく理解しており、欠席者は過去に一度だけである。GW 開けに発熱など体調不良を起こす学生がいるが、必ず事前にメールが来る。

　私自身は開始 5 分前には教室で学生を待ち、開講以来遅刻したり、授業を休講にしたことはない。このことは、メールでの対応を含めて第 2 時間目に学生に告知している。教師自身の姿勢を示すことによって、遅刻や無断欠席とは無縁の授業となる。

❺ 最終講義は農場での野外実習

　学生授業が終わって、最後の授業は北大農場での野外実習だ。カエルを種別、雌雄別の大きさに対してグレードを設定し、「指定する大きさで、指定する 2 種のカエルが捕獲できないと、いつまでも家に帰れない」をフレーズに毎年試験を実施する。ほぼ全員がこの日を心待ちにしていて、60 分間うれしそうに農場に飛び出していく。毎年捕獲して戻ってきたときの表情がこれだ。

両棲類無尾目捕獲野外最終試験(北大農場：2019 年 7 月 18 日)　真ん中最後列から右奥 9 名は OB

　実習を終えて部屋に戻ったところで、15 分ほどの短い最終講義を行う。内容は学生の様子や、所属する学部構成によって毎年変えている。酒井抱一や俵屋宗達を例に「独創性・創造性を発揮するには何が必要か」を話した年もあれば、過去の例を題材に「素直な心と前向きな姿勢が学生を伸ばす」と説いた年、近年の最先端の科学研究や認知科学や教育経済学の知見を例に「統制感や思いやりが将来を予測する」という話をした年など、学生を鼓舞する内容がほとんどである。

　最後に学生はカードを書き、16 回の授業が終わる。私が退席した後に、北大では履修者に対して無記名での授業評価を課す。これは観点別の評定尺度法を用いた評価と、全くの自由記述による評価の 2 つからなる。そこには「蛙学への招待」を通じ学生が何を感じ、何を得たのか、何に不満があったのかが忌憚なく記述されている。本書の各章の扉に記された学生たちの声が、その自由記述の内容だ。

繰り返すが、「蛙学への招待」は単位を出せば終わりではない。学生は北大を卒業するまで様々な相談にやってくる。可能な範囲で対応する旨を、授業の最後に全員に伝えている。時には蛙学 OB の卒論発表会や博士課程 3 年の博士公聴会に、予告なく飛び込むこともある。それは彼らの成長が瞬間に実感できるときでもある。

　授業後も、OG/OB と不思議な関係が続いている。年賀状を 20 年間以上やりとりをしている OB もいれば、東京 OB 会で私をただの酔っ払いに仕立てる OB もいる。そんな彼らには、本書の最後に登場してもらおう。

　北大に赴任し、「蛙学への招待」を開講して、気がついたら 19 年 20 回の開講になっていた。授業の構成や内容は、毎年入学してくる学生の実態に合わせて変えた。したがって、第 1 回と 20 回のシラバスはまったく別物になっている。

　授業とは学生と教師がつくる作品だ。学生らの学びのフィードバックによって、不良な内容は次々に駆逐されていった。ここまで来られたのは、熱い学生たちに巡り会うことができたことに尽きると思っている。

第2章

どうしてカエルだったのか?
―「蛙学への招待」はどのようにして生まれたのか?―

最初は教授が恐くてあまり近づけなかったが、
これからは悩んだら教授の部屋の扉をたたいて
みようと思った。

先生が先生じゃなかった。生徒達と真っすぐにぶつかって、
時には愉し、導いてくれたので、道を最後まで見失わずに
やりきることができた。TAの人達もいつも温かく指導して
下さったので、先生に怒られてへこんだり、いざこざが起
きて大変でも、いつも誰かに相談ができて良かった。何よ
り授業が楽しかった。

他に似た授業は果たしてあるのだろうか。魂の授業
であった。生徒に熱を込め種をまく、全てが刺激的
な授業だった。

「蛙学」の第1期生に佐藤(旧姓　田中)舞がいる。彼女は中日新聞社に勤務しており、ドバイから2018年に戻り、2022年に愛知県長久手市に開園したジブリパークの仕事もしているようだ。そこで早速、本書出版にあたって相談したところ、様々なアドバイスをもらうことができた。たとえば

「ここは、民間企業から中学校教師を勤められたご経歴(荒れたクラスを立て直したお話は特に重要かと思います。今でも教え子と交流されていることも!)。北大サッカー部のことなどを織り混ぜて、先生の"人となり"を伝えながら、先生がこれまでに見てこられた世界の教育事情と日本の教育の問題点を示しつつ、論じられるとよいと思います(原文のまま)。」

なるほど、頼りになる蛙学OGだ。世界の教育事情と日本の教育の問題点については後で記すが、本授業が生まれた背景をご理解いただくには、私の教師としての足跡や授業の構想に至る背景などについて触れておけということなのだろう。

胸に手を当ててよく考えてみると、北海道大学に着任する前は、企業や中学校、高等学校に勤務していたことがあり、多くの失敗や挫折を繰り返してきた。それが、今までの様々な発想のベースになっているフシもある。それを晒すのが"人となり"になるのかは私にはわからないが、ここは彼女のアドバイス通りに記すことにする。

1)　長かったトンネル

私は現在大学という場に職を得ているが、元来教員志望ではなかった。学生時代に家庭教師の経験はあるものの、教育には関心はなかった。正直に申しあげるなら、実入りがよかったからだ。小学校高学年から高校1年までは、「学校なんて糞食らえ!」と思っていた。教師や教室といった、いわゆる教育に関するものがすべて嫌だった。

私は道産子ではなく、東京の豊島区生まれで、幼稚園前半まで下北沢で育った。生まれた産院はあのオノ・ヨーコと同じだったらしい。幼少時は大変落ち着きがなく、真面目な両親は長男と比べて私の将来を悲観していたようだ。幼稚園ではいたずらばかりの毎日で、先生の言うことを聞いた記憶がない。暗くて怖い部屋にしょっちゅう罰として閉じ込められていた。

ある日、その暗闇の中でも悪友と肩車をして遊んでいた。やっと静かになったと思ったのだろう。先生がドアを開けたところ、顔面血だらけの私が出てきたのを見て腰を抜かしていた。肩車の上から落ち、頭を床に打ちつけたからだ。もちろん両親からはこっぴどく叱られたが、当人はどこ吹く風。実に楽しい冒険の時間だった。

やがて父の転勤で広島に引っ越すことになった。夜行列車で広島駅に着いた朝、母に原爆資料館に連れて行かれた。ケロイドのホルマリン漬け標本を見たときの衝撃は、いまだに鮮明だ。

　己斐から広電に３つ乗った古江にある古田小学校が私の母校だ。当時オオサンショウウオが門の右側の池に棲んでおり、見るのがとても怖かった。わずか４年の広島での生活だったが、生物好きになる決定的な時間を過ごした。相変わらず肥だめに落ちたり、ドブに填まったりの毎日だったが、学校の帰り道に港で釣りをしたり、太田川放水路でアサリを捕ったり、狩猟生活もどきのことをしていた。

　広電より北側は山で、当時宅地の造成中だった。学校の帰り道に見知らぬおじさんにお願いして、内緒でブルドーザーに乗せてもらった。東京と比べて自然豊かな中で、心も体も解放された毎日を過ごしていた。

　小学校３年生のときの担任・滝沢靜枝先生は、とても情熱的だった。

　ある日の授業中、話を聞かずにいたずらばかりしている私を見かねて「まこと、お前家に帰れ！」と言われたときはとても悲しかった。児童を給食前に一人で帰らせるなど、今では考えられないことだろう。彼女には凛とした、指導の信念があった。泣きながら帰る私に、街の肉屋やパン屋のおやじが声をかけてくれたのを覚えている。

　先生は数ヶ月後に双子を出産されたが、なんと私を自宅に呼んでくれた。そのうれしさは今も忘れられない。素敵な先生だった。

　だが、小学３年生の終わりに父の東京転勤が決まってから、私の転落が始まった。正直東京には戻りたくなかった。広島から離れること、また仲の良かった友達と別れることがたまらなく嫌だったからだ。

　嫌な予感は見事に的中した。東京の再生活はまったく私には合わず、３度の転校も相まって、学校の成績、生徒の上下関係、受験などすべての歯車が狂い、完全に自信を失っていった。

　体が小さかった（前から２番目）中学校１年の時は、理科室でいじめに遭っていた。また、中学校の２、３年時の担任や教員たちとはウマが合わず、自分の怠惰な生活と相まって、最悪といってよい毎日を過ごしていた。１時間目の教員を避けるために、元祖保健室登校である。無気力のまま受験した私立高校には振られ、都立高校に滑り込んだが、学習への取り組みを含めて低迷状態が続いた。

　そこから抜け出すきっかけを与えてくれたのは、図書館の司書教諭らだ。特に本との出会いは大きく、今まで知らなかった別の世界へ私を誘った。高校の先輩で、司書補助として勤務していた〇さんの存在も大きかった。遅い初恋だったのかもしれない。

だが勉強だけは、全くやる気がしなかった。一浪したが予備校には籍を置くだけ。勉強もせず、毎日お茶の水界隈の山岳関係の書店やジャズ喫茶に入り浸っていた。成績も急降下し、とても受験生とは思えぬ行動が幼稚で無気力な進路選択を生み出した。その後悔は、大学2年の夏まで私を引っ張った。

2) 企業を飛び出し中学校の数学教諭へ

大学3年から心機一転して、近年脚光を浴びているBdellvibrio（デロビブリオ）属細菌の寄生性についてのめり込んだ。初めて彼女（今の家内）ができたのもこの頃だ。大学卒業後はバイオ系の民間企業に職を得た。指導教官から他大学の大学院への進学を強く勧められたが、当時は早く社会に出ることしか頭になかった。

一方「食えないときに」という極めて安易で不純な動機で、教員免許はとっていた。免許の単位もぎりぎりだったはずだ。しかし就活の時点で、教職への選択肢は全く頭になかった。

内定先の新人研修が、大学4年時の冬から始まった。各種の通信教育や英会話までと、けっこうハードだった。入社後3ヶ月も、国内の工場や研究所を回りながら、企業人とは何かをたたき込まれた。徹夜のKJ法の研修や鎌倉円覚寺での座禅など、研修の内容はリズムに富んで面白かった。

中でも、初夏に都内の酒屋前に丸一日立たされ、ワイン売りをさせられたことは忘れられない思い出だ。街行く人にいくら声をかけても、売れるわけがなかった。当時はワインを飲むことが、今のように広く認知されていなかったからだ。

だが、夜は本社で結果のプレゼンが待っている。夕方まで確か1〜2本しか売れなかったと記憶している。私はたまらず、店主に1本抜栓して試飲できるよう持ちかけた。ボトルでは分からない。味が街行く人に分からなくては始まらないと考えたからだ。

しばらくすると、買い物帰りの主婦たちが集まってきた。「このワイン美味しいの？」「ちょっと高くない？」といったものから、「この白はどんな食事に合うの？」「葡萄の品種は何？」といったプロっぽいものまで、質問は多岐に渡った。中には「お兄さん可愛いわね」と熱い視線を送られてきたのにはビビった。

ワインの教育は受けていたが、分からぬものは分からない。正直に丁寧に対応していると、突然売れ出した。可愛いわねと言っていた怖いマダムは、2本も買っていった。「しめた！」と思い颯爽と本社に戻ったが、結果は2位だった。トップは私の二倍も売っていた。彼は当初から売れぬと考え、朝から抜栓して振る舞っていたという。また、私にはない素晴らしい話術も兼ね備えていた。やはり上には上がいるのだ。

7月、勤務地が発令された。私の希望地はいつか海外、国内なら北海道のみとしていたが、軽く一蹴された。東京だと言われた時、酷く落胆したのを覚えている。

　配属されると「大学の常識は世界の非常識」と言わんばかりに、当時のK課長から、エレベーターからの歩き方、電話の取り方、待ち合わせの時間、書類の出し方に至るまでこと細かに指導された。出張から帰ると、「どこに遊びに行っていたんだ？」とカマもかけられた。ムキになって答えるといつも笑っていたが、会社を辞するとき最後に背中を押してくれたのは、本社にいた彼だった。

　仕事に不満があるわけでもなく、高い給与もいただいていた。しかし、社会の厳しさに触れるようになると、私の眼には次第に、教育の世界が魅力的に映るようになっていた。自分の過去の苦い経験があったからかもしれない。生徒の背中を押せるというのは、自分の創造性や独創性が発揮できる職場ではないか。生徒の自己実現に手を貸すことができる仕事ほど、やりがいのあるものはないのではないかと錯覚した。願書を準備する時間が無く、最終日に教育委員会に直接飛び込んだのを思い出す。

　厳しい社会からの現実逃避、という心があったのも間違いない。あのときもしも調理師の免許を持っていたなら、きっと食材にやたらこだわる困った板前になっていたことだろう。幸か不幸か、私の手元には教員免許しかなかった。

　当時、大手企業から教職への転職は希有だった。新婚だった私は、すでにこっそりと教員採用試験を受け、すでに合格していることや退職希望であることを家内には伝えることができなかった。企業人として生きていくとばかり思っていた周囲の衝撃は大きく、二次試験合格後も会社は私の転職を認めなかった。新人教育へ投資している以上、企業としては簡単にやめてもらっては困るからだ。

　ところが教育委員会は、書類の提出期限を延ばしてくれた。なぜなのかそのときは分からなかった。会社側の度重なる慰留は誠意あるもので、さすがに心がぐらついたこともある。中でも「お前のようなタイプは、教育の世界では必ず窒息する」の一言は忘れられない。しかし、周囲の反対を尻目に、私は嫌いだった教育の世界に飛び込んでいった。

3）失敗と挫折の日々

　教職についた私を待っていたのは、異動を希望する人がいない、後に全国的にも有名になる荒れた中学校だった。そうだったのか…とそのとき気づいたが、後の祭りだった。「社会経験がある人材ならなんとかしてくれるだろう」という根拠のない期待があったと、後に教育関係者から耳にした。会社の私への忠告は正しかったことが

すぐに分かった。

　私は数学の教員として採用され、いきなり１年の担任と生徒指導、部活は野球部を任された。他に自分のクラスの理科と特別支援学級の体育も担当した。記憶が正しければ、総授業時間数は週25時間を軽く超えていたはずだ。

　４月、「新任教師挨拶」で壇上から生徒たちに目をやると、私語が飛び交い、体はざわざわと揺れていた。真っ直ぐ立っていられないのだ。帰宅する車窓から見えた夜のコンビナート群や、その不気味なアセチレンガスの炎は、その後の学校の崩壊を暗示していた。

　学級経営は順調に滑り出すかに見えた。しかし、理想に気負う私の姿を尻目に、女子生徒が少しずつ離反していった。「娘は小学校の○○先生の方がよかったと言っている」と個人面接である母親の口から出た言葉は、当時の私の心を鋭く抉ぐった。どう彼女らと向き合えばよいのか、自問自答したが、解はなかなか見つからない。図らずも理想と現実を突きつけられた瞬間だった。

　二学期になる頃には、私のクラスは活気を失っていた。ベテランの体育教師が率いる隣のクラスは生徒が生き生きしており、教師も彼らの心を掴んでいた。この違いは何なのだろう？私は彼女と生徒との様子を毎日観察し、自身の学級経営に生かそうとした。

　それに対し、当の体育教師が放った一言は辛辣だった。「まこっちゃん、あんたあたしの真似してるだけじゃん」、その言葉は見事に本質を突いていた。彼女は、この地域の生徒にとって何が大切なのか、どのような資質を育むべきかという、学級経営に対する明確な理念を持っていた。また、生徒一人一人をよく見ており、自分の子どものように可愛がっていた。その言葉に私は打ちのめされた。「解」のない長い学びがそこから始まった。

　校舎の破壊が始まった。力の暴発は一気にエスカレートする。４階を走るバイク、授業中鳴り響く爆竹。集団暴力に倒れていく教師。カツアゲは毎日勃発し、職員会議中窓ガラスが投石によって次々に割られていく。対応の不手際で教師への生徒や保護者の不信感は日ごとに増していった。生徒の心は荒れ、学校はまるでドラマを見るがごとく崩れていった。どうすればよいのか、今思い出してもこのときほど苦しかったことはない。

　帰宅しても、車から何時間も出ることができない日もあった。玄関の向こうでずっと家人が座って待っていたとも知らずに。勤めていた会社に戻り、生き生きと仕事をしている夢を見た朝は、泥沼のような敗北感だけが残った。

4) 切り札となったホンモノとの直接体験と交換ノート

「こんなときだからこそ、生徒に実験をやりましょう」。理科主任の言葉が、事態を打開するきっかけとなった。

「発生」の実験のために夜車を飛ばし、主任と一緒に磯でウニを採っていたら、漁師に見つかってお灸を据えられた。比較解剖と称して生徒が店の鰻を持ち出し、親が慌てて飛びこんできた。そんな楽しい思い出がたくさんある。失敗は山のようだったが、理科実験というホンモノとの直接体験は、荒れた生徒たちの心を確実に掴んでいった。「授業こそが最大の生徒指導だ」という確信を得たのはこの頃だ。

ホンモノとの直接体験をいかに有効に機能させるかを自らの課題とし、学習の事前と事後の指導に尽力するようになった。後の「解剖実習用ドライ・ラボ」の原型を思いついたのもこの頃だ。後日異動した農村部の高等学校には学校前に小さな食品店があった。夕方になると、帰りのバスを待つ生徒らが食材のレバーに群がって、その場で鉛筆で着色をしていた。店主からよく電話で怒られたのが懐かしい。

「実験をやれば、生徒の意欲は高まる」というものではないこと、いかにその前後の指導を充実させ、学びの文脈を作ることが重要かということに気づいたのがこの頃だ。

担任するクラス以外の授業にも、積極的に参加した。そうすれば、生徒たちの違う一面を見ることができるからだ。たとえばある生徒の動きは、体育の授業と自分の授業とでは驚くほど違っていた。トイレ掃除を生徒とすると、意外なヤツが丁寧にしていることも分かった。

"達人"といわれる他教科の先生の授業は、嫌がられながらも参観した。なりふり構わず何でもやった。これらの試行錯誤から、「ホンモノで勝負する」という後の授業スタイルができあがっていった。「先生、あの頃はよく実験をしたね」、5年前に北大にやってきた白髪混じりの教え子らが、そう言っていたのには驚いた。

「ヤツらはお前と話したがっているんだぞ！」。

二学年の秋、異動してきたベテラン教師が私に放った言葉だ。学校は日々校内暴力の対応に追われ、教師は疲弊し、退職者も複数現れていた。出口は見つからず、私も気づかぬうちに生徒たちとの間に壁をつくっていた。自分の愚かさに気づかされた瞬間だった。

それを境に、私は生徒との心のチャンネルづくりに腐心するようになった。体育の女性教師にも勧められたクラス全員との交換ノートを、さらに徹底した。女子生徒全

員からノートを集めるのは、容易ではなかった。「返ってくるのが遅い」と叱られることもあった。だが、必ず一人一人に対して思うことをストレートにコメントし、返していった。週に2、3回のペースだっただろうか。

そのうち、ノートには普段生徒らが学校で見せることのない姿が、赤裸々に記されるようになった。進路のことはもちろん、親や異性の問題、また私への不満もある。それらの訴求に対して、手抜きすることなく丁寧に文字を起こしていった。

ノートを使って仲間から情報を集め、指導が必要な生徒への間接的な支援を他の生徒に依頼したこともある。ノートの内容は次第に赤裸々になり、ここにはとても記載できないとんでもないことまで記されるようになった。彼らの記述によって、夜中、生徒がいるところに飛んでいったこともある。チャンネルは着実に拡大し、私と彼らの関係は太いものとなっていた。

ある日、部活終了後に保健室で横になりながらノートを見ていると、家庭内暴力のことが書かれていた。時刻は夜10時半。急いで電話をすると、ちょうどその真っ最中だった。私は疲れた体に鞭打って、その家に飛んでいった。「なんでお前がここにいるんだ」と怒鳴る生徒の父親の言葉が懐かしい。

翌朝、家庭科の先生が朝食をつくってくれていた。あとから耳にした話だが、この頃になると夕方の八百屋や肉屋の前で、帰りのSHR（ショートホームルーム）で私が喋ったことが主婦たちの話題になっていたという。私は、保護者にしっかりモニタリングされていたのだ。

家庭訪問の季節になると、多くの家庭から最後に来て欲しいと頼まれた。のこのこ行ってみると、父親が待ち構えていた家もある。連日夜遅くまで食事や酒をご馳走になりながら、ご子息や地域のこと、父親自身の仕事の話などを聞かされた。帰り際にある母親から手編みのセーターをもらったこともある。翌朝それを聞きつけた生徒らに、「マコト不倫」なる漫画が黒板に書かれていた。彼らにボコボコにされた爆笑のSHRとなった。

家庭が学校のできごとに関心を持つようになった。それが教員集団の粘り強い努力とPTAの尽力が追い風となり、学校は徐々に落ち着きを取り戻していった。学校を立て直していくこと、それは初めて経験するとても苦しいものだった。

5) 担任のなり手がないクラスを引き受ける

教師になってから、3年間見てきた生徒たちの卒業式。見事にやられた。地域のボスとして君臨したAが、いつものリーゼントや龍の入った長ランではなくまともな

格好で現れた。手に一輪の花を持っていたのを見たときは、万事休す。

　7年前、Aらと30数年ぶりに地元で会い飲んだが、予想通り皆立派な社会人になっていた。3次会まで連れて行かれ、全て無銭飲食。結局、深夜の終着駅のベンチで爆睡していたところを、見知らぬサラリーマンに起こされた。最高の一夜だった。彼らの健康だけが気がかりだ。

　失敗と挫折の連続だったこのクラスの卒業までの3年間に、教員としての基礎を生徒から叩き込まれた。どちらが教師だったのか分からない。彼らや保護者らとの出会いがなければ、今のスタイルはなかった。きっと私が最も嫌っていたタイプの教員になっていただろう。

　さて、当時1組で学年を引っ張ってきた(つもりになっていた)私は、生徒指導の毎日で疲労困憊。次年度は担任を外れることが、既定路線でもあった。

　ところが「新3年生の5組の担任が誰もいないからやってくれ」と校長に呼び出された。私は一つ上の学年から、その荒れたクラスの様子を見ていた。授業は成り立たない、教室はゴミ箱状態、合唱などの学校行事はいつも最下位。やる気がなくまさに“無法地帯”という言葉がぴったりのクラスだった。

　前担任の力による指導への反発から、最後にはクラス全員が朝学校から集団脱走するという前代未聞の事件まで起こしていた。なんとそのクラスにいた生徒会長が首謀者だったというのが面白い。教員仲間からは「やめておけ」と釘を刺された。しかし、頼まれた以上やるしかなかった。

　スタートするにあたり、まずクラス番号の変更が必要と考えた。当時このクラスは「5組」で、教師も生徒も“最悪”の代名詞のように校内で言われていた。「それに打ち勝つ心を生徒に育むのが教育」と言えば聞こえはよいのだが、初めて接する彼らとは残り11ヶ月しかない。そんな余裕はなかった。

　私は、当時の学年の教員団に、クラス番号の1への変更をお願いした。常識にこだわっていては何も生まれないからだ。

　しかし、教員らの反発は当然凄まじく、ベテランの教員たちとは大きな軋轢を残す結果となった。今思えば、それは傲慢な失念極まりないことだ。まして「1」を背負って2年間学年を牽引してきた私より若い教諭には、酷な要求だったに違いない。

　だが、生徒が抱く強烈な劣等感を払拭するには、劇薬が必要だった。そうしないと

「このクラスの生徒も学校も目覚めない。周囲から批判されようが結果で示せばよい」と本気で考えていた。思い上がりも甚だしい、鼻持ちならない奴とは私のことだ。

　新しい担任団が発表される前日、私は腐った給食のパンや干からびたスパゲティ、成人向けの雑誌が散乱する教室に一人乗り込み、黙々と掃除を始めた。しばらくして目線を上げると、クラスの男子生徒らが廊下の窓から私を見ているのに気がついた。

　「お前が来たか」という驚きの表情が、彼らの顔に見て取れた。3月に卒業していった猛者どもと、私がどのように対峙したかは知っていたはずだ。自由奔放に2年間過ごしてきた彼らにとって、私の登場が何を意味するのか瞬時に感じ取ったのだろう。「やれるものならやってみろ」と彼らの眼は語っており、私も「一泡吹かせてやる」と意気込んでいた。

6) 小さな成功体験から確かな自信を

　新3年生のスタートは、「あたりまえのことができる」をまず目標にした。掃除、挨拶、そんな基本的なことからだが、案の定これがまったくできない。そこで生徒の話に根気よく耳を傾けながら、彼らなりの理由を聞くことにした。それによってシンパを増やし、オセロのコマを一つ一つひっくり返そうと考えた。

　だが彼らのエネルギーは凄く、衝突は日常茶飯事だった。教師や生徒たちからも相変わらず「最低なクラス」と揶揄される。

　だが、集団脱走、教師を追い出し自由奔放にふるまう、教師の車にイタズラをする…これらは決して良いことではないが、能力がなければできないはず。どうにかして生徒たちに、「ボクにもできる」といった自信（自己効力）を植えつけたい…。その種蒔きをしなければならないと考えていた。

　私は熟慮の末、小さな努力の積み重ねで一定の成功体験が期待できる「合唱コンクール」に目をつけた。これを利用して、クラスを立て直すしかない。絡まった糸をほどくきっかけがとにかく欲しかった。だが、私は合唱を指導できる術は持ち合わせていなかった。コンクールでは誰も歌わないことで知られており、「あのクラスは絶対無理」と笑われ、学校の誰にも相手にされなかった。

なぜ今、合唱コンクールなのか—。私はクラスが納得できるまで粘り強く話をした。「優勝もねらえるかもしれない」ともつけ加えた。信じる生徒はもちろん一人もいなかったが、私はコンクールまでの時間を逆算し、練習のロードマップを設定した。

朝夕の SHR や空き時間、また登校日の練習に、女子を中心に強い反発があった。しかし、想定の範囲内だ。私はあえて指揮者と伴奏を女子から選んだ。心のチャンネルを確保したかったからだった。「なんで私が！」と叫んでいた姿が懐かしい。

練習での彼女らの不満や不安は、ダイレクトに私に飛んできた。そのシグナルを逆手に取りながら、お互いに納得できるまでぶつかっていった。時にはきつい言葉も発した。しかし、合唱コンクールに対しては「解」を生徒に極力与えず、自分たちで考えて乗り越えさせるように心がけた。

問題を抱える生徒に対しては、クラスに戻れる居場所を確保し、今まで生徒から学んだことを生かしていった。たとえば理科の授業の中で、生徒を主役にして成功体験を施し、クラス全員と交換ノートも進めた。そんな私のスタンスを彼らはモニタリングしていたのか、私たちの距離は徐々に縮まり、バラバラだったベクトルがある一定の方向を指すようになった。

3 年前期の合唱コンクールでは、周囲の驚きをよそに準優勝まで漕ぎ着けた。しかし、それを喜ぶ者は誰一人いなかった。そこで得られた小さな自信は、その後のホンモノにこだわった文化祭での映画作りや、偏差値を無視した挑戦的な進路選択など、様々な場面でいかんなく発揮されていった。親からは「息子を説得してください」とよく言われたものだ。

そして後期の合唱コンクールで、とうとう常勝クラスの牙城を崩した。クラス全員が泣いていた。そのときの録音テープは彼ら自身の発案でレコード化され、卒業記念品となった。レコード作成は当時では画期的なことだったが、やろうとすることについての「解」の求め方は、すべて彼らに任せた。

驚いたことに、当初対立していた教員たちも皆レコードを買ってくれた。2 枚も買ってくれた教員もいた。クラス番号を私に奪われた担任からは、「これでよかったのですよ」と肩を叩かれ、私はやっと救われた。

2018 年の同窓会で、私はその合唱コンクールのレコードを持参し、参加者全員にサインを入れてもらった。声も字も、昔と変わっていなかった。

型を破る大胆さ、ホンモノ志向、自ら「解」を探し求める姿勢、そして利害関係に目もくれずエネルギーを爆発させていくことの大切さを、彼らは体現していった。この中学校教諭 4 年間の試行錯誤と悪戦苦闘が、教員としての私の基礎をつくったこと

は間違いない。この年の卒業式も号泣した。

　こうして振り返ってみると、学生に対する姿勢や指導の在り方については、中学校教諭時代の経験が極めて大きいことに気づく。

　「先生やっと見つけた。SNSやっててよかった」

　「私、子どもによく言うんだよ、誠はこんなこと言ってたって。するとまたその話かって言うんだよね」。

　今も生徒たちと交わす電話や電子メールからは、彼らがしっかり前を向いて生きている様子が伝わってくる。

　廊下で仲間らと鈴なりになって私を冷やかしていたBは、衣料品店の立派な店主になった。言葉数が少なかったCは支社長となり、私の家のセキュリティを担当している。生徒会長だったDは、現在私の収入のすべてを管理する税理士である。一番手を焼いたEは社長となり、2019年の夏にこのクラスを引率して「熟年修学旅行」と称して札幌にやってきた。一緒にニセコの温泉に泊まり、札幌市内で飲んだくれ、北大の中を皆で散歩した。思いもよらぬ楽しい一時となった。2023年の秋も、彼らの地元でまた無銭飲食をしてしまった。情けないじじいとは私のことだ。皆さらに良きおやじとおばさんになっていたが、数名の健康だけがかなり気がかりだ。

7）蛙とのなれそめになった農村部の高校教諭時代

　カリキュラムや学習内容、教材開発については、高校教諭時代に得たものが大きい。以下に簡単に触れておくことにする。

　中学校で2度目の卒業生を出したとき、実は私は高等学校生物の教員採用試験に合格しており、すでに退職届を出していた。赴任先は、猛禽類のフクロウまで生息している自然豊かな農村部。勉強が苦手な生徒が集まり、年間退学者が100名を超える実業高校だった。

　この学校に決めるのにも、ひとつのまたあり得ないドラマがあった。詳細はここでは割愛するが、決め手は「理科はお前の好きにしていい。どうだ？」という校長の最後の殺し文句となった。

　29歳の新任高校教師として着任した私は、すぐに生徒のレディネスやモチベーションをとらえる診断テストを行った。偏差値以外の彼らの能力や、知識を獲得してきた背景に関心があったからだ。

　自然が豊かな環境で暮らしていれば、自然との直接体験は当然豊富だろう。それな

のに、なぜ理科が嫌いなのだろうか？そもそも生徒たちは、昆虫採集や魚釣りをしたことがあるのか？親とキャンプに行くことはあるのか？そのあたりが把握できれば、授業内容を改善できると踏んでいた。

着任した初年度の昭和63年春、実施した診断テストの一つ「カエルの絵を描いてみよう」で、2本足のカエルを描いた生徒がいた。それも、農家の長男だ。すぐに彼を呼び出すと、何度も「カエルは2本足だ」と言う。カエルの写真を見せても、「それは写真の世界だ、現実は違う」と譲る気配すらない。

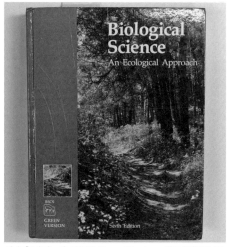

バイブルとなったBSCS Green Version　第6版(1987年)
図鑑並みの総カラー1024頁、重さ2.5kg。アメリカでは学ぶ内容を選択する

急いで学年全員の診断テストをチェックすると、全身に爪が生えたカエルや、前肢や後肢がいいかげんなカエル、グロテスクな形を描写したものが50近くもあった。カエルの姿の認知がこれでは、微視的概念である「細胞」や「ゲノム」といったミクロから授業に入って果たして理解できるだろうか…私は頭を抱えた。

そこで、校長の「理科は好きにしていい」の言葉を思い出し、指導に取り入れたのがアメリカの高校生物教科書である『BSCS(Biological Science Curriculum Study)』の Green Version だ。この本では、学習内容が生態系といったマクロからミクロへと配置されている。農村部の身近な自然に暮らす生徒たちには、身近な自然から学習を始めれば、生物や生命現象をより実感しやすいのではないかと考えたからだ。

すぐに本書を空輸し、校長から授業の配列や学習内容を大きく変更する許可を取りつけ、多少ラフではあったが、生態系から入り、細胞や遺伝子で終わるカリキュラムを独自に編成した。体験を重視し、徹底した外部形態や内部形態の学習にもこだわった学習内容と教材を準備した。

授業を進めるにあたって、身近な生物に焦点を当てると、生徒の理解が進むだろう…そこで登場したのが、カエルだ。

数日かけて学校周辺を調査したところ、ヤマアカガエルやモリアオガエル、トウキョウダルマガエルやアズマヒキガエルなど、両棲類無尾目(蛙)が数多く生息していることが分かった。両棲類は発生(繁殖戦略を含む)、細胞、内部形態など、多岐に渡

る教材として守備範囲が広い。しかも、頑張ればタダで手に入る、生徒にもなじみのある生物。そこで1学期は、カエルを中心に据えた学習を展開することにした。

まず学習の導入として、学校の裏手の沼に全員で行き、ウシガエルの様子を潜んで観察した。水面を移動するシマヘビをウシガエルが襲うシーンは、食物連鎖とは何かを理解させるのに十分だった。

内部形態の学習では特に、事前・事後指導を含めて全員に時間をかけて指導した。冷凍を繰り返しながら、系統解剖に近い詳細な解剖実習を行い、神経1本、血管1本まで細かく確認させる。勉強の苦手な生徒には、対象物を正確にとらえる癖を強く求めた。

2学期は一転して植物の学びに転じた。秋の東京大学演習林実習を目標に、野外での基礎的な植生調査方法や、雑草の同定方法などを繰り返して学ばせていった。

この高校には5年間在職した。教材開発に憑かれ、例えばモリアオガエルの繁殖戦略の研究では仲間と夜な夜な没頭し、調査が終わると明け方まで高校の駐車場で寝るといった日々を過ごしていた。だが反省すべきことはやはり多かった。実業系の科目が中心であり、教員団の年齢構成も高いことから、理科を担当する私は教科指導や生徒指導において周囲の方針に飲み込まれることが多かった。自分本来の指導スタンスを見失いそうになったとき、ある女子生徒がくれた手紙で目が覚めた。彼女は中学時代から生徒指導の難しさで有名な強者だった。そこには「今のやり方はマコトらしくないよ。そんなんじゃないじゃん。」と、私の核心をつく見事な指摘が便せん2枚に綴られていた。それは34年前のことだが、今でも私は宝ものとして持っている。

8) 若い教員とともに歩んだ都市部の高校教諭時代

教師として働くうちに、己の教育学に対する無知ぶりに辟易するようになっていた。まして29歳で高校教員としてデビューした私は、他の教員より遅れているという強い劣等感を持っていた。「教材だけでなく、どこかできちんと教育学を学ばないと教員として通用しない」、そう考えた私は、33歳の時幸運にも県の選考試験と院試に合格し、2年間有給で教育系大学院へ内地留学（当時はそう呼んでいた）する機会を得た。修士課程修了後、再び勉強が苦手な生徒が多く、生徒指導が難しい都市部の高校に赴任した。

そこでは学年主任や進路指導主事など管理の仕事が主となった。学級担任は赴任直後のわずか1年間だけだった。しかもいきなりの3年生の担任。副担任の好サポートに助けられながらなんとか乗り切ることができた。翌年学年主任を命じられた。私

は、生徒のモニタリングが密にできる学年職員室を、生徒と同じフロアに設置することを管理職や職員会議で強く求めた。そこから新たなスタートを切った。

　不思議なことにここでも、とても記すことができない様々なできごとが多々あった。強盗で書類送検された生徒のために、家庭裁判所まで行ったこともある。生徒を守らなくてはならない立場から、若い女性検事と激しいやりとりを繰り広げた。今だからこそ口にできる、苦い思い出のひとつだ。

　当時多くの若手教員が、生徒指導の最前線で苦しんでいた。そんな彼らと一緒に、校内の学習指導の在り方を研究する会(学習指導研究会と呼んでいた)を作った。

　生徒指導に方程式などない。悪戦苦闘する若手教師たちが、それぞれの実践を持ち寄って熱く語っていたのは、この学校がかろうじて生きている証だった。それを一つ一つ大切に取り上げていくのが、私の役目だと考えた。遅刻をどうやって減らすか、やる気のない生徒をどのように指導するか、モンスターペアレントにどう対処するかなど、テーマは多岐に渡った。

　話術を盗むため、若手教師で揃ってJR秋葉原駅前のたたき売りを見に行ったこともある。帰り際に「おまえらは何者だ?」と店主に言われたのを覚えている。東京都恩賜上野動物園では、知り合いに頼んでバックヤードに入れてもらい、来園する人間の視線を逆の立場でウオッチングをした。帰りは皆で街でグルメを。

　そこにはいつもホンモノが存在し、それらは自然と学習指導に繋がっていった。ついてきてくれた前向きな教員たちには感謝しかない。彼らとの出会いは、私の新たな力となった。その中に、生徒に圧倒的な人気を誇る国語科の教員がいた。専門は異なるが、その豊かな発想とインテリジェンス、人としての魅力に生徒同様引きつけられた。

　その当時の管理職は、15～20人で定期試験の午後に活動する私たちに理解を示してくれていた。実際に生徒に活かせる、学習指導に関する研究になら、半日の出張や旅費まで手配してくれた。時には定期試験の午後、教頭だったS先生(故人)の奥様がつくった食事が準備されていたこともあった。今ではあり得ないことだろう。

　最初は遠巻きに見ていた組合員も、やがて参加してくれるようになった。「これは第二組合だね」と笑われたことが懐かしい。皆、協力的だった。

　学年主任になると同時に、大学院で手を染めた自己効力(Self-efficacy)の構造に関する研究を夜な夜な開始した。学ぶ意欲の構成概念を明らかにし、指導に生かしていくという教育心理学の領域だった。理系の私に抵抗がなかったかといえば嘘になる。「0.4で相関がある?　おかしくないか?」という素朴な疑問から独学が始まった。

毎週土曜日の授業が終わると、帰宅する同僚のハンドルを奪って近くの駅まで向かい、国会図書館へ急行した。海外の原著にあたり、大量のコピーを持ち帰っては深夜までそれを読み込み、情報を整理して新たな課題を設定していく。睡眠3時間で出勤、という毎日を過ごしていた。当然家人らには不評であり、多くの苦言もいただいた。家庭での自分の居場所を探すのには苦労した。しかし、これまた突き進むしかなかった。

　その頃、「管理職試験を受けよ」という命令が上から聞こえてきた。このあたりのいきさつも、日本独特の教育事情や習慣を象徴する一つのドラマだったが、本稿ではやはり割愛する。しかしどう考えても、自分が教頭や校長を務める姿は想像できない。学校を経営したり教員を管理する能力など皆無である。そうこうするうちに査読つき論文がたまり、学位（論文博士）取得の見通しがつく。管理職試験に落ちた2月、ぼーっとHPを見ていた。するとそこには大学教員の公募が記されていた。「自分には関係ない」と一蹴してみたが、よく読んでみると「ひょっとしてこれはオレにぴったりか？」と錯覚した。書類提出期限は一週間後。志望動機や研究計画などを急いで考えなくてはならない。でも、それらを図に描いて提出すると面白いのではと考えた。

　応募者がとても多かったらしく、大学側の選考も時間を要した。結果、異例の6月1日付での北海道大学への異動が決まった。学期が始まった直後のことであり、そのため当時の管理職や私と仕事をしていた教員には大変な迷惑をおかけすることになった。嫌な顔もせず対応いただいた先生方には、今でも感謝している。

　離任する前、私について組合から瓦版が出された。その一節に「鈴木は改革者である」と書かれていた。私はそれも今でも大切に持っている。

9）北大体育会サッカー部と私

　「北大サッカー部のことも」と舞は言っている。一見「蛙学」とは関係ないようにも思えるが、実はそうでもなかった。私はサッカー部のOBではない。今から遡ること2012年の冬、突然声がかかった。当時顧問をしていた歯学部の大畑昇先生が退官され、その後釜が業務上必要だったからだ。

　大畑先生は入試広報で私をよく知っていた。また、サッカー部OBで社会人院生として博士課程に在籍していた故・鶴岡森昭さんも、下手くそなフットサルをやっていた私に目をつけていたらしい。二人とも学生の指導で接近戦を挑む「蛙学」の噂を耳にしていたようだ。「あいつなら学生を任せてもよいのでは」と誤解したのだろう。ある日寿司屋に呼び出された。食いしん坊な私は、中トロを眼にした瞬間万事休

すとなった。

　私のサッカー偏差値はすこぶる低い。フットサルとは別のスポーツだし、好きなラグビーともちがう。国立大学の教官の部活動への関与は、自身がかつて所属していたことがない限り極めて希薄であろう。大学側からは全く評価されず、査定の対象となる研究や教育で時間もない。全くのボランティアなのが実情である。

　北大サッカー部は学生自らが考え、チームを運営するその主体性が伝統である。監督は選手がやり、顧問である教官は年度当初の書類に印を押し、飲酒や交通などの事故への注意を喚起するなど学生を後方支援するのが主な任務だ。

　しかし、それだけではあまりにもつまらない。「大学の部活はなぜ存在しているのか」、「なぜ体育会なのか」、「自己実現を目指す人材育成を標榜するなら、自分がやるべきことがあるのではないか」などと真剣に考えると、結局「蛙学への招待」と基本コンセプトは近いということに気がついた。

サッカーノート：学生個々の問題と課題を記載

　本書の中で書かれているようなことは、もちろんできない。サッカーに関するテクニカルな術や戦術を、そもそも持ち合わせていないからだ。だが様々な機会を提供し、自らが選択しながら勝つためには何をすべきか、その「解」を追い求めていく指導は可能だろう。そのスタンスで顧問（退任2年前から名義上の監督になってしまった）を引き受けることにした。

　最初のキイ、クゴ、サクラオカ、ナオキの代は、4年間外からじっくり様子を見ていた。特にグラウンドで私の姿を見つけると、常にダッシュで駆け寄って来るサクラオカ、ちゃらんぽらんなことが多く私によく怒られていたナオキといい、印象に残る主将や部員が多かった。しかし5年目のオカダ以降は、一気に学生との間合いを詰めていった。やがて年に2回のペースで個別面談を全員と開始した。マネを含めて部員一人一人の現状把握と課題の認識を促し、それをノートに記録しながらいつも持ち歩くようにした。怪我のチェックも必ず。蛙学の学生カードと要領は同じだ。

　練習や試合にはなるべく帯同し、個人のモニタリングも始めた。その様子をサッカー部幹部らに伝達し、練習の合間にぼそっと学生に伝えていく。極力支援的なコメントに終始しながら、試合後のミーティング会場を準備し、学生自らが振り返ること

退官時にもらったお宝の数々

北大サッカー部スペシャルドリンク

ができる環境を提供した。また、エビデンスによる練習内容の改善が必要と考え、当時次期主将のオカダと相談しながら GPS の導入を図った。データの解析から、学生の動きの解析だけでなくフィジカルが十分でない北大生の怪我防止にも繋がると考えたからだ。だが、機が熟すまでは彼らには強制しなかった。次のホリの代を経てずっと受け継がれることになった。

　私は、それらエビデンスを通して、ノートに記された己の課題とどのように向き合うかをさらに学生に促した。他との比較ではなく、己との垂直の比較を求めた。Evidence based な議論、それに基づくメタ認知は社会人として必須な能力であり、自己実現を進める上で具備すべきものだからだ。完全な後方支援。しかし、サッカーを知らぬ私にはぴったしの任務だった。学生は着実に前進してきた。もちろん学生から学ぶことは山のようにあり、そちらも刺激的だった。たまに練習に顔を出すと、当時主将だったリョータローからパス出しを命じられたことも懐かしい。

　いつの間にか全員を下の名前で呼ぶようになり、2020 年度は最も学生との距離が近くなった(と思う)。まるで授業をやっているようだった。北大サッカー部の問題点や強みについて、部員全員で KJ 法を用いたワークショップを実施したところ、「顧問が蛙学だからだ」と付箋に書いていたらしい。

　退官が間近になった 2021 年 3 月、サッカー部の前主将のリョウタローと新主将のカズマ、2 年目代表のカイトやソラタカトらが尋ねてきた。彼らは私をよくモニタリングしていたらしい。私は自他共に認める万年筆 LOVER で、40 年間黒の万年筆を常に持ち歩き、様々な思いつきを字に表してきた。贈られたのはシルバー。わかった上での選択だという。面白いのは、カズマの代だ。酒好きな男に強烈なウオッカを、か…しかもどこで探してきたのか、ボトルには蛙のラベルまで貼ってある。これ以上の逸品はないが、おいそれと飲むわけにはいかない。彼らが家にやってきたときに飲もうと伝えた。色紙には熱い皆のコメントも書かれている。

　この代には後日談がある。リョータローの代は 2 部全勝で、一部入れ替え戦を目の前にしていた。しかし COVID-19 感染拡大で試合は中止。全国大会への道も絶たれ

た。試合開催を信じて、朝主将と北海道神宮
に必勝祈願。また試合のために栄養ドリンク
を文字ったラベルと学生へのメッセージを貼
りつけたドリンクをサプライズで準備してい
た。がっくりした気持ちを切り替えて、マネ
を含めた試合メンバーを北大の情報教育館に
呼び出し、行き場を失った栄養ドリンクを一
人一人に手渡した。

　ところが、である。次のカズマの代も全勝
で勝ち上がり、ついに1部復帰を果たした。
直後その試合の動画が届く。勝利に酔う彼ら
が雄叫びを上げながら手にしていたのが、何
とあの栄養ドリンクではないか！自信に満ち
たその顔々。ソラタローの頭も相変わらず

2年目の熱いコメントの数々

光っている。涙がちょちょ切れるとはこのことなのか…。

　極めつけは2年目から贈られた新撰組の法被だ。どこから探してきたのか、そこに
も熱いコメントが数多く散見される。「俺たちを見てろよ」「お前も前進しろよ」とい
うことか。退官後、自宅から学生に動画を送るときは、これをバックに飾らせてもの
らっている。

　1年目とはCOVID-19の感染拡大で、コンタクトがほとんどできなかった。しか
し、3月28日の最後のミーティングでのナカノの言葉から、戦うには何をすべきかが実
践されており、広く浸透していることがわかった。これも私への最高の逸品である。こ
の代は、様々なトラブルや試練と向き合う1年を過ごした。ほぼ Zoom や LINE での
やりとりだったが、1部残留を見事死守した。主将のホンゴウと副将ナカノは、3年前
の「リポビタン誠」を密かに持っていたのには驚いた。最終戦前日、LINE で私にそれ
を見せつけてきた。気持ちの伝達に時間は関係ないようだ。部活動でも学生に恵まれ
た。歴代のサッカー部員たち、また北大サッカー部 OB 諸氏には心から感謝している。

　以上が私の"人となり"のダイジェストである。唯一誇れることがあるとすれば、
痛い思いをたくさんし、様々な道草を食べてきたことだろう。また、小学校高学年か
ら大学2年夏までの長いトンネルは、「蛙学への招待」誕生との因果関係はわからな
いが、私の"人となり"の土台にはなっているのかもしれない。

第3章

これではダメだ！
「蛙学への招待」が経験した数々の危機

先生の熱血さ、思いやりが素晴しかった。忙しいにも関わらず、いつも生徒の視点に立って物事を考え、様々な手助けをしてくれた。授業準備の具合をたずねてくれたり、"頑張れよ〜"などといった応援メールをくれたりする先生は、そういないでしょう。先生も一生懸命頑張っているのが伝わってきたし、授業がつまらないと思ったことはなかった。

ほんとはね、最初は悲しかった。シナリオ作っても、どうもうまくいかずテーマもあやふやで、色々なまわり道をした。苦労もした。私生活の面でギセイが出ないはずがなかった。でも、そういうことをのりこえたからこそ、今こんなにうれしいんだと思う。泣くわけないと思ってたのに…(笑)。ここまで自分をギセイにして協力してくれる先生はいないよ。誠先生、ありがとう。

学生の授業評価から明らかになったその問題点

1）大きく変わった学生の気質

　「蛙学への招待」については、ここまでは所謂 "うまくいった話" の連続だった。でも、サクセスストーリーほどつまらないものはない。実は「蛙学への招待」は、数々の危機を乗り越えてきた。その背景や原因も、きちんと整理しておく必要がある。

　19年20回を俯瞰してみると、学生が大きく変わったことに気づく。たとえば、知識を得る手段は大きく変化した。ある用語を、実験を経て習得するか、家庭や社会での様々な経験から習得するか、単なるテキストの文字から習得するか、その方法の違いによって「ある用語」は、二重三重に符号化していく。"風のざわめき" を本で読むのと、森でそれを感じるのでは、その質がまったく異なるのと同じだ。

　復唱になるが、二重三重に符号化された情報はすでに脳内に記憶として貯蔵されている知識や経験とリンクする。そして項目内精緻化や項目間精緻化を起こし、知のネットワークを作り上げていく。これが次の知的好奇心を生み出していくのだ。ホンモノとの直接体験の意義はここにある。

　子供たちを取り巻く生活環境の変化は著しい。私のように肥だめに落ちたり、溝に填まったりするのは論外だが、昆虫採集や魚釣りができる環境は近年少なくなり、家庭を中心とした自然や社会との直接体験は減少した。極めつけは初等中等教育、特に小学校での実験や実習の縮小だろう。理科が苦手な小学校教員が増えてきた。新入生に「高校のこの単元ではどんな実験をやった？」とよく聞くが、この20年で定番とされていた実験が、教育現場では少なくなっている。入試対策の問題集との格闘は、教科教育の目標ではないはずだ。

　学生の受け答えも変わってきた。議論を私に真っ向から挑んでくる学生は、めっきり少なくなった。特にここ10年は失敗を恐れ、すぐ「解」を求めたがる者が急増してきた。他の授業の時「それは自分で考えてごらん？」「調べてみれば？」と言うと、不親切なおじさんだといった視線を送られたことがある。この傾向は、他大学でもまったく同じだという。

　受験生の減少や社会の変化から、従来の学力の構図が崩れてきているのかもしれない。これらのことは、初等中等教育の経験からある程度は予測していた。アンテナを高

くし、今年こそ自身の目標を到達しようと入学前の体験や学生の達成状況を見ながら、毎年授業のコンテンツを組み替えてきた。ところが、学生は私の予測を超えていく。

授業には存在理由がなければならない。それがないのであればやめてしまえばよい。コンピテンス基盤型学習を標榜し、明確な目的を掲げている以上、安易な妥協は意味がないからだ。変化する学生気質と、己の理念との間でどう落としどころを見つけていくか、このさじ加減は長年の課題だった。

2) 2度の危機を迎えた蛙学

次のグラフを見てほしい。北海道大学が導入している、学生による授業評価の結果を 20 回分まとめたものである。学生はある設問に対して、5　強くそう思う　4　そう思う　3　どちらともいえない　2　そうは思わない　1　強くそう思わないの中から該当するものを 1 つ選び、この名義尺度を間隔尺度に読み替えて得点化する。

「平均値推移」は、各年の 15 の全設問項目を合計した平均値をグラフ化したもので、授業全体の傾向を見るのに適している。たとえば平成 31 年（2019 年）度の「蛙学への招待」の評価は、一般教育演習全体の平均（4.00）より高く、（4.87）最大値に近いことがわかる。他の設問項目をすべて分析する必要があるが、まずまず授業者の意図通りに進んだことが推察される。

注目していただきたいのは、いずれも最低点となる平成 19 年（2007 年）後期と平成 23 年（2011 年）の落ち込みである。この年どのようなミスを私が犯していたかについて、当時のシラバスを元に明らかにする。

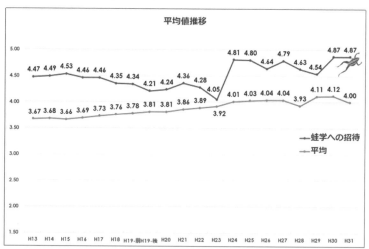

3) 2007年(H19)後期の危機　〜麻酔のタイミングを見事に見誤る

　この年は、唯一後期も蛙学を実施した年だった。履修が被らない前期は希望者が多く、抽選に落ちた学生のためにも、後期も内容を少し変えて開講したいという気持ちをずっと持っていた。授業評価は、この年の前期までグラフは平均値を上回り、延べ7回の実施で、学生とのコンタクトにも手応えを感じていた。後期のシラバスはすでに、春先に入力済みだった。まず、そのシラバスの授業計画をよく見て欲しい。今までやってきた蛙学とは、内容がかなり異なるのがわかる。

2007年後期のシラバス

授業の目標　Course Objectives

今から約3億6000万年前のデボン紀に、暖かい沼地の浅瀬から勇気ある両棲類の先祖が陸を目指した。それは、水圏からの脱出、すなわち体重を支えるための骨格の劇的な進化と、空気中の酸素を獲得するための未完成な肺の誕生を生み出した。この陸上への進出がなければ、私たちヒトは今日存在しなかったのである。
本講座は、前期「蛙学への招待」を補完するものであり、生物としての両棲類を深く探究しようというものである。また文系理系を問わず、授業を通して将来研究者として必要な問題解決の視点と手法をマスターしようというものである。
なお、本講座を希望する学生は、下記の到達目標や授業計画、また備考を熟読の上、第1回目の授業を必ず受講した上で履修届を出されたい。

到達目標　Course Goals

1　日本産カエル目5科37種5亜種の種名と形態を判別することができる。
2　15種のメイティングコールをリスニングすることができる。
3　両棲類無尾目の繁殖戦略が説明できる
4　教科書「カエル―水辺の隣人」の記載事項がほぼ理解できる。
5　学生授業を準備することによって、問題解決(情報収集・情報処理・推論・メタ認知)の手法を習得することができる。
6　精巧なカエルのモデルを全員で作ることができる。

授業計画　Course Schedule

1　オリエンテーション(本講座の目的　学習内容　評価の方法　参考書の紹介)
プロローグ：カエル検定Ⅱ(カエルの基本的形態と生態)
2　現存両棲類の3グループとは何か
3　世界のカエル(poison frog：ヤドクガエルを例に)
4　カエルのコミュニケーション
5　やる気を引き出す授業とは何か：授業の構成要素を考える
6　教科書「カエル―水辺の隣人」を精読する　①　両棲類の起源と進化
7　教科書「カエル―水辺の隣人」を精読する　②　日本のカエルたち
8　教科書「カエル―水辺の隣人」を精読する　③　世界のカエルたち
9　教科書「カエル―水辺の隣人」を精読する　④　消えていくカエルたち
10　真冬にカエルと出会おう(野外実習)
(参考：以下11から14は過去に学生が行ったBest授業のテーマである。これにモデル作りが加わる予定である。)
11　学生主体型授業　①　オタマジャクシと生き残り戦略　2006年度
12　学生主体型授業　②　poison frog　毒って素敵ね　2005年度
13　学生主体型授業　③　カエルの体色変化　2003年度
14　学生主体型授業　④　乾燥との戦い 2005年度
15　終わりに　君達に望むこと

成績評価の基準と方法　Grading System
学習態度の観察評価 10％，各種提出物 20％，授業評価 35％　作業ファイル（ポートフォリオ）15％，最終レ
ポート 20％，自己評価も加算することがある。なお，グループ面接や個人面接を行うことがある。
平成 18 年度の成績評価の結果は，秀 13％・優 34％・良 45％・可 4％・不可 4％であった。

　一つは柱であった系統解剖を外し、それに代わる「カエルのモデルづくり」を導入
したことである。さらに「教科書」の精読を行う旨を、シラバスに記載した。前期ま
での学生とのよい雰囲気に、何とかなるだろうと浮かれていたのだろう。

　だが、ここでやってはならぬ禁じ手を繰り出してしまった。10 月の授業開始時に
方針転換し従来の学習内容の継続を宣言し、系統解剖の復活、今までやってきたカエ
ルのコミュニケーションや進化、繁殖戦略の内容を追加した。さらに「教科書」の精
読をやめ、解剖の代案としたモデルづくりを予告通りそのまま残すことにした。もち
ろん最難関の学生授業は、そのままである。

　そこで、学ぶ内容のパンクが起きた。あれもこれもやりたい、きっとやれるだろう
という根拠のない思い込みが、学生の学びを混乱させた。

　当初、後期の系統解剖を外していたのは、実施が 11 月上旬になり、実験動物の入
手と気温低下による麻酔のコントロールが難しくなるという明確な予測があったから
だった。解剖するカエルは、トノサマガエル（*Pelophylax nigromaculatus*）とア
フリカツメガエル（*Xenopus laevis*）に変更して対応したが、ドライ・ラボでトレー
ニングしたウシガエルとは大きさが異なり、事前の指導どおりにいかなかった。学生
はアフリカツメガエル用のドライ・ラボを自主的に作って、手技への対応を図ってい
たが、実習全体のスピードは一向に上がらなかった。

　さらにそれに輪をかけたのが、当日の予想外の気温低下だった。ジ・エチルエーテ

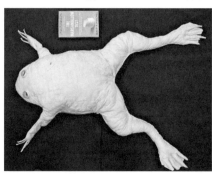 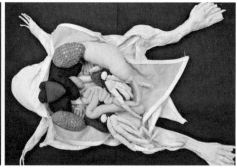

第 19 期後期 D 班（道林千晶、小杉則彬、渡邉瑞茂、山崎彩、工藤喜作）が制作したアフリカツメガエル *Xenopus* のアル
ビノ：内蔵や各筋肉まで精巧に再現、アルビノらしく色までこだわり仕様書まで添付された高精度なモデル。筋肉はス
テッチを使って縫工筋や胸筋など細かく部位別に分けられ椎骨や 10 対の脊髄神経、側線器も正確に再現された傑作である。

ルがほとんど気化せず、日没も手伝って浅い麻酔となった。そのため、絶対あっては
ならない解剖時の蘇生が一部で起きたのだ。対処はできたが、全体の解剖手技のス
ピードは上がらず、直接体験から得ることができる情報量は大きく制限された。

　本来ならば系統解剖の代案であったモデルづくりの作業量の多さも、学生の足を
引っ張った。シラバスには参考として記されていたものが、学びの全面に出てきたか
らだ。この作業をしながら系統解剖の準備をしつつ、さらに学生授業に向けて時間外
に詰めていくことは学生にとっては至難の業であり、もはや苦行以外の何ものでもな
かったはずだ。またそれらに対する学生のモニタリングやフォローも、今思うと極め
て甘かった、希薄だった。

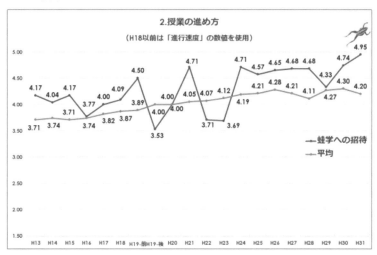

　シラバスは、授業者との"契約書"と冒頭本書で記した。教科書の精読を、自分の
ご都合主義から変更するなどもってのほかである。その結果は、授業評価の「2. 授
業の進め方(授業はシラバスに沿って行われていた。)」では平均値を大きく割った
3.53となり見事に失敗が現れた。これには深く反省せざるを得なかった。

　救われたのは、それでも学生たちがついてきてくれたことだ。この2007年後期の
履修者とは今も連絡を取り合っているが、ただ感謝しかない。次年度以降は従来の学
習内容に近い形に戻し、シラバスの原則を遵守するようにした。また、後期の授業は
廃止し、以後後期は伝説となった。

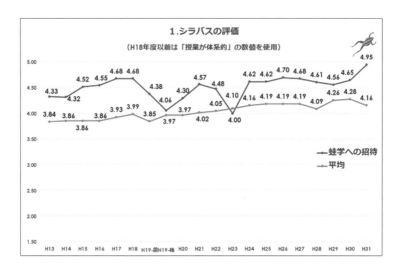

1.シラバスの評価

(H18年度以前は「授業が体系的」の数値を使用)

	H13	H14	H15	H16	H17	H18	H19-前	H19-後	H20	H21	H22	H23	H24	H25	H26	H27	H28	H29	H30	H31
蛙学への招待	4.33	4.32	4.52	4.55	4.68	4.68	4.38	4.06	4.30	4.57	4.48	4.10	4.62	4.62	4.70	4.68	4.61	4.56	4.65	4.95
平均	3.84	3.86	3.86	3.86	3.93	3.99	3.85	3.97	3.97	4.02	4.05	4.00	4.16	4.19	4.19	4.19	4.09	4.26	4.28	4.16

4) 2011 年の蛙学最大の危機　〜学生たちの学びの様子を見誤る

　平均値推移のグラフをもう一度見て欲しい。平成 23(2011) 年度は過去最低であり、かろうじて平均値を上回るといった酷い有り様だ。その原因を他の設問項目で探ってみると、より問題点が明らかになってくる。

　たとえば「1．シラバスの評価(シラバスは、授業の目標、内容、評価方法を明快に示していた。)」が、先に示した「2．授業の進め方」と同じく平均値を下回っていた。「5．教員の説明の分かりやすさ」も値が低い。

11 年シラバス

授業の目標　Course Objectives

　今から約 3 億 6000 万年前のデボン紀に、暖かい沼地の浅瀬から勇気ある両棲類の先祖(ユーステノプテロン)が陸を目指した。それは、水圏からの脱出、すなわち体重を支えるための骨格の劇的な進化と、空気中の酸素を獲得するための未完成な肺の誕生を生み出した。この陸上への進出がなければ、私たちヒトは今日存在しなかったのである。

　本講座は、現存する両棲類の中で特異的に進化した無尾目を、形態や生態、繁殖戦略や鳴き声といった生物学的側面と、絵本や物語また食文化といった文化的側面から分析し、激変する両棲類周辺の環境を通して、総合的に両棲類を捉えようとするものである。また文系理系を問わず、授業を通して将来研究者として必要な問題解決の視点と手法をマスターしようというものである。

　なお、本講座を希望する学生は、下記の到達目標や授業計画、また備考を熟読の上、第 1 回目の授業を必ず受講した上で履修届を出されたい。

到達目標　Course Goals

1　日本産カエル目 5 科 37 種 5 亜種の種名と形態を判別することができる。
2　系統解剖実習を通して 104 の外部形態と内部形態を確認することができる。
3　日本産カエル目 5 科の代表的な鳴き声をリスニングすることができる。
4　両棲類をモチーフにした、意欲を引き出す授業をデザインすることができる。
5　2 ヶ月に及ぶ授業準備によって、問題解決(情報収集・情報処理・推論・メタ認知)の手法を習得することができる。

6 研究とは何かを理解することができる。

授業計画　Course Schedule
例年，およそ以下の流れで展開している。
 1)カエル検定(カエルの基本的形態と生態)
　　本講座の目的　学習内容　評価方法　参考書
 2)自己紹介　カード作り　今後の予定　授業テーマについて　グループ分け
　　日本のカエル・世界のカエル
 3)両棲類の文献検索実習(情報教育館 A 教室)
※特別研修 1：さけ科学館(両棲類の外部形態観察会)／カエルの食文化実践研究
 4)「My・ガエル」90 秒スピーチ
　　魚類はいかにして地上に進出したのか 1(授業テーマ・計画書の提出)
 5)魚類はいかにして地上に進出したのか 2　DVD・カエルのコミュニケーション 1
 6)My・ガエルを作ろう！ウシガエル・ドライラボの製作 1　基本着色
 7)ブレインストーミング「面白い授業って何？」・カエルのコミュニケーション 2
 8)ウシガエル・ドライラボの製作 2　内部形態の理解
 9)Rana catesbeiana の模擬解剖　解剖スキルの獲得
10)Rana catesbeiana の系統解剖(生物実験室)
11)学生による授業 1：例えば「おたまじゃくしの生き残り戦略」：2006 年最優秀
12)学生による授業 2：「最終警告：本当に怖いツボカビ」：2009 年最優秀
※特別研修 2：7月の蒸し暑い夜　野外実習：メイティングコールのリスニングテスト(北大農場)
13)学生による授業 3：「カエルの飼育とその教育的効果」：2007 年最優秀
14)学生による授業 4：「poison frog　毒って素敵ね」：2005 年最優秀
15)野外最終試験(北大農場)(農場・情報教育館多目的Ⅱ教室)
※本年度も，北大キャンパス内の両棲類調査を予定している。

準備学習(予習・復習)等の内容と分量　Homework
「蛙学への招待」は，多くの先輩たちの努力によって築き上げられてきた屈指の人気授業である。最後は学生が自ら教材研究を行い，教官に代わって授業を行うという画期的なスタイルで進められる。そのために現地調査や取材，各種編集作業やリハーサル等，授業のための努力とモチベーションが要求される。知的好奇心や体力も必要であろう。学生はある程度の覚悟が必要である。また，多くの授業場面で作業を伴う。なお，本年度は水田や野山での実習や施設見学など特別研修も予定しており，休日の出動がある。真の学びの力や研究者を目指す上で必要な力を身につけたい学生には，格好の授業となろう。教員や TA は，責任を持って君たちを導いていく所存である。

成績評価の基準と方法　Grading System
学習態度の観察評価 10%，各種提出物 20%，授業評価 35%　作業ファイル(ポートフォリオ)15%，最終レポート 20%，自己評価も加算することがある。なお，グループ面接や個人面接を行うことがある。
例えば平成 18 年度の成績評価の結果は，秀 13%・優 34%・良 45%・可 4%・不可 4%であり，22 年度もほぼ同様であった。

　2019 年のシラバスと比べると、体系的な記述になっておらず、明解でもない。この年の学生には、これでは授業の意図が伝わらなかったのであろう。早口で滑舌の悪い私の弱点も露呈したようだ。

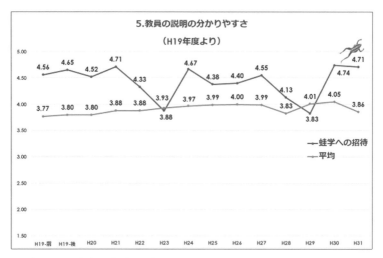

実はこの年から、本学は総合入試を導入した。総合入試とは、入試の段階で学部を決めるのではなく、1年間大学で様々な学びをした後に所属先を選択するシステムである。文系は約100名、理系は約1200名近い定員がある。所属先の決定は本人の希望と、「移行点」と呼ばれる1年次の成績で決まる。学生は、嫌でも1年次の成績を意識せざるを得なくなっていた。

　したがって、この年から初年次教育での学びは、前年度と比べて大きく変わった。もちろんそれは想定範囲内であり、蛙学のようなハードでロードの高い授業は敬遠されるだろうとも考え、授業内容を若干軽量化して待ち構えていた。

　抽選時の競争率は例年通りだったが、学生の思考は従来とは違っていた。総合入試導入初年度は先行事例がなく、学生は履修に手探り状態だった。希望する学部に行くには移行点を高く維持することが必要で、成績の取りこぼしがないよう、どの授業もまんべんなく勉強しなければならない。授業が進むにつれて、蛙学がかなりの負担となっていたのは明らかだった。だからといって、授業の理念を曲げるつもりはさらさらなかった。他の項目の平均値が高かったことから考えると、学びが進む中での学習量の微調整と私のフォローが十分ではなかったことが推察できよう。

5) 「蛙学」の問題点と解決法～学生の声に耳を傾けてみたら…。

　これらを含めた19年間の主な問題点は、次のようになるだろう。

①診断的評価による年ごとの学生のレディネスとモチベーションの把握、および学習履歴や学習環境、学びのニーズの把握

②①の情報をフィードバックした事前の学習内容や学習指導の修正、および学生の変

化に応じた学習の量と質の改善

③学習時における詳細な学生のモニタリングと問題点の即時フィードバック

④実験・実習内容の事前チェックと試行および修正

⑤毎年のシラバスのブラッシュアップ

　これらの問題点については決して手をこまねいてきたわけではなく、毎年加筆修正を加えてきたつもりであった。しかし、入学してくる学生の学びの変化は自分の予想を超えることが多く、昨年の内容が通用しないことはよくあることであった。いかにフレキシブルに対応できるかが、私自身に問われ続けた19年だった。

　これらの問題点について、以下のような解決法をとった。

①毎年10月に北大から発表される前期の「学生による授業評価」で明らかになった問題点を受け止め、その情報を生かすべくシラバス全体に常に手を入れた。

②毎授業終了後TAとミーティングを繰り返し、問題点の整理と共有、具体的な指導の修正を図った。

③2時間目から4時間目のさけ科学館実習までの学生のモニタリングを特に強化し、グループ分けやその後の指導の基礎資料とした。

④毎回書かれる学生カードのやりとりをより重視し、コメント内容を強化するとともに、書かれた内容で学習に生かせるものは全体に即時フィードバックした。

⑤毎冬シラバスの登録前にTAと振り返りを行い、記載内容の加筆修正を行った。

⑥学生のニーズに応じて、朝のミーティングやランチミーティング、一斉型授業の導入や小テストの実施などフレキシブルに対応し、学びのサポートを図った。

⑦実施する実験や実習の内容、たとえば系統解剖の器官名数やドライ・ラボの着色などは、その年の学生のレディネスやモチベーションを基に、質・量ともに毎年修正を加えた。

　たとえば①について具体的に記すと、シラバスに示した到達目標はさらに学生にわかりやすく、そのまま点数がつけられるレベルにまで具体化した。授業計画は3つのPhaseに構造化し、学習量を絞り込んで、学生がどこで何を学ぶのかがより分かりやすくなるよう心がけた。前述したように、成績評価の基準と方法も一新した。

　修正が、時には勇み足になることもあった。長年行われてきた学生授業の負担を熟慮し、ついに2017年、学生授業をプレゼンに変更した。しかし、学生の動きを細かくモニタリングしたところ、達成感や自己効力を育む上では適切でなかったことに気がついた。すぐに元に戻して、60分間の学生授業を半分にして、新たな学生授業と

して復活させた。前に紹介した学生授業の様子は、復活後のものである。

　学生は正直だ。2007年、2011年と失敗事例を挙げたが、「作業量は多すぎる」「難易度も高すぎる」という評価は常にもらい続けた。しかし幸いにも、2012年の学生の授業評価では、2003年以来9年ぶりに「北大エクセレント・ティーチャーズ(2003年時はその制度はなくHP上に全学第2位で記載)」に選定された。以後、グラフはそれ以前より有意に高い位置をキープし(平均値推移を参照)、2018年と最後になった2019年も、再度北大エクセレント・ティーチャーズに選定された。2018年には、北海道大学で分野にかかわらず共有できる可能性の高い教育方法を収集した『北海道大学における教育方法のグッド・プラクティス』(北海道大学教育改革室2018)にも選ばれている。

　興味深い事実もある。平成21年(2009年)は「難易度」「作業量」とも過去最低だった。平均推移値も高くはない。ところが、「7. 教員の話し方」「10. 授業材料の使用法」は高く、「9. 質問への適切な対応」、「15. 知的に刺激され意欲が促進」は尋常ではない値になっている。
　年度によって学生は変化するので、単純比較は無意味だ。今年やったことが来年通用するとも限らない。大事なことは、教える軸をぶれずに凜と保ち、迎合せずそこに信念を貫くことである。また、その軸が学生のコンピテンスの育成に資するよう、フレキシブルに修正することが極めて重要である。それによって、その授業の理念はより明確になり、存在意義が明らかになるのである。

※北海道大学は平成14年後期から授業評価を導入し、「学生による授業アンケート結果」を開始した。15年、16年度はその一部を公開し、平成17年度からは授業担当教員を「授業アンケートによるエクセレント・ティーチャーズ」と位置づけて公表している。授業アンケートの設問項目は改良され、現在では以下のような評定尺度法に近いものと自由記述の二つからなっている(2019年からWeb入力)。いずれも無記名で、評価時は授業担当教員が退出し回収提出はすべて学生が行うなど、評価者に不利益が被らないように設定されている。

※「蛙学への招待」の残りの北大授業評価(観点別評価)については巻末付録に付す。

第 4 章

なぜ今コンピテンス基盤型教育なのか

生徒自らに行動、思案させる授業設計だった。それも、「させる」ものではなく、自然と生徒側が「しよう」という気持ちになるものだった。まさにやる気をひき出してもらっていた。そして、物事にこだわる力や、こだわって解決する力を養ってくれるものだった。大学に入って早々に、このような力が身についてしまえば、こわいものはない、と自信がもてます。先生・TAのバックアップが何より最高。愛情を感じました。

学生に求めるモノのレベルが高く、それ自体がキツイと感じることもありました。一方で「もっと良いものにしたい」という思いで、自分からキツイ道を選んで進もうとしている自分がいたことも、事実のような気がします。教授には学生の「もっと〇〇」という気持ちを引き出す力があるのではないかと感じました。

本質を教えてくれた。大事なこととは何か。それらを学ぶことができる最高の授業。こだわる心を養えた。

1) 次世代を担う人材に求められる資質や能力とは何か？

「蛙学への招待」は、両棲類の専門家を養成する授業ではなく、カエルはあくまでも学びのモチーフにすぎない。あらかじめ育成すべき資質や能力を掲げ、その目的を達成するための学びを組み込んだ学習である。

「解」のない世界が拡大することを予想し、そこで活躍できる力の種播きをするため、今から20年前に設計した。大学入学まで営々と続けられてきた「解(答え)のある学び」からのパラダイム転換を新入生に迫り、

　　・問題解決に必要な情報収集や情報処理ができる力
　　・対象物を正確に観る力や関心ある分野に固執できる力
　　・priority をつけて情報を取捨選択できる力
　　・得られた情報から推論やメタ認知ができる力

これらを、ホンモノとの直接体験から育成することを目指したものである。

すでに私たちは、「解」のない複雑な世界に突入している。私自身が高校生や大学生の頃は、何か問題が起きても、1＋1＝2のように答え(解)は一つであり、おおよそそれが見つかる時代だった。しかし、グローバル社会の到来とともに社会の構造は複雑化し、高度なIT化やAIの登場で劇的な変化が一気に進んでいる。一つの国の不調が、世界の隅々の活動にまで影響を及ぼすのが現代である。この不確実性の時代を迎えた今日、X＋Y＝5のようにXとYの値に何が入るか分からない毎日が続いている。

この過酷な世界へ、我々は次世代を担う人材を送り出していく。彼らはその「解」のない世界で、自らの羅針盤を探しながら自己実現を目指さなくてはならないのだ。教育の主たる目的は、児童や生徒、学生らの能力や資質を伸ばす人材育成にある。では、劇的に変化しつつある社会構造において、今求められている資質や能力とは何だろうか。またその育成に、「解」があり初等中等教育から営々と続けられている日本の教育は対応できるのだろうか。

1990年代にアメリカの医学教育改革から端を発した「コンピテンス基盤型教育」は、今、世界の初等中等教育に広がってきた。伸ばすべき能力や資質、態度やスキルを明確にし、効率的・合理的にそれらを育成するその手法は、フィンランドを頂点に、フランス、ドイツ、オセアニアで初等中等教育や高等教育で急速に浸透しつつある。その中で特に問われている能力が「問題解決能力」である。

日本でもコンピテンス基盤型教育は、医学や獣医などの生命科学系や工学系の大学

教育で 2010 年以降広がりを見せてきた。しかし、大学初年次教育や他の学部教育では学部として具備すべき具体的なコンピテンスが設定されておらず、教育課程の編成には至っていない。このことは初等中等教育でより顕著である。知識及び技能、思考力・判断力・表現力、学びに向かう力・人間性、といった学力の 3 要素が、生徒に育成すべき資質や能力として新しい初等中等教育の学習指導要領全体に盛り込まれているが、具体的な資質や能力の育成についての記述には至っていない。

　たとえば生物教育で特に重要な目標に「生命を尊重し、自然環境の保全に寄与する態度を養う」「妥当な考えを作り出す力や生命を尊重する態度を育成する」(学習指導要領から)がある。この「生命観」や「生命への畏敬の念」について、具体的にそれを育むにはどのような力が必要なのかといった議論が必要である。たとえば本書で示した「正確にものを捉える力」「収集した情報から必要なものを切る力」のような、測定可能なコンピテンスまでブレーク・ダウンした提言がなければならない。それがなくては、何をすればよいのかどう評価すべきか、教育現場では分からない。しかもコンピテンスは文脈依存的であり、教科領域的である。

　General なものと Specific なものを整理することも必要であろう。ブレーク・ダウンを進めない限り、科目が林立し学習時間が限られた窮屈な日本の教育課程では、問題解決能力の育成などをめざしたコンピテンス基盤型教育を進めることは無理である。このことは、大学教育でも全く同様だ。アドミッションポリシーやカリキュラムポリシー、ディプロマポリシーに沿った人材育成の必要性は語られている。そのためには育むべきコンピテンシー群を明らかにし、測定可能なコンピテンスまでブレーク・ダウンし、その醸成を目指した教育を進めることが重要である。

　世界の初等中等教育や医学系や職業教育を含めた一部の高等教育は、PISA2003 以降、コンピテンス基盤型教育に舵を切った。この世界の教育改革を覗いてみよう。

2)　進む世界の教育改革

　次頁の表は、2014 年に翻訳した「フィンランド理科教科書 生物編」の巻末問題である。この原文を見て、私は驚きを禁じ得なかった。読者の皆さまはどうお感じになるだろうか。

　これは中学校の教科書である。驚くべきことは、内容もさることながら、「解」のない問いが平然と記述され、それに対して自分の意見を述べるようになっている点である。

フィンランドの理科教科書
生物編(化学同人)

私自身、高等学校の教科書作成に携わる身だが、このような設問は学習指導要領にも記載がないし、日本の教科書検定制度では絶対に通らない記述である。

A）次の質問に対するあなたの見解を述べ、議論しなさい。

（フィンランド理科教科書：化学同人、P191）

・中絶が許される状況はどんなときだと思うか？

・ネットセックスとテレフォンセックスは禁止しなければならないか？

・結婚するとき、少女は処女でなければならず、少年は未経験でなければならないか？

・ホモセクシュアルの人どうしの結婚は許可すべきか？

・子どものいないカップルは体外受精の助けを借りることができるか？

・近親相姦や小児性愛についてどう考えるか？

・自分で追加のトピックを考えてもよい。

表　フィンランドの理科教科書生物編　第9章生殖　章末問題から

　あらかじめお断りしておくが、フィンランドの教育が全て良いわけでも、参考になるわけでもない。しかし、なぜこのような学びが初等中等教育を通して体系的に進められているのかには、大きな理由がある。

　フィンランドは、1908年にロシアから独立した北欧の小国だ。資源は日本と同じで潤沢とはいえず、自分たちで活路を見いだしていかなくてはならない。そのため、古くから起業家精神（アントレプレナー）の育成が教育現場で重視され、国家の目標となってきた。2014年に施行された National Core Curriculum（日本の学習指導要領に近い）では、初等中等教育時に育むべき7つのコンピテンス（知識、態度、スキルを包含した概念であり、日本で言う資質や態度に類似するもの）が設定された。その6番目に、アントレプレナーは明文化されている。フィンランドでは、全教科を通してその資質や能力を育む「コンピテンス基盤型教育」が進められているのだ。

　では、起業家精神を養うには、どのような教育が必要なのだろうか。起業とは、何も会社を興すことだけではない。自己研鑽や自己啓発もそこには含まれる。となると、まずは自分自身や他人をきちんと理解ができる力が必要となる。

　モチベーションやそれに伴うメタ認知能力も、学びを支える大切な要因となる。新たに価値を見いだし、世界を切り拓いていくには、必要な情報を広く収集する力や、情報に優先順位をつけて取り出す力も必要になるに違いない。これらを元に自分の考えを構築し、　そのプロセスを振り返りながら次に進んでいく、といった問題解決能力が求められるはずだ。そのプロセスにもまた、これが正しいという「解」はない。

3) これが「解」のない世界の大学入試問題だ!

　フィンランドは、教科書の選定や使用のしかたも教師の裁量次第である。教師は教科書に示された章末問題を軸に、幼児期から「解」のない学びを通して、National Core Curriculum に記述された 7 つの目的に沿いながら、たとえば児童や生徒の「起業家精神の育成」に資する取り組みを行っていくのだ。

　これは原則、高校 2 年生から受験できる大学入学資格試験でも徹底されている(原則としたのは、ごく一部の旧国民学校では高 1 から受験できるからである。日本の大学入学共通テストに近いもので、秋と春の年に 2 回実施される。1 日 1 科目を 1 日おきに実施)。

　下の写真は、2009 年の春に実施された生物の問題だ。総出題数は 12 問で、ほぼ全てが論述問題。11、12 番の問題は「ジョーカー・クエッション」と呼ばれる、難易度が高いものになっている。解答時間は 6 時間で、受験生はその中から 4 問以上選択する。さて問題を見てみよう。

---

10. 絶滅した野生マンモス(Mammuthus primigenius)のクローンを作ることは可能である。写真のような凍ったマンモスをサンプルにしてこれを実現するには、どのようにバイオテクノロジーを利用すればよいか?もし存続可能なマンモス母集団を作ろうとすると、どのような問題に直面するか?

写真:http://spmedia.canada.com/gallery/00posted/0711mammoth_.jpg(2008.2.19)
大学入学資格試験生物の問題

10. On mahdollista, että sukupuuttoon kuollut villamammutti (*Mammuthus primigenius*) onnistutaan kloonaamaan. Miten tämä toteutettaisiin biotekniikan keinoin käyttäen materiaalina kuvan kaltaisia jäätyneitä mammutteja? Millaisia vaikeuksia kohdattaisiin, jos yritettäisiin saada aikaan elinvoimainen mammuttipopulaatio?

Kuva: http://spmedia.canada.com/gallery/00posted/0711mammoth_.jpg
(19.2.2008)

マンモスは長鼻目ゾウ科マンモス属に分類される。今から約400万年前にアフリカに出現し、約一万年前に絶滅した種だ。絶滅の理由は、あくまでも推測の域を出ないが、気候変動もしくは狩猟の影響、または病気といわれている。中でも中型のケナガマンモスは、北海道にも生息していたと考えられている。

　問題の最初の問いは、「解」のある認知的領域の問いである。高等学校まで学んだバイオテクノロジーの知識があれば、十分解答が可能だ。例えば、以下のように記述すればよいだろう。

（解答例）ツンドラからマンモスの傷ついていないDNAを抽出して培養し、ゾウの未受精卵から核を除去した後、マンモスのDNAを注入する。ある種の刺激を与えて発生を促し、胚まで培養したあと、ゾウの代理母の子宮に移植する。

　DNAの塩基配列は壊れやすく、死後劣化するため、羊で行われたように、生前または死後直後にサンプルを取り出すのが原則である。マンモスは1万年前に絶滅しているので、完全な状態で取り出せるかが課題となる。比較的保存状態のよい骨髄または歯に巡りあえるかがポイントだ。

　マンモスのDNAを完全な状態で抽出することが現時点で難しければ、近年行われている、ヒトへの臓器移植を目的としたブタのゲノム編集と同様に、採取したマンモスのDNAをゾウのゲノムに組み込むという手法も考えられる。

　マンモスの塩基配列は解析が進んでおり、どの遺伝子を用いればマンモスの特徴を再現できるかは、ある程度判明している。したがって、遺伝子操作の知識があれば、上記のように答えることができるだろう。

　ただし受験生は、絶滅危惧種であるゾウから人工的に卵子を取り出した前例がないこと、またたとえ研究目的であっても絶滅危惧種を利用してよいのかといった倫理的な課題などについても触れなければならない。

　問題は2番目の問いである。映画『ジュラシックパーク』の示唆を思い出すこの問題を解答するには、様々な視点が考えられる。たとえば、

　①生命の進化やその歴史に対する価値

　②テクノロジーの進歩とそれに対する過信

　③生命倫理の問題

　④繁殖可能な母集団数

　⑤餌や施設など管理の問題

⑥他の生物の生命を操る権利

は押さえるべきポイントであり、いずれも「解」のない非認知的能力を問うものばかりだ。出題側は、受験生に今まで学んだことを想起させながら、それを手がかりに自分の意見を展開することを狙っている。どのようにこれが採点されているかは秘密事項だが、評価基準となるキーワードを元に、エビデンスによる受験生の論理が展開できているかを測るのは間違いない。

　試験終了後、大学入試資格試験評議会(Matriculation Examination Board)が示す評価基準に従って、まず高等学校の現場で一次採点が行われ、その後大学入試資格試験評議会の委員とサポート部隊で二次採点を行う。万が一、同一受験者に採点の差が出た場合は、三次採点で調整する。これらを約1ヶ月半という時間をかけて進めるのである。

　フィンランドが次世代を担う生徒や学生に、どのような資質や能力を求めているかがお分かりいただけただろうか。日本の入学者選抜ではほとんど問われてこなかった非認知的能力にまで踏み込んでいるのである。このような、新たな学びの展開が起きているのは、実はフィンランドだけではない。

4) 医学教育で発展した「コンピテンス基盤型教育」

　コンピテンスの醸成を教育課程に組み込んだ。「コンピテンス基盤型教育(Compe-tency-based Education)」は、1990年代から始まったアメリカの医学教育改革の中で発展した。そこには醸成すべき資質や能力、知識、スキル、態度を到達目標として設定して合理的、効率的に学習内容が整備されている。

　ヒトの解剖学だけでも覚える器官名は1万を超え、医学生はそれらを黙々と暗記していく。学習すべき情報量が膨大な医学領域で、必要な認知的能力を修得し、同時に

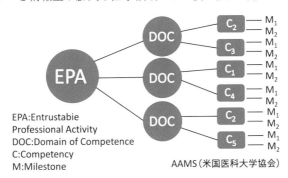

EPA:Entrustabie Professional Activity
DOC:Domain of Competence
C:Competency
M:Milestone

AAMS（米国医科大学協会）

図　コンピテンス基盤型医学教育の基本形

診察に必要な判断力やスキルを獲得しながら、いかに医師として必要な態度や人間性といった非認知的能力も育成していくかは、常に課題となっていた。

　1970年代では、ガレノス以降に体系化された解剖学や、旧来の内科学・外科学・細菌学などの個別の学問体系、専門診療の学問体系に密着したカリキュラム（主題中心型カリキュラム）の改善が行われ、新たに
・基礎から疾患まで臓器別にまとまったカリキュラム
・基礎と臨床医学により意味を持たせ、重要事項を強調したカリキュラム（コア・カリキュラム）
などが誕生した。それらは医学教育の主流となり、現在の北海道大学初年次教育のカリキュラムデザインにも及んでいる。
　しかし、先に記した課題の克服は一朝一夕には進まなかった。そこで医学領域に登場したのが、あらかじめ医師として醸成すべきコンピテンスを明らかにした（Hager & Gonczi, 1996）教育だった。それは、学びの目標を明確にし、それを合理的・効率的に習得できるように組み立てられたカリキュラムであった。それをもとに学習内容を配置し、何ができるようになったのかを合理的な評価を目指したのである。

　この改革を先導したのは、ブラウン大学医学部だった。基礎・臨床全ての教員が参加し、医師として必要な資質や能力を50以上リストアップしたうえで、以下の9つのコンピテンシーに集約した。
　1）効果的なコミュニケーション能力
　2）基本的臨床技術
　3）医学の実践における基礎科学の応用
　4）診断、マネージメント、予防
　5）生涯学習
　6）自己の自覚、自己のケア、人としての成長
　7）社会、地域におけるヘルスケア
　8）モラルによる理由づけと臨床倫理
　9）問題解決能力

　これによって、学習内容の初級・中級・上級レベルの資質や能力設定が容易になり、評価の信頼性や妥当性が担保されるようになった（田川まさみ・田邊政裕、2006）。
　この醸成すべき資質・能力の明示と、その評価が一体になったコンピテンス基盤型

教育は、現在世界の医学教育だけでなく歯学や獣医などの教育に、また他の医療系や一部工学系にも拡大している。

　これらの考え方は、2003年にOECD DeSeCo Projectが公開した「コンピテンシーの定義と選択：その理論的・概念的基礎」を発端に、初等中等教育課程にも浸透し、世界の教育課程改革にも大きな影響を与えているのである。

5）初等中等教育改革に影響を及ぼし続けているOECD

　初等中等教育界に浸透してきた「コンピテンシー」も、医学教育と同義で、
・ある特定の文脈における複雑な要求や課題に対して、内的リソースの結集を通して対応する能力(Rychen et al, 2003；立田慶裕ら、2006)」
・認知的スキルとメタ認知的スキル、知識と理解、対人的知的実践スキル、倫理的価値観のダイナミックな結合(OECD, 2016)
などと定義されている。

　要するに、知識、スキル、態度を包む、包括的かつ永続的な概念や実践力といえよう。2003年に明らかにされた「コンピテンシーの定義と選択：その理論的・概念的基礎」では、キー・コンピテンシー(Key Competency)として
　　1)社会・文化的、技術的ツールを相互作用的に活用する能力(個人と社会との相互関係)
　　　(言語、シンボル、テキストを相互作用的に活用する能力など)
　　2)多様な社会グループにおける人間関係形成能力(自己と他者との相互関係)
　　　(他人と円滑に人間関係を構築する能力など)
　　3)自律的に行動する能力(個人の自律性と主体性)
　　　(大局的に行動する能力)
という3つの包括的概念を具体的に明らかにした。これに先立って実施された国際学力調査であるPISA：Programme for International Student Assessment：ショック(OECD PISA2003の結果による)は世界に大きな影響を及ぼし、改革への引き金となった。

　その後、PISA2015では、協同問題解決能力を新たなコンピテンシーとして追加し、
　　1)理解の共有を確立し維持する力
　　2)問題を解決するために適切な行動を起こす力、
　　3)チームの組織を設営し、維持する力
の3つを設定した。

さらに 2015 年から始まった OECD Education2030 では、「生き延びる力」を新たなコンピテンシーと捉え

　1）新たな価値を創造する力、

　2）対立やジレンマに対処する力、

　3）責任ある行動をとる力

の 3 つを明らかにしながら、学びの過程を示したラーニングフレームワークを設定した。「生き延びる力」を構成する要素としては、具体的には創造性や知的好奇心、オープンマインドや協働力、自立とバランス感覚、メタ認知や自己効力、問題解決能力や責任感など認知スキルやメタ認知スキル（批判的思考、創造的思考力、学び方を学ぶ、ほか）を含んだ幅広いスキルが挙げられている。

　産業界や人事考課などの現場でも、人材マネージメント領域での力量、競争に打ち勝つ力、業務遂行能力などで、コンピテンスという言葉が広く浸透してきた。コンピテンスは Competition（競争）を語源する。1959 年に教育心理学者の White が「有能感」と紹介してから、広く認知されるようになった。

　学校教育にせよ、企業内教育にせよ、資質や能力の向上や人材育成は、一朝一夕にはいかない難しい問題である。OECD が敢えて教育を牽引しようとしているのはこのことによる。人材育成は種蒔きと同じで、時間と手間がかかる。その収穫に関しても、効率性や合理性が求められる。

　したがって、医学教育と同様に、あらかじめ国家や教育機関が学習者に対して求める資質や能力、知識やスキル、態度を具体的な到達目標として明らかにし設定する。その力が合理的効率的に育成できるように、従来の学習内容を再編成し評価の信頼性や妥当性を確保する教育は、理にかなったものと言えよう。

　DeSeCo Project のキー・コンピテンシー策定に携わった研究者達は、それぞれ母国に戻って、コンピテンス基盤型教育の設計を開始した。現在フランスやドイツ、オセアニアでは、初等中等教育から高等教育まで、求める資質や能力、態度やスキルなどを明らかにしながら、教育課程の再編成や学習指導、評価の改善といった改革を進めている（たとえば ACARA, 2013）。

　一方アメリカでは、日本でも知られているように、国民の幅広い素養の育成を主眼とした STEAM（Science, Technology, Engineering, Art and Mathematics）教育を進めているが、2013 年から次世代科学スタンダード（NGSS（Next Generation Science Standards）が始まった。NGSS は、科学の探究とエンジニアリングの活動をより重視した教育で、STEM 教育（STEAM ではない）を科学面から促進させるこ

とを狙っている。特に工学と科学を統合、数学と国語を連携させながら、Active な学びを通して学習者の問題解決を図り、実践(practice)を通して各教科を深く理解させることを目的としている。狙った資質や能力の育成と、学生らのコンピテンスの測定にまで踏み込んだ、新たな改革となっている(NGSS, 2013)。

　要するに、資質や能力の育成は世界各国の喫緊の課題なのだ。余談ではあるが、OECD DeSeCo Project の成果は初等中等教育だけでなく、その後の欧州のボローニャ・プロセスの最中にあった高等教育のチューニング・プロジェクトにも大きな影響を及ぼすこととなった(黄、2011)。

6) テンポが遅い日本の教育改革

　日本では、総合科学技術・イノベーション会議・基本計画専門調査会が、2011 年に、これから生徒や学生が具備すべき資質や能力を以下の表にまとめている。「解」のない世界での学びが今後不可欠であることが示された、従来ではなかった画期的な内容だ。

---

6. 基盤的な力の育成・強化
(1)科学技術イノベーション人材の育成・流動化
　1)主体的に行動する力、
　2)既存の枠組みにとらわれない自由で柔軟な発想による企画力、
　3)高度で学際的な知識と能力に基づく思考力、
　4)多様な人や組織との連携を可能にする交渉力・組織力、
　5)起業家(アントレプレナー)マインド
・初等中等教育段階から柔軟な思考や斬新な発想の重要性を意識した取り組みが必要
・デジタルデータを駆使した問題解決型の数理。情報教育の充実
・科学の意義を分かりやすく伝え興味を引き出す体験型プログラムの導入
・自ら課題を発見し学習する科学的アプローチの第一歩となる PBL の導入
・英語教育の充実
・アントレプレナー教育への取り組み

表　総合科学技術・イノベーション会議・基本計画専門調査会
第5期科学技術基本計画中間とりまとめより

　文部科学省も新学習指導要領を、より資質・能力の育成に視点を置いたものに改定しようとしてきた。育成すべき資質・能力などとして、1)問題解決能力、2)自然を愛

する心情、3)自然の事象・現象について実感を伴った理解、4)科学的な見方や考え方といった、過去の学習指導要領下で強調されてきた資質や能力のほかに、論理的思考力、コミュニケーション力、チーム・ワーク力、モチベーション、情動制御、メタ認知、批判的思考力などが検討されている(教育課程企画特別部会(2015)「特別部会第4回議事録」)。

しかし、2018、2019年に告示された新しい学習指導要領には、「教科などの目標や内容を見渡し、特に学習の基礎となる資質・能力(言語能力、情報活用能力、問題発見・解決能力等)や現代的な諸課題に対して求められる資質・能力の育成のためには教科等横断的な学習を充実する必要」、あるいは『知識の理解の質を高め資質・能力を育む「主体的・対話的で深い学び」』といった抽象的な記述が多い。「解」のない世界で、自己実現を目指すために求められる具体的な資質や能力については、後退した印象が否めない。

資質・能力の播種と育成を教育に求めるのであれば、復唱になるが、測定可能なコンピテンスの段階までコンピテンシーをブレーク・ダウンし、要素を明らかにしなければならない。それを基にすれば、時間数や単位数の枠組みを考慮し、合理的効率的な学習内容の配列を検討することができるからである。ひょっとすると「小学校6年からゲノム学習」といった発想も生まれてくるかもしれない。

初等中等教育や他の高等教育では、広くGeneralなコンピテンシーも求められる。その育成についての議論は国内ではほとんど進んでいない。本書は、大学初年次教育におけるコンピテンス基盤型教育のあり方について、1つのプロトタイプを示したものなのである。

第5章

「蛙学」のコンセプトは、「子育て」や「企業の人材育成」にも生かせるのか?

噂で聞いていたよりも、すごく作業量が多く、先生が求めるものもレベルが高かった。色々な作業を通して、何かに集中して1つのものをつくりあげるということの大切さがわかった気がする。グループでの作業が多かったので、みんなで都合を合わせたり、団結して作業することは非常に難しいと感じたが、この力は将来、社会に出てからも絶対に必要な力だと思う。

自分から何かをやる姿勢は、社会では必要でも学校ではきっと教えてくれないと思います。それを身につける機会（というかきっかけ）をこんな早期に与えてくれるこの授業は、とてもやりがいがあり、ためになったと思います。

ただカエルの授業をするだけではなく、本質は生徒をきたえるための授業だということがわかります。その意味でも他に類を見ない授業だと思いました。何より、発表でよその班の頑張りが見られて、それと自分とを比較することで自分を見直せたと思います。自分が発表する前とした後で、他の班の発表の裏に隠された努力が見えるようにもなりました。5～6人で協力して一つの事を成し遂げるのも良い経験でした。

ここでは少し視点を変えて、子育てや企業の人材育成に対して「蛙学への招待」のような取り組みが適用できるか考えてみたい。度重なる COVID-19 感染拡大以降、ハイブリット教育が広がり、「蛙学」のような直接体験が中々難しい場面も多いと思うが、基本は同じであろう。

　コンピテンスの醸成や企業が求める人材の育成は、一朝一夕には行かない中々難しいものである。特に「三つ子の魂百までも」に形容されるように、幼少期にどのようなホンモノとの直接体験を重ね日々を過ごすかがとても重要なことは知られている。
　「蛙学への招待」は、創造性や独創性の基礎となる「正確にものを捉える力」や「こだわって対象物を見る力」をはじめ、「必要な Evidence を収集できる力」や「集めた Evidence を適切に処理できる力」の育成を目指したものであることは、すでに記してきた。実は、さらに欲張ること「Evidence を元に論理を組み立てる力（批判的思考力を含む）」や「自分の思考や行為を振り返る力（メタ認知）」、「自己効力（ボクにもできるという自信や信念：学ぶ意欲のこと）」や「チーム・ワーク力」、そして「生命への畏敬の念」といった非認知的能力の種播きもねらっていた。これらは、発達段階の早い時期にねらうとより効果的であることが、近年の才能教育などの研究でも明らかになっている。
　一方、企業の人材育成でどのようなコンピテンスを求め伸ばすかは、業種や職種によって異なる。しかし、メタ認知を含んだ問題解決能力や、そこで発揮されるリーダーシップ力、チーム・ワーク力といった非認知的能力は、社会の最前線で戦う企業人に共通する必須の力といえよう。これらを育成するには、意図的かつ合理的な方法を準備する必要がある。

1）非認知的能力の育成が示すもの—自制心の有無が将来を予測する—

　ノーベル経済学賞を受賞したジェームズ・J ヘックマン（James Joseph Heckman）は、子育ての早い段階、つまり幼児期から小学校の低学年までに非認知的能力の育成に力を注ぐ方が、経済面からの教育的効果が高いことを明らかにした。たとえばフィンランドの国家教育委員会（日本の文部科学省に近い）はこの考えに基づき、児童や生徒のコンピテンスの育成のため、一時期小学校 2 年生までの間に潤沢な教育資金を教育現場に投入していた（財政に余裕があった時代）。それによって教員を余分に配置できるようになり、90 年代末以降の、児童の習熟度に合わせた少人数教育やグループ学習に結びついたのだ。
　数学や国語（英語を含む）といったいわゆる学力が、将来の個人の成功を予測するこ

とは、かねてから指摘されてきた。読み書き算数と言った認知的能力が全ての基本だという考えは、長く家庭や学校で支持された。勉強ができ入試を突破してきた人が、より高い収入や社会的地位を得ている場合が多いことは、確かに一つの事実であろう。

しかし近年、将来の成功を予測するのは、これらの認知的能力ではなく、非認知的能力であることが、様々な場面で指摘されるようになってきた。それを明らかにした一つが、ウォルター・ミシェル（Walter Mischel）が約30年に渡って行った幼児の自制心についての追跡調査である。

1970年、ミシェルはスタンフォード大学附属幼稚園の4歳児186人に「マシュマロテスト」を実施。これは、幼児を一人ずつ、机と椅子だけの部屋に呼び、目の前にマシュマロを一つ置いて「それあげるよ。でも今から先生は15分間いなくなるけど、食べずに我慢したらもう一つあげるからね」といって退出し、隠しカメラでその後の行動を調べるというものである。幼児はマシュマロをつついたり、臭いをかいだり、見ないように顔を手で覆うなど、様々な反応を示した。マシュマロを食べてしまったのは、つついたり触ったりしていた幼児で、我慢して2個目をゲットできたのは、顔を手で覆ったり、後ろを向いたりと、注意をそらそうとした幼児だった。それは全体の1/3という結果だった。

このマシュマロを食べたグループと我慢したグループの2つについて、さらに長期の追跡調査を行ったところ、14年後のSAT（米国の大学進学適正試験）の成績の合計スコアが両群の間で210点以上開く、という有意な差が認められた。我慢したグループでは、幼児期の自制心も依然として継続されていることも明らかになった。つまり幼児期においては、知能指数よりも自分をコントロールできるという自制心を持つ方が、SATのような認知的能力やその後の成功を予測する可能性を高いことがわかったのである。

さらに15年後に追跡調査を行ったところ、マシュマロを我慢したグループは、周囲の人物評価が依然として有意に高いことも実証された。要するに「我慢できる子」は、将来成功する確率が高いということも明らかになった。

マシュマロテストに関しては、近年様々な指摘も見られるが、非認知的能力の意味を考える上で、またマシュマロという目の前の刺激を回避するために幼児が様々な行動をとったという点でも、大変興味深い知見を私たちに提供している。

2) 幼児期の集中力の育成が様々な非認知的能力の育成に飛び火する

では、子育て時代の幼児や子どもたちには、どのような非認知的能力の育成が必要なのだろうか？それは人それぞれの価値観に依存し、一概にこれだということはでき

ない。

　しかし、長年生徒や学生を見てきた経験から、私はその一つに「集中力」があると考えている。集中できること熱中できることは、全ての学びの土台だからだ。

　たとえば、系統解剖のときに蛙学生が見せる集中力は、半端なものではない。彼らは文字通り、吸い取り紙になって実習に取り組んでいる。もちろん彼らはもとから優秀な学生ではあるが、ただ「やれ」と言うだけでは、そのような状況は望めない。本書で示したような事前指導を入念に行い、心技体知を充実させ、解剖という素材を教材化したうえで解放することによって、6時間黙々と遂行できる集中力が発揮するようになるのだ。

　では、どうすれば集中力を養うことができるのか。まだ幼い幼児や子どもたちに、何をすればよいのだろうか。

　私自身を例に挙げてみよう。実は、私は幼少頃大変落ち着きがなく、いたずらばかりして周囲に散々迷惑をかけていたらしい。悲観した両親は、どのようにすれば集中できるようになるかを色々調べたあげく、音楽に誘導することを思いついたという。楽器に触れ、音を出すという行為を通して音楽と向き合うことによって、集中できる心を育成したかったのだろう。だが親の思いとは裏腹に、私は常に逃げ回っていた。そもそも勉強や練習など大っ嫌いだったからだ。しかし私の弱点を見透かしていた母親は、毎回練習後に美味しい菓子パン（今のチョココルネ好きはここからか？）を用意し、背中を押していた。食いしん坊な私はそれにつられ、嫌々ながら徐々に音楽と向き合うことになっていった。現在、芸術に強い関心を持っていることや、集中していると研究室に人が入ってきても全く気づかないことを考えると、両親の目論みは50年の時を経てどうやら芽吹いたようだ。それは感謝しかない。

　素材は、絵画でもお菓子作りでも将棋でもサッカーでも良いのだ。大事なのは、一つの素材を通して好きなことにのめりこめる手立てや仕掛けを施すこと、そしてそれを子どもに徹底することだ。素材は何でもいい…といっても、なかなか食いつかないのが最近の子どもたち。逆手にとられてしまった私のように、あまり迎合することなく様々な飴と鞭を使い分ける仕掛けが鍵となる。

　その際特に大事なのが、小さな成功体験が体験できるような状況を作り、うまくいったときはタイミングを見て褒めちぎることだ。これによって「ボクにもできるかもしれない」という、学びへの自信や信念（自己効力：Self-Efficacy）が醸成されていくからである。この自信が機能の転移を起こし次の学びの原動力となる。幼児や子ども

たちが集中できるようになっていくことは、学習心理学でも広く知られていることだ。

　幼児や子どもたちをその気にさせる工夫も有効だ。集中力を育成するだけでなく、ウォルター・ミシェルが調査した自制心の育成にも繋がると考えられる。親は焦らず、まずはじっくりモニタリングしながら取り組むことが大切だろう。

3）「正確に対象物をとらえる力」は
問題解決能力や独創性を生み出す基礎となる

　正確にものを見る力やそこにこだわることができる力も、幼児や子どもたちに育んでもらいたい力である。これらは、独創性や創造性、また問題解決の情報収集能力や情報処理能力の基礎となるからである。

　音楽や絵画という芸術分野の学びは、様々な副産物を生み出す。たとえば音を出すためには、五線譜に書かれている様々な記号を正確に読み取り、指板や鍵盤に落とし込んでいかなくてはならない。閑話休題の「新たな知を生み出す「正確に対象物を捉える力」」でも触れたが、フレットのない弦楽器は、指板を押さえる指のポジショニングの精度で音程が決まる。このトレーニングは、対象物を正確性にとらえ、かつこだわる力の育成に繋がる。

　一見ジャンルが異なる芸術領域で育成される力も実は機能の転移を起こし、例えば研究にみられるデータの揺らぎを見抜いたり、測定誤差に着目する力に繋がっていく。ノーベル化学賞を受賞された故・下村脩先生は、流しに放棄した蛍光タンパク質GFPの発色に違和感を感じ、次の研究の扉を開いた。その鋭い感覚。それは、社会に巻き起こる様々な事から真実を見抜く力にも繋がっていく。自らが、こだわった色使いや筆致に執着できるようになればしめたもの。まずは焦らず、子どもの様子をじっくりモニタリングしてみてはいかがだろうか。

4）センスを磨くことも大切

　研究や問題解決に必要な力に、「センス」がある。前述した下村先生の「鋭い感覚」といってもよい。その醸成には、ホンモノとの直接体験が極めて有効だ。そこには、自然や科学、社会との直接体験だけでなく、音楽や絵画といった芸術分野の学びも含まれる。

　「蛙学への招待」での徹底したホンモノとの学びには、得られる圧倒的な情報の量と異次元の情報の質を体験することにねらいがある。その質の中にセンスがある。ホンモノを目にし、手にし、耳にして感動する。全身の五感を総動員して、小川のせせらぎや野山の風の音を肌で体感する。それらによって入力される情報が二重三重に符

号化され、知のネットワークが作られていく。

　幼児や子どもたちが、そのような機会をたくさん享受できることは、極めて重要だ。大人にはわからないが、子どもたちは音や色、匂いや手触りを通して彼らなりに何かを感じている。ぜひその機会を多くし、彼らの心を揺さぶるとよい。その潤沢さが、やがてホンモノを見抜くセンスに繋がっていくからだ。

　ホンモノとの直接体験は、新たな知的好奇心や疑問も生み出す。子どもたちの感覚が、大人が思っているより遙かに鋭敏であることも、忘れてはならない。

5）小さな成功体験から「自信」の萌芽を

　「ボクにもできるかもしれない」という学びへの自信や信念は、とても重要である。すでに触れたが、この非認知的能力を幼児や子どもたちに育成することが、後の学ぶ意欲につながっていく。

　この力を育むには様々な方法がある。たとえば週に１回家の食事の準備や洗濯、あるいは掃除などをすべて子どもに任せてしまう。発達段階に応じて、準備には手立てが必要だが、原則本人にすべて任せてしまうのだ。レシピや手順などは、私もよく参考にするが YouTube で十分対応できる。食材の準備まで本人に考えさせるとよい。小さな成功体験をねらうのである。

　子どもたちは、きっと一生懸命お母さんやお父さんのために食事を作ろうとするだろう。でもどんな凄いおかずが出てきても、驚いたりしてはいけない。たとえ不味くても、それを口にするとアウトだ。

　やり抜いたことに対して、たくさん褒めてあげる。その親の言葉によって、「ひょっとしてボクは役に立つのかもしれない」「私にもできるかもしれない」という自信や信念が芽生えてくる。これがやがて機能の転移を起こし、「勉強もできるかもしれない」という気持ちに変化していくことが多い。

6）思いやりや「命の大切さ」の育成を

　人を思いやる心や生命への畏敬の念も、幼児や子どもたちに醸成させたいコンピテンスである。ホンモノとの直接体験が、やはりここでも大切だ。人を思いやる心は、家族との間で醸成される場合が多い。特に親の姿勢が重要だ。子どもはよく見ているので、態度や発言などには注意が必要である。電車の中で老人に席を譲るなど、子どもの目の前でさりげなく手本を見せることも大切だ。

　生命への畏敬の念を抱くことは特に重要だ。自然との直接体験を多くし、その巧みさを実感できる機会を増やすことがまず前提となる。私は、長男や長女が小学生のと

きは、終業式を待たずに捕虫網と三角紙、虫や植物の検索図鑑を担いで山に入った。もちろん学校には内緒だ。様々なキャンプ地を転々としながら家族で蝶を求めて旅をした。昆虫の標本作りも徹底した。「かわいそうだ」と泣きながら冷却したオオムラサキの胸部を圧迫していた長男の姿が懐かしい。

　中学生のときは休日勤務校に呼び寄せて、蛙学と同様の解剖を行った。学校で教材として実施していたウニの発生を自宅に持ち込み、3人で受精膜が上がる瞬間を深夜遅くまで観察した。また早春や夏に尾瀬に連れ出し、大きな自然との直接体験も行った。彼らが成人後に会話していた生命に関する内容を耳にした時には驚いた。二人ともバランスのとれた生命観を具備していたのである。

　また、人の生命そのものを実感できる場面は特に大切だ。たとえば仲の良かった祖父や祖母の臨終に立ち会うことは、命の大切さを感じる上でとても重要な体験となることも間違いない。

7）「あの授業だけは取るな！」は企業の RJP と同じ

　「子育て」から「企業の人材育成」に話をシフトしよう。

　「蛙学への招待」ではまず、受講が決まる前にさまざまな情報（たとえば、「あの授業だけはとるな！」「あの授業はヤバい！」）が流れており、学生はそれを取捨選択して抽選に応募する。以前は掲示板に、履修に向けての正確な情報も流していた。この「お見合い」が極めて重要だ。企業の人材採用で知られているジョン・ワナウスのRJP の理論（Realistic Job Preview）と一緒である。

　これによって、セルフスクリーニング効果（この授業は自分に向いていると思う）、コミットメント効果（たとえ授業が困難でもやり遂げたい）、ワクチン効果（授業抽選の当選後の失望感を減少させる）、役割明確化効果（蛙学が何を期待しているかを明確化することによる満足感や意欲の向上）などの効果が事前に発揮され、学生との共通理解ができた比較的よい関係から授業をスタートすることができる。私が企業に入社した当初、人事課下に配属になったとき、部長が「ここでミスマッチングが起こると、その後の人材育成がうまく進まず思わぬ損失を招く」とよく言っていた。たぶん私のことを言っていたのだろう。

8）OJT の4つの手順、3つの原則は「蛙学」のノウハウそのもの

　企業の人材育成には、OJT（On the Job Training）や OFF-JT（OFF the Job Training）、自己啓発のような狭義のものと、人事評価やジョブローテーション制度、目標管理制度など広義のものがある。「蛙学」で用いられている様々な手法は、

狭義の OJT にフィットする。いずれも復唱になるので、簡単に順を追って説明する。

　OJT とは、文字どおり実際の職場の中で、その仕事をしながら学ぶ訓練のこと。効率的・合理的に仕事を覚えることができるだけでなく、自分を客観的に理解することにもつながる。OJT には、4 つの手順(Show、Tell、Do、Check)があるといわれている。以下に簡単に説明する。

　まず「Show」は、学びの全体像が把握できるようにすること。ただ話をするだけでなく、具体的なイメージを持ってもらえるように、過去の作品や作業過程の映像などを見せることが大切だ。たとえば蛙学の場合、ドライ・ラボでは実際に私が色鉛筆を使って着色を個別指導して見せることがある。また、学生授業のイメージを持ってもらうため、過去のベスト授業の DVD を用意して学生たちに見てもらい、イメージを膨らませてもらう。ただ、さじ加減が重要で、映像の情報にあまり引っ張られないことを伝えるのもポイントである。

　「Tell」とは、蛙学でいえば系統解剖や学生授業の目的や教育的意味、またそれを導入した背景について、学生とのインタラクティブな会話を通して説明することだ。企業でも同様に、インタラクティブな会話から、業務の目的をより明確で具体的なわかりやすい形で本人に落とし込むことができる。蛙学では、履修希望者全員が集まる一時間目に、シラバスを使って授業目的を解説する。これは前述した RJP に近い機能ともいえる。

　「Do」は、各ミッションを実行すること。蛙学では 90 秒スピーチや 30 分の学生授業がこれにあたる。ここで重要なのは、Do の目標が達成可能であること、また作業に時間的制限があること。特に後者は重要で、限られた時間内で結果を出していくことは、あらゆる場面で求められる。

　OJT というとよく主催者側が「実践的に学ぶもの」と思い込み、つい参加者に任せっきりになる場合が多くみられるが、重要なことの一つにモニタリングがある。たとえば誰がどの場面でリーダーシップを発揮しているか、そのリーダーシップの質は協調型かサーバント型か、全体のサポートは誰が行っており作業の手を抜いているのは誰か、といった個々の動きをしっかり把握し、後の個人へのフィードバックに用いる情報を把握することが大切だ。蛙学はまさにその連続である。モニタリングによって、参加者や主催者側の様々な問題も見つかってくる。

　「Check」とは、ここまでの評価のこと。言い忘れたことや達成できなかったことを明らかにし、細かく各自にフィードバックしていく。OJT 全体の成果を把握し、それをもとに次の作戦を練る。蛙学の場合は、系統解剖に向かう段階で器官名や剖出

手技のチェックなど様々な関門があり、そこで不足するものをすぐに改善するよう個別に働きかける。また、学生授業では、本番の前に数度のリハーサルがあり、TAらの鋭い指摘をフィードバックしながら、学生は何度も授業の内容や授業設計のプロセスに修正をかけていく。

OJT は、蛙学の学びのノウハウがそのまま当てはまるものと言えよう。講義・講演形式の研修は一方的な情報提示の場合が多く、その場では「わかったつもり」になっても、結局長く頭に残らない非効率なことが多いのである。

また、OJT には 3 つの原則があるといわれている。「意図的」、「計画的」、「継続的」がそれだ。

最初の「意図的」とは、どのような意図をもってそれらが遂行されているのかを、しっかり参加者が認識すること。蛙学の学びも一緒で、90 秒スピーチにせよ学生授業にせよ、常に意図的に目的を学生に認識させている。

当たり前のようだが、「計画的」であることもとても重要だ。蛙学では Phase1 から Phase3 まで、目的とするコンピテンスの種播きを進めるために、意図を持った計画が練られている。企業の人材育成でも同じで、しっかりした目標を設定し、それを達成すべくタイトな計画とコンテンツを練ったうえでトレーニングすることではじめて、OJT の威力が発揮される。

そしてそれらが「継続的」に行われることが重要だ。一度だけのトレーニングでは「分かったつもり」で終わってしまう。それを避けるには、体験的なテーマに基づくトレーニングを複数回、しかも段階的にレベル設定して行くと、得られる効果が高くなる。蛙学の場合は、Phase1 での 90 秒スピーチ、Phase2 での系統解剖、Phase3 での学生授業といった難易度の異なる 3 段階の学びをスパイラル型に配置しており、目標達成のための継続的な学びになるよう設計されているのは周知の通りだ。

9) OJT を有効に機能させるには何が必要か

これらの 4 つの手順と 3 つの原則を守ることによって、企業研修自体の質が保たれる。OJT は、実際の仕事を通して様々なことが体験的に学べるのがよいところだ。また、グループを設定して進める場合が多いことから、属性をバラバラにしたグループで取り組む蛙学のように、強固な人間関係が生まれることもある。互いの個性を受け入れるといった、土壌を養う上でも効果がある。

OJT の難点は、担当者の負担が大きいことだろう。特に指導する側の能力に依存する場面があり、先に記した 4 つの手順の Tell や Check については、ばらつきが出やすいといわれている。教育にある程度慣れていれば問題はないが、企業研修の場合

は、現場の方が担当することも多い。その場合は、Tell や Check で想定されること
をマニュアル化して事前に研修を受けていただいたり、担当者の人事考課へ適用した
りするなどの工夫が必要である。

　また、担当者が指導する側の人材として適しているかを見極めることも重要だ。か
くいう私は、毎年夏に授業が終わるたびに、TA に「今年で終わり」と無責任なこと
を口にしていた。それほど負担が多いものである。ルーティン化できるものは、あら
かじめやっておくとよいだろう。

　OJT と蛙学で違うのは、企業研修では毎週時間が確保することが難しく、進行が
不連続になり、継続的かつ体系的に学ぶのが困難なところである。したがって全体の
デザインは大変だ。この弱点を克服するには、例えば IT を用いてオンデマンドで仮
想の OJT などが体験できるようにすれば、ある程度サポートすることが可能だろ
う。これらが機能すると、次に活用できる生きた経験値も得ることができる。

　小さな成功体験が得られる場面を準備し、それに対してほめることも、OJT を効
果的にする上で重要だ。そのことによって「俺にもできるかもしれない」という自己
効力、すなわちモチベーションが高まっていく。それにはやはりモニタリングが大切
だ。ワークショップ用いた代理経験の機会を多くし、自己効力を強化する。「その調
子！」などの言語的支援も積極的に用いるとよい。質問もネガティブなものにならぬ
よう、「それは何？」「それを生かすにはどうしたらいいの？」といったオープン・ク
エッションも有効だ。

　時にはすべて本人らに任せ、遠くからその様子をモニタリングし、アドバイスは最
小限にとどめることも効果がある。その場合は絶えず、課題の把握と進捗状況の振り
返りを求めていく。時間管理をしっかりし、短時間のプレゼンをしながら双方向の
ディスカッションを繰り返す。出てきた成果については、管理側が責任をとり、励ま
しのコメントを忘れない。これらのことによって、OJT はさらに充実したものとな
る。

　要するに、蛙学とまったく同じなのである。

第6章

学生はどのように
「蛙学」を見ていたのか

この授業を受けたいと思ったのは、先輩から"人間的にも勉強になるから受けるといいよ"と言われたのがきっかけだった。正直、自分達の授業の前の週なんかは特にきつくて、"ああ、やっぱり受講しなければよかったかなぁ〜！？"なんて考えが頭をよぎることもあった。しかし、自分達の授業を終え、今に至って振り返ってみると、得たものはかなり多い。自分でわかるだけでも多いということは、自分で気づいていないレベルでも収穫が多いということだろう。

「北大一厳しい授業」であるのは疑いない。しかし、ただ厳しいのではない。やればやっただけのものが、自分のもとにかえってくる。そんな授業だと思う。たぶん、これからの学生生活でこんな経験をできるものはないだろう。覚悟があるのなら絶対にとるべきだと思う。ここまで濃い生活は、他では恐らく味わえないだろうから。

この授業で、自分の能力ってけっこう無限かも！と思えるようになりました。本当にありがとうございました。

本書の最後は、「蛙学への招待」の教育的効果の有無について問うことにする。

　本来、それを示すのであれば、まず短期・長期の評価全体のグランドデザインを示す必要がある。短期であれば、すでに示したドライ・ラボや系統解剖で用いた評価基準に基づく評価を用いれば、接点での教育的効果の測定が可能だ。それは学生の総括的評価(成績)として残してきた。

　一方、本授業はコンピテンスの「種播き」を目標とすることを標榜している以上、長いスパンでの教育的効果がわかる質的情報が必要となる。19年20回に渡るこの「ヤバい授業」を通して彼らが何を得たのか、現在どのような分野で活躍し、どのような問題と直面し立ち向かっているのか、これらの情報を集めることが必要であろう。それによって、本当に播いた種の芽が出ているのかが、ある程度推察できるからだ。

　できなければ、本授業の存在価値はない訳である。

　そこで、歴代の蛙学OB/OG計10名に、多忙な中自由に執筆してもらうことにした。たかが初年次教育の16回である。その後の学部教育や大学院教育での教育効果の方が遥かに高く、影響も大きく貴重である。そのパラメーターを差し引きながら、彼らがどのように育ちつつあるかを推察いただきたい。

1)「勉強」から「学問」へ　―アフリカでのウイルス研究―

第3期　梶原将大
（北海道大学人獣共通感染症国際共同研究所国際展開推進部門 准教授）

新米ウイルス学者、アフリカへ

　私は2003年に蛙学を受講した第3期生だ。あれからすでに21年も経っているという事実に、驚きを禁じ得ない。

　蛙学受講から6年後の2009年に北海道大学の獣医学部を卒業した私は、人獣共通感染症リサーチセンターの博士課程に進学。現在は、同人獣共通感染症国際共同研究所国際展開推進部門で准教授を務めている。

　「人獣共通感染症」とは、ヒトおよび動物の両方に感染する病原体によって生じる感染症の総称だ。エボラ出血熱、鳥インフルエンザ、狂犬病などなど、世界中で問題となっている感染症の多くが、このカテゴリーに含まれる。

　本稿執筆現在(2020年4月)、新型コロナウイルスによる感染症であるCOVID-19

が世界的に大流行している。出口の見えない COVID-19 との戦いに、世界中が不安に包まれている。

　新型コロナウイルスはどこからやってきたのか？その詳細はまだ明らかではないが、どうやらコウモリが保有するコロナウイルスが起源であり、直接あるいは他の動物を介して人間社会に侵入したようだ。世界中で確認されている患者の感染経路をどんどん上流に辿っていけば、最初に何らかの動物からウイルスをもらった人物に行き着くはずだ。それがいつ、どこでだったのか、今のところは知る由もないが、たった一度の動物からヒトへのウイルスの伝播が世界的な大流行に発展し得るのだ。

　2013 年に博士号を取得した私は、新米ウイルス学者としてアフリカのザンビア共和国へ飛び立った。人獣共通感染症リサーチセンターが実施するプロジェクトに、現地駐在員として参加するためだ。

　プロジェクトのミッションは 2 つ。1 つ目はウイルスによる人獣共通感染症の研究をすること。後発開発途上国に分類されるザンビアの保健サービスの質は、お世辞にも高いとは言えず、国内で発生している感染症の実態は正確に把握できていない。ザンビアにはどんなウイルスが存在するのか？もしかすると、未だ世に知られていないウイルスが人獣共通感染症を引き起こしているかもしれない。既知あるいは未知のウイルスが、人々あるいは動物たちにとってどの程度の脅威となるのか、明らかにする必要がある。

　2 つ目は、ザンビア人との共同研究を通して、現地にウイルス学研究ができる体制をソフト・ハード両面で整備すること。エボラ出血熱のような重篤な感染症がザンビアで発生した際、感染症の制圧に貢献できる人材と組織を育てる必要がある。この 2 つのミッションを胸に、私は 2018 年のプロジェクト終了までの 5 年間をザンビアで過ごした。

ザンビアでのウイルス研究

　私が主に活動していたのは、ザンビアの首都・ルサカにあるザンビア大学獣医学部。実はこの獣医学部、北海道大学とかなり関係が深い。ザンビア大学獣医学部は日本の協力により 1983 年にその産声を上げたのだが、立ち上げ直後から獣医学教育のために多くの北大教員が同獣医学部に送り込まれている。北海道大学とザンビア大学は、以降 37 年に渡り教育・研究における協力関係を維持している。

　予算の乏しい同学部は、ウイルス学に必要な資機材をほぼ持っていなかったため、

赴任から１年は実験室の整備に明け暮れた。インフラが充実していないこの国では、停電・断水・雨漏りなど様々なトラブルが発生する。専門的な実験機器のメンテナンスを請け負う業者はなく、研究室で発生するトラブルは全て自力で解決する。

　整備が完了してやっと、ウイルス研究に本腰を入れることができるようになった。月に２回程度フィールドに出る。インフルエンザウイルスの研究では、国立公園の満天の星空のもとキャンプを張り、早朝の冷たい空気の中、湿地帯で水鳥の糞を集める。エボラウイルスの研究では、オーバーオール、手袋、長靴、フルフェイスマスクで完全防備し、コウモリを求めて各地の洞窟を探検して回った。自分の足で集めた検体を持ち帰り、人獣共通感染症を起こし得るウイルスの存在を突きとめるのだ。

　研究の道は平坦ではない。ターゲットとするウイルスがいつどこにいるのか？まずは過去の膨大なデータから、価値があると思われる情報を抽出し、仮説を立てる。次に実験や観察を通して仮説が正しいか検証するのだが、自分の思い通りに行くことはほとんどない。何が問題だったのかを反省し、また新たな仮説を立て検証する。これを延々と繰り返す。

　思わしい結果が出るまで数年を費やすことはざらである。何が面白いのだ、と言われてしまいそうだが、根気強く研究した甲斐あって、ヒトに致死的な病気を起こすマールブルグウイルスや、クリミア・コンゴ出血熱ウイルスがザンビアにも存在することを証明することができた。また、複数の新種のウイルスを発見することができた。研究によりウイルスの正体を突き止める瞬間の、ワクワク感は何ものにも代え難い。

　我々のプロジェクトが俄かに注目を集め始めたのは 2014 年。その頃、西アフリカで発生したエボラ出血熱の流行が拡大の一途を辿っていた。WHO が「国際的に懸念される公衆衛生上の緊急事態」であると宣言した２日後、ザンビアでもエボラ出血熱"疑い"患者が発生したのだ。

　ザンビア政府は、ザンビア大学獣医学部をエボラ出血熱診断における唯一の公的機関に指定した。これは、同国で発生する全ての疑い症例の実験室診断が、我々のプロジェクトに一任されたことを意味する。

　エボラ出血熱に効果的な治療法はなく、患者を隔離して一刻も早く封じ込めを図る以外に、被害を最小に留める

Zambia 大学でウイルスの増殖を確認中
共同研究者の Chambaro 氏(右)と私(左)

手だてはない。そのためには、迅速かつ正確に診断を下すことが非常に重要であり、我々には大きな責任がのしかかった。その後、延べ19件のエボラ出血熱疑い患者検体が、私の滞在中に運び込まれた。幸いなことにいずれの疑い患者も検査は陰性。西アフリカからザンビアへとエボラ出血熱が持ち込まれることはなかった。

　当初は検査に必要な全ての作業を私が担当していたが、今ではザンビア人研究者のみで検査ができるようになっている。目を見張る成長だ。そして、現在エボラ診断で共に汗を流した仲間たちが、ザンビアにおけるCOVID-19検査でも奮迅の活躍を見せている。

　そんな彼らが「お前は今も私達の仲間だ」と言ってくれている。今この瞬間、彼らと一緒にいられないことが非常にもどかしいが、素晴らしい仲間に巡り会えたことに心から感謝している。

蛙学との出会い

　私と蛙学との出会いは偶然だった。

　北海道大学に入学したての4月、新入生は時間割表・シラバスと睨めっこしながら受講計画を立てる。ほとんどの講義は、第一回目にガイダンスを行う。新入生は興味を持った授業のガイダンスを聞きにいき、履修するかどうか決める。

　当初、「蛙学への招待」は私にとって、全くノーマークの講義だった。むしろその時間は空きコマにしようと思っていた。すると偶然、ガイダンスの開始を待つ新入生で溢れかえる講義室を発見した。そう、その講義室こそが北大屈指の人気授業である「蛙学への招待」のガイダンス会場だったのだ。

　どんなもんかと興味を持った私は、空きのあった後方席に陣取った。21年も前のことで内容はあまり覚えていないが、大いに衝撃を受けた記憶は残っている。担当教官の眼光はギラリと鋭く、話す内容にも曖昧な表現がなく、簡潔かつ力強い。

　学生に媚びる様子は微塵も感じなかった。「やる気のない奴は履修しないでくれ」「かなり厳しい到達目標を設定する」「その代わり半年後には必ず何かを得ているはずだ」といった内容だったと思う。

　厳しさゆえにクールな印象を与える教官であったが、隠しきれないパッションが内側からにじみ出ており、しかし話す言葉は耳に優しい。「あ、この講義は受けなければならない」そう直感した当時の私は、受講希望票に自分の名前を記入していた。

「蛙学」が私にもたらしたもの

　ガイダンスでの宣言通り、「蛙学への招待」で要求される勉強量は多く、到達目標

はあり得ないくらい高かった。徹夜だって何度もした。しかしなぜだろう、苦しかった印象はほとんど残っていない。

　端的に表現すると、当時は「蛙学への招待」に熱中していたのだろう。鈴木先生は当たり障りのないことは言わず、ガンガン自分の要求を学生に投げかける。そして学生一人一人の内面にも、ズカズカと侵入してくる。それを許して余りあるエネルギーを、先生自身が我々学生に投入していることが伝わってくる。

　先生の辞書には「妥協」という言葉が存在しないのだろう。毎週毎週、切るか切られるかの真剣勝負を迫られているような講義だった。鈴木先生の本気に呼応するように、学生はさらに本気度を上げる。熱中した学生同士はチームメイトとして協力しつつも、ライバルにもなる。お互い刺激しながら、最終講義という目標に向けて半年を過ごす。

　鈴木先生が見せる、相手のことを思い本気でぶつかるスタイルは、私がザンビアでプロジェクトを進める上で大いに参考にさせてもらった。相手の信頼を勝ち取るために、自分の熱意を示すことは100の言葉より効果的だった。

　蛙学を通して最も鮮明になったのは、大学入試までにしてきた「勉強」と、大学で修める「学問」は異なるということだ。蛙学のクライマックスはなんといっても終盤の学生授業で、私たちの班は蛙と文化の関係をテーマに取り上げた。今でこそ、ああしておけばこうしておけば、という反省ばかり頭をもたげるが、拙いながらも既存の知識に基づきグループ独自のコンセプトの提案を目指した。

　研究者になった今だからわかるが、これは研究と全く同じアプローチだ。「勉強」が解のある問いに対して適切な解を導き出すトレーニングと定義するなら、「学問」とは解がない問いに対して新たな答えを導き出す、創造的かつ挑戦的な営みである。

　蛙学への"招待"とはよく名づけたもので、1年次前半に学問の世界へと"招待"してもらえた私は本当に幸運だったと思う。蛙学で植えつけられた学問的思考方法が、その後の学生生活を送る上で大きな違いを生み出した。現在、研究者の道を歩んでいるのも、蛙学を受講したことと決して無関係ではないだろう。

「学問」を選択しない学生達

　かつては教わる側だった私も、今は北大の教員となり、教育について考える側の人間になった。今でもたまに鈴木先生から声をかけていただき、「『研究とは何か?』蛙学の学生たちに話をしてやってくれ」とのありがたい依頼を受ける。

　私は、研究とは、実験、観察、調査などにより手に入れた事実を既存の知識と統合

して考察し、新たな法則、コンセプト、アイディアを見出す知的開拓であると考える。事実と考察を足がかりに、人類未踏の知的空白領域へと飛び出す行為とも言い換えられるかもしれない。

　さらにいうと、研究により新たな「知」を発掘し、人類が有する知的財産に利用可能な形で統合する一連の営みこそが学問であると思っている。学生が卒業後に進む分野は様々だが、解のない世界に投げ出される彼らにとって、学問的思考法を修得することが有益であることは明らかだ。

　学生のほとんどは、1、2年と大学生活を送るうち、部活、サークル、バイトなどに費やすエネルギーの割合が多くなる傾向にある。誤解がないように言っておくが、そのような学生達はけしからんと言いたいわけではない。それらからしか学べないことも多くあるだろうし、何より彼らにとって、それが学問よりも価値のあることなのだ。

　大学教員の1人として自戒を込めて記しておくが、これは学問を担う大学の敗北に他ならない。学生の本分という圧倒的優位な地位にありながら、大学は彼らに学問の魅力、有用性を伝え切れていない。学生の質が落ちているのか？いや、大学が愛想を尽かされているのではないかと自問すべきだ。

　やりがいや面白さを嗅ぎ取れば、現代の若者たちが目の色を変えて学問に熱中することを、「蛙学への招待」は見事に証明している。蛙学にのみ特別な学生たちが集まるのか？多数の応募者の中から公平な抽選で選ぶのだ。そんなはずがない。

　蛙学受講生は、1年次前期という最も大学への期待に胸を膨らませる時期に、本物の学問に触れることになる。受験までのインプットに重きを置く「勉強」的思考から、知を創造する「学問」的思考へと、学生の意識はパラダイムシフトを起こす。蛙学を通して、受講生達は特別な学生へと成長していくのだ。

　知識なくして創造はあり得ない。幅広く詳細で最新の知識を与える「勉強」の発展形となる講義も「学問」の片輪としてもちろん重要だ。

　しかし、学生の知的創造力を鍛え、アイディアを行動に移す受け皿となる「蛙学への招待」のような講義こそ、学士課程序盤のカリキュラムに必須ではないかと思うし、その後の学習効率を大きく向上させるだろう。偏差値、国際競争力など大学を評価する指標は様々あるが、大学は学問に熱中する学生の割合を増やすことにも集中するべきだ。それが成し遂げられたとき、「蛙学への招待」は決して特別な講義ではなくなっていることだろう。

おわりに

　仕方ないことではあるが、「蛙学への招待」が終わりを迎えることは非常に残念でならない。

　色々なことを偉そうに考察してみせたが、「蛙学への招待」受講後にこれらのことにすぐさま気がついたわけではない。21 年たった今でも「あー、あのとき鈴木先生が言っていたのはこういうことだったのか」と突然腑に落ちることがある。鈴木先生が私に播いた種がぽんと音を立てて芽吹く瞬間だ。

　それぞれの受講生がそれぞれの種を受け取って、異なる分野へと旅立った。ある人は自覚的に、またある人は無自覚的に、蛙学で受け取った種を時間差で芽吹かせていることだろう。

　私は研究者として、教育者としてまだまだ発展途上にある。今回の執筆は自分を見つめ初心に戻る非常によい機会になった。そう遠くない将来、若い世代をワクワクさせることができる研究者・教育者にならなければならない。その際、蛙学の種を受け取った 1 人として、鈴木先生の模倣にだけはならないよう、先生の予想を裏切り続けていたいものだ。

2) 大学(初年次)教育を再考してみよう

第 7 期　稲葉一輝
（北見工業大学エネルギー総合工学エンジンシステム研究室 助教）

大学卒業、就職、また大学、そして就職

　私は 2007 年に北海道大学工学部に入学し、シラバスでたまたま目にとまった「蛙学」を履修しました。そのときはまさか、TA(ティーチング・アシスタント)を 5 年も経験させてもらい、鈴木先生と今も続く 17 年以上の長いおつき合いに至るとは思ってもみませんでした。

　私は、生まれは北海道北見市の道産子、大学院修士課程を修了して愛知県の自動車メーカーに就職するまでの 25 年間、北海道で過ごしました。特に中学生のときには友人に恵まれ、魚釣りやバンド活動、スキーなど今でも続く趣味を始めました。

　なにより、クルマ漫画を皆で読んで、登場するクルマを探すという遊びに興じたことから大のクルマ好きになり、大学では自動車用内燃機関に関する研究に取り組むこととなりました。大学院の研究はとても楽しく、博士課程への進学も考えましたが、自動車会社への就職を決めました。

　そのとき、「(大学には)いつでも戻ってこられるからな。俺も会社を辞めてから、

教育の世界に入った」と言ってくださったのが鈴木先生です。「いつか戻るのもありかな〜」と思いました。それはなんと実現し、3年半会社に務めた後、修士課程でお世話になった研究室に復学して、博士（工学）の学位を取得しました。その後は北大で学術研究員を半年務め、その後大型トラックメーカーでディーゼルエンジンの研究・開発の職に就き、現在は、北見工業大学で助教を務めいています。

つまり、私は先生と蛙学のおかげで「研究者」への道を歩み始めたわけです。会社を辞めて大学に戻り、また会社に戻るという、あまり一般的ではないであろう自由気ままな選択を許して応援してくれた両親に心から感謝するとともに、常に親身に相談にのって頂いた先生への感謝の念が耐えません。

見た目は若々しく、ジム通いで鍛えた大胸筋や腹筋を自慢する先生ですが、もう教授職を退官されるご年齢となり、学生と共に築いてきた「蛙学」も、残念ながらシラバスから消えることとなりました。この本は20年に亘る「蛙学」を総括するもので、先生からの「蛙学を受講した経験から、現在の大学教育に足りないと思うことを語れ」という依頼に、自分のことは棚に上げつつ、大学教育の意義について考えてみます。

「大学」を考える

私には、「大学」について考える機会が3度ありました。1回目は、入学から修士課程修了までの6年間（いわゆる普通の大学生）。蛙学の経験もここに含まれます。2回目は、就職して社会人の立場から大学を見たとき。3回目は、社会人を経験してから大学に戻ったときです。

この3回を通じて強くなった大学教育に対する疑念は、「はたして大学は、意欲を持って自律的に行動できる人材を育てているか」というものです。残念ながら、我らのクラーク先生が仰られた「Boys, be ambitious!（少年よ、大志を抱け！）」との名言通り、普段から自分なりの問題意識を持ち、高いモチベーションで学業に挑んでいる学生は少ないように感じます。もちろん素晴らしい成果を上げる学生もいますが、はやり言葉でいう「指示待ち人間」が多いということです。以下、どうして私がそう感じるようになったか、また、どうすればよいのか考えてみます。

「蛙学」とは何か？

大学教育の問題点を述べる前に、「蛙学とは何か」について触れなくてはなりません。蛙学の目的および内容については、この本の中で鈴木先生が詳細に述べておられますが、ここでは蛙学が大学1年生にとって「キツイ、厳しい」授業といわれている

ことについて考えてみます。

　よく「作業量が多い、時間がかかる、遊べない」からキツイと言う学生がいますが、それは1年生特有の甘えであって、大学院生や社会人は時間を言い訳にはできません。なぜ厳しいのかといえば、調べても考えるだけ考えても「解」にたどり着かない講義だからです。

　普通の講義であれば、程度の差はあれ、教科書で調べて勉強すればテストで点数をとれます。しかし、蛙学の「学生授業」には教科書がなく、明確な解がそもそも存在するのかも分かりません。取り組み中にはなかなか解を見つけられず、空中分解してしまう班もしばしば見受けられます。ここでいう解とは、学術的なものだけでなく、人間関係の構築や相手に伝えるプレゼンテーションなども含みます。

　さて、蛙学は本当に「キツイ、厳しい」ものなのでしょうか。私の答えはYesでもありNoでもあります。

　「No」の理由は、研究や会社生活においては、解がない問題に取り組むことが当たり前だから。すでに解がある問題を研究していたら「そんなものはもう知られている」の一言で終わりですし、会社で出来合いの製品ばかり作っていたら、競争力を失い物が売れません。

　「Yes」の理由は、研究や会社では当たり前でも、高校までに解のない問題に取り組む機会は少なく、大学1年生の段階では、初めての経験だという学生が多いからです。先生は「解」のない問題への取り組み方を手取り足取りには教えてくれず、学生自身に徹底的に考えさせます。裏でフォローしつつも、高いレベルの成果を求めます。未経験の学生にいきなり高いレベルの成果を要求するのですから、「キツイ、厳しい」といわれても仕方がないかもしれません（会社では「見て盗め」といわんばかりに教えてくれなかったりもしますが）。

　ただし、鈴木先生はたった16回の講義で、学生に完璧な成果を求めているわけではありません。「成功も失敗も糧にして、今後の大学・社会人生活に蛙学の経験を活かしてほしい。蛙学は種播きだ」とよく仰っています。私はTAとして蛙学を外から見て、自分で研究を始めてから、蛙学は厳しいものではなく、研究者として必要な能力や心構えを教えてくれるものだったんだ、と感じられるようになりました。

「学生の質」の変化に対応できない大学教育
　蛙学には、確かに厳しい面もあります。しかし、最近の学生を見ていると、考えを深める前の早い段階で諦めてしまったり、積極的な行動を起こさない学生が多くなっ

た気がします。

　たとえば「外来種のカエルを駆除すべきかどうか」をテーマとした学生授業が、過去に数回ありました。答えを出すのが難しいテーマです。昔は、班員が二派に分裂して真剣に議論を続け、最後までまとまらずに授業本番は失敗したものの、深い洞察と班員同士の絆が得られていました。しかし近年は、議論もせず、個人個人で調べたことを繋げて終わり、という班が増えました。解を見つけ出そう、という気概が感じられません。

　また、先生は学生授業を行うにあたり、そのテーマに関する専門家にコンタクトするようにと指導します。私の先輩方の代は、札幌から片道４時間かけて本学の函館キャンパスの先生を訪ねたり、カエル料理を極めるためにホテルのシェフに弟子入りしたりと、各々が熱意をもって取り組んでいたそうです。しかし、近年はそういった例が滅多になく、たいていは学術論文をインターネットで検索して数本手に入れるところで終わってしまいます。

　蛙学は学生の意欲を引き出すべく様々な仕掛けがなされており、学生自身が主役になれる、北大の中でも珍しい講義です。しかし残念ながら、そんな蛙学をもってしても学生の能力を引き出すことが年々困難になっていると、外から見ていて感じています。

　私は教育の専門家ではありませんので、原因について深掘りはできませんが、学生の質、つまり大学以前の教育・社会環境の変遷も一つの要因かもしれません。鈴木先生も、変わっていく学生に対応するため授業構成を毎年のようにアップデートしていますが、それでも追いつかないのが現状です。

　蛙学でさえ、こういった状況なのです。ただただ教科書を使って毎年同じことを繰り返す講義が多い大学において、どうして学生の自主性が育つのでしょうか。

　さらに北大では、入学方法を学部ごとではなく、文系・理系の大枠に分ける総合入試制度に変更しています。この制度の是非はともかく、希望の学部に行くため、学生は労力・時間を割かず、効率よくよい成績がとれる講義ばかりを選択してしまい、蛙学のような非効率的な講義は避けられる風潮があります。学びたいことを学びたいだけ学べる、学業に限らず興味のあることをとことん追いかける自由な時間があることが、大学生の特権だと思うのですが…。

　世間では「働き方改革」で仕事の効率化が求められていますが、大学生の時間をよい成績をとるために縛って効率化するのは、せっかく抱いた大志を実現する機会を奪うことになるのではないでしょうか。

「大学生」は高学歴？その意味は？

　私は修士課程修了後、自動車メーカーに勤め、生産技術の仕事をしていました。そこでは現場である工場に勤務する人たち、つまりプロフェッショナルな「おっちゃん」達と密接な関係を持っていました。

　現場組織は高校を卒業して入社する人がほとんどで、大学を卒業した人はほとんどいません。超高精度の部品や、今までにない形状を持つ部品を、現場の「おっちゃん」の経験なしに製造することは困難です。そういったプロの人たちの若い頃の苦労話を聞いて、「俺は大学で何をやっていたんだ」と恥ずかしく思ったことが多々あります。

　私も修士のときはそれなりに研究を頑張っていたつもりでしたが、完全に自惚れでした。幸い職場環境に恵まれ、おっちゃん達にずいぶんとかわいがってもらいましたし、プロの仕事を目の当たりにしたことはとても貴重な財産です。今となっては当たり前のことですが、学歴と仕事のできに関係はなく、結局はその人の努力次第ということです。

　大学生がキャンパスライフを満喫している間、現場では厳しく、時にやさしく、未来の職人が育てられています。大学をただ卒業しただけでは到底太刀打ちできず、"高学歴"という言葉には何の意味もありません。

「指示待ち学生」のまま卒業できてしまう大学

　3年半という短い時間ですが、社会人生活を経験した後、大学に復学して蛙学や研究室の学生を見て感じたのが「結局、個人が元から持っている能力・資質に依存している」ということです。端的にいえば、「言われなくても最初から自分で動ける学生」は良い成果を出しますし、「指示待ち学生」からはいつまでたっても成果が出てこないのです。

　ここで問題なのは成果が出せないことではなく、「指示待ち」のまま年次を重ねて卒業していくことです。蛙学では学生を4班に分けるので、学生授業も4回行われます。その中で、最終的な完成度に差が生じるわけですが、うまくいく班にはたまたま能動的な学生が多く集まっている傾向にあります。そういった学生たちは、蛙学のエッセンスを元から備えているので、その後の大学生活で困ることは少ないと思われます。

　本当に目を向けなければならないのは、その裏にいる学生達です。もちろん彼らは決して能力的に劣っているわけではなく、ちょっとしたヒントを与えられれば、驚く

ほど短期間で物事を進めていきます。しかし、なかなか最初の一歩を自分で踏み出そうとしないのです。

　研究であれば、いかに学生に目的意識を持たせるかが指導者に問われるでしょう。研究は自らの探求心や理論的な考え方、問題解決能力を身につける絶好の機会であり、本来は学生自身の気づきから自律的に進めることを期待していますが、修士になってもいまだに最初の手ほどきを必要とする学生がいることも事実です。

　会社では、現場が厳しく人を育てています。大学における人材育成はどうあるべきでしょうか。日本では高校を卒業して大学という流れが一般的ですが、海外では一度就職してしばらく経ってから大学で学ぶ人も多くいます。社会に出れば幅広い年齢層のいろいろな人がいて、たくさんの組織があります。学生が大学の外の世界を知る機会を経て、あらためて大学が持つ良さや問題点に気づくことができれば、自然と自ら動く学生は増えていくのではないでしょうか。

「Boys, be ambitious like this old man」と言わせない大学生活を！

　以上、私の経験から大学教育の問題点を述べきてきました。自分で恐る恐る読み返してみると、まあ何とも偉そうですね。

　しかし、あらためて大学は本当にいいところだと思っています。鈴木先生をはじめとして、研究室の指導教官や後輩たち、サークルの仲間など、たくさんの人たちと出会うことができました。

苦楽を共にした My 実験用エンジンの前にて

研究はブラックといわれつつも、時間を気にせず朝から朝まで続けることができます（もちろん健康を害さない範囲で！）。チャレンジしようと思えば、自由な時間をフル活用してたくさんのことができるのではないでしょうか。

　クラーク先生が仰られた名言を最後まで記すと「Boys, be ambitious *like this old man*!（少年よ、*此の老人の如く*大志を抱け！）」となります。私は現在 36 歳で、大学 1 年生より 18 歳も年を取っていますが、熱意と気持ちだけは若い人たちに負けないように頑張っているつもりです。先生は私よりはるかに年齢を重ねておられますが、教育への熱意は消えるどころかいまだに燃え滾っています。若い人たちには老人

に負けず、like this old man とは言わせないくらい、大志を抱いて充実した大学生活を送ってほしいと心から願っています。

3) 理不尽なことを言う外国人の中で生き抜く方法：
世界を相手に自己実現を目指すには、どのような力が必要か？

第 7 期　武島幸太郎
(千代田化工建設株式会社)

蛙学卒業 12 年！今の私は？

私は 2007 年度に蛙学を受講し、その後 5 年間 Teaching Assistant(TA)を担当しました。大学院卒業後も鈴木先生とは度々連絡を取っており、もう 17 年のつき合いになります。

現在はプラントエンジニアリングである千代田化工建設株式会社(国内外でのエネルギー関連設備の設計・調達・建設を請け負う会社)にて、機械設計部 回転機械セクションの機械エンジニアとして勤務しており、天然ガスの液化設備に用いる機器設計や調達、現場据え付け、試運転などの仕事を担当しています。

就職活動中「世界に影響を与えるような壮大なことをやってみたい」「言葉も文化も異なる人々と、民族も国籍も関係なく一つの感動を分かち合いたい」という漠然とした想いから選んだ業界でした。まだまだ走り出しの若造の社会人ですが、日本での業務だけでなく、海外メーカーでの立ち会い試験や建設現場勤務もあり、世界中で業務に携わる刺激的な日々を送っています。

世界で働く楽しさと難しさ

今の仕事の醍醐味は何といっても「スケールと感動」です。天然ガスなどのエネルギー施設の建設となると、プロジェクトの総事業費が数兆円になることも珍しくなく、事業規模から国家の命運、社運をかけて開発が行われているケースもあります。

そんな巨大な施設を、世界中から集めた何十万、何百万という数の資材で、世界中の人と協力し、砂漠、ジャングル、北極圏といった極地にまで、決められた納期内に建設を完遂する。非常に壮大な仕事だと思っています。もちろん、完成までには幾多の困難があり、それを乗り越えなくてはなりません。国籍、文化、立場の違う仲間や顧客、取引先と揉めることもありますが、最後の完成を迎えたときは皆一様に心が震える。まさに感動と共にある仕事なのです。

さて、そんな魅力あふれる仕事ですが、日々業務を遂行していく中で、もちろん課題もあります。グローバルな環境の中で顧客から如何に信頼を得られるか、現場の作

業員はどうすれば指示に従うのか、プロジェクトを完遂するために無理難題をチームに指示しなくてはならないが若造の話なぞ誰も聞いてくれない…などなど、具体的に上げだしたらキリがありません。

　ただ、これらの問題を纏めると、総じて「グローバル環境でのコミュニケーション」が課題になっているといえるでしょう。こうした課題を本質的に考えると、90％以上は「国籍・文化に関係なく、如何に“人”と関係を築くか」という問いに集約されるのではないでしょうか。

　実はこの課題に対しての私なりの立ち向かい方は、蛙学への招待で得た“学び”がヒントになっています。もちろん授業の表向きで学んだ、両棲類無尾目についての繁殖戦略が語られることや、日本産カエル目７科の代表的な鳴き声をリスニングができること、ではありません。あくまで授業の裏として学んだことが、活きていると感じているのです。

世界と対峙するとき、蛙学の“学び”を思い出す

　「あー、もういいかげんにしてくれ！」心の中で、いや時には直接声に出して外国人の同僚や作業員に何度この文句を言ったことでしょうか。

　海外の建設現場でエンジニアとして働いていたときの話です。国はオーストラリアにマレーシア。契約納期が守れなかった場合は、顧客へ支払わなくてはならない違約金が膨大になるため、納期直前は特に現場の空気が張り詰めます。そんな状況では、ちょっとしたコミュニケーションのすれ違いから、一緒に働く仲間の間で衝突が起こるのが必然といえば必然です。共に仕事をしている人間が、国籍も文化も立場も異なればなおさらです。

　「今日必ず完了すると約束していた仕事は何も終了していない。が、それを報告もしない。報告しなかったのは聞かれなかったからだ」「約束通り作業を終了できなかったのは、隣の部署のメンバーが協力しなかったからで、自分たちに責任はない」「何故タケシマは君の所掌以外のことにも首を突っ込むのか？理解できない」「急いでいるのは分かるけど、家族の用事があるから当然帰宅する」これらは実際に、外国人の仕事仲間から主張されたことのごく一部です。ここでは、日本人にとっての常識は常識ではありません。

　最初は状況の打開に向け、試行錯誤し色々試してみましたが、どれもうまくいきませんでした。マレーシアの現場では、予定通り仕事を進めず休んでいる作業員に危機感や責任感を持たせるため、あえて目の前で一生懸命働いてみせました（日本風にい

うと"背中で語る"というやつです）。これを見た作業員の反応は「よく働くな。すごいな！！」だけ。行動にはつながりません。完敗です。

　オーストラリアでは、逆に助けて怒られるシーンもありました。色々理由をつけて全く仕事を進められない同僚。文句を言っても改善せず、ついにしびれを切らして彼の代わりに彼の業務をやってみたところ、「俺の仕事を奪うつもりか！」と言われてしまいました。ふむ、なるほど。仕事を任せることもできないが、代わりにやることもできないわけです。状況を改善させられなかった時点で、これもまた完敗です。赴任前から多国籍チームはよく揉めると、先輩や同僚から聞かされていましたが、こういうことかと打ちのめされました。

　では、こんな常識が常識ではない世界で如何に生き抜けばいいのか。恐れ多くも若造の私がその一つの解を答えるとするなら、それはおそらく先入観、思い込みにとらわれず、フェアに物事を見ることから始まるといえると思います。

　とにもかくにもまずは相手の主張を聞く。そして些細な行動も意識して見てみる。日々何を考えているのか、何故そんな行動をするのか。それを徹底的に深堀することが大切だと考えます。

　すると、たとえばＡさんは、仕事のスピードは遅いが成果は正確だな。Ｂさんは失敗の責任を恐れて判断できない。それで進まないのか。Ｃさんは逆に自分の仕事に誇りを持っているので責任も取る。だがその分指図されるのは嫌。こんな具合に、十人十色の人柄や性格が見えてきます。国籍も文化も立場も皆異なりますが、一歩踏み込み、人として対峙し続けることで、理不尽さの陰に隠れた本質が分かってくるのです。

　これはその先のコミュニケーションの糸口、そしてそれぞれのメンバーとの仕事の進め方のヒントとなり得ます。具体的には、Ａさんは正確な成果物が期待できるので、成果物のレビューは簡略化して承認してしまおう。Ｂさんには積極的に意見して、判断に自信を持ってもらおう。Ｃさんは責任感強くやり方にこだわりがあるので、あえて私からＣさんをサポートするような動きをしよう。などと、相手に合わせた仕事の進め方に繋げることができるのです。

　実際これらのアプローチをとることで、チームの雰囲気もよくなり、生産性は格段に上がりました。つまり「噂やイメージに流されず、相手と真摯に向き合い、注意深く現状・事実を素直に捉え、その事実に対処する方法を自分なりに考察し、相手にぶつけてみる」。この一連の流れが大切だといえます。

　この結論は、私なりに熟考を重ねたどり着いたものでしたが、後から振り返ると蛙

学で学んだことの応用であったことが分かります。蛙学を通して学んだことの一部を羅列すると、「真摯にデータ（事実）と向き合うこと。最前線・本物（現場）との触れ合いを重視し、スポンジのように事実を事実として素直に受け止めること。常に本質を追求すること。どこまでが事実でどこからが考察（意見）なのかを明確にし、論理的に意見すること」となります。こうして並べてみると、

オーストラリア　ノーザンテリトリー準州　ダーウィン：
現地の同僚・顧客とのチームビルディングパーティーにて
左から２番目が私

蛙学での学びの応用が、社会人生活にも活きていると感じませんか。

　先生はよく授業中に「今やっていることは種播きなのだ」と呟いていました。社会人生活を送る中で、一つ私の中の「蛙学の種」が芽生えた瞬間だと思っています。

魔法の授業と"カエル教"

　"蛙学は魔法の授業だ"。これが６年間を蛙学と過ごした私の率直な感想です。何が魔法なのか。それは受講者がいつの間にか狂ったように授業にのめり込んでいる姿が、まるで魔法にかけられたようだからです。

　決して楽でも、楽しいことばかりの授業でもありません。学生授業の準備が佳境を迎える頃には、班員同士寝ても覚めても蛙・カエル・かえる。徹夜が続き、寝落ちしてみる夢も蛙、という人すらいます。しかし、全力で熱中してしまう。実に不思議な状況です。

　そんな受講生を、私は"カエル教に入団してしまった"と言っています。かく言う私もそうだったのですが、一体何が受講生を夢中にさせるのでしょう。私は主に、2つの理由があると思っています。

　1つ目は、100点満点が存在しない授業スタイル。「与えられる問い」が普通だった受講生にとっては、「自ら探す問い」に初めて接する機会であり、刺激に満ちた体験です。

　2つ目は、とにかくやれるだけやってみろ！という授業の雰囲気。蛙学には、やろうと思えばどこまでも追求できるフィールドに、大学１年から出会える素晴らしさがありました。また、学生がフルスイングするならば全力で受け止め、とことんつき合う、先生の「フルスイング主義」ともいえるスタイル。それが相まって魔法にかかる。そして"カエル教"にのめり込む環境が形成されたのだろうと感じています。

私達の "解" はなんだったか？問われ続ける最終解

　受講時の私は、文学部、教育学部、法学部、工学部と、学部の異なる4名で班を組み、「カエルの飼育と教育的効果」という題材で学生授業に挑みました。小学生の頃、学校で動物を飼育したという話題から「カエルの飼育に教育的効果があるのではないか？」という問いが生まれ、定まったテーマでした。

　しかし、文献を検索しても、カエル飼育の教育的意義に特化した論文など見つかりません。途方に暮れていたところ、ある本から「恒温動物（ウサギなど）は愛情飼育に用いられ、主に命の大切さを教える動物として扱われている。一方で変温動物（ザリガニ・メダカなど）は主に観察飼育に用いられ、生物学習として扱われている」ということを知りました。カエルならばその懸け橋となり、変温動物といえども愛情飼育の対象になるのではないか…、つまり教育現場における生命の多様性・生命観の育成に寄与できるのではないか―そう私たちは考え、授業づくりを本格化しました。しかし大変なのはここからで、いくら論文を探し続けても、主張を説明しきるだけの資料（エビデンス）は見つかりませんでした。

　そこで私達は、実際に小学生にカエルを飼育してもらい、推論に厚みを持たせることを考えつきました。鈴木先生の紹介で北海道立理科教育センターを訪ね、また北海道出身の班員の伝手で元担任を訪問するなど、無理なお願いを聞き入れてくれる場所を求めて走り回りました。幸運にも、実際の小学校で数週間、カエルの飼育と出前授業をさせて頂く機会を得て、子供たちのカエルに関する認識の変化をアンケートという形で収集させて頂きました（今考えると、よく大学1年生の若造のお願いにここまで協力くださった、と学校関係者の方々への感謝は尽きません）。

　さて、材料は手に入れました。では、アンケートから何が読み取れるのか。それをいかに学生授業で論理的に説明するか。この数字は定量的なデータといえるのか。班員同士の議論は授業当日まで尽きません。先生やTAからは、「それが君たちの最終解なの？」と問われ続けました。とことん結論づいたはずの "解" が、自分たちにとって本当に "最終解" なのか、そうであればなぜそれが最終解だとロジカルに説明できるのか…それらを求め、ただのめり込みました。

　授業が終了した後も、私たちは半年近く議論を重ねました。最終的には日本獣医師会全国学校飼育動物研究会で発表する機会を頂き、東京大学の弥生講堂にて4人で口頭発表を行いました。学生授業の内容を精査し、研究会の発表時間に合うようにスライドを練り直し、わかりやすく説明するために前日まで班員で議論を重ね、ようやく辿り着いた発表の場でした。北海道から出てきた大学1年生同士、新宿のコーヒー

ショップで熱っぽく「カエルは愛情飼育に向いてるんだよ！！」と大声で議論していた記憶があります。学生授業後に班で教授室に呼ばれ、「内容をまとめて学外で発表してみないか？」という先生の一言で火がつき、やれるだけやってみた、当時の私達なりの精一杯の成果でした。今でもこの経験が、私の物事への向き合い方の基礎になったと思っています。

"Be Ambitious, Be a Frog-Man"

私は大学とは、本質を探究する練習の場であるべきだと思っています。自分がこれだと思う解を追い求め、その解を自分なりに説明しきる機会に富んだ場であるべきだと。

たとえ将来研究者にならなくても、今の世の中では、世界と共に生きねばなりません。繋がらなくてはなりません。世界と共存し、時に建設的な関係をつくるためには、本質を追求し、Evidence や自分の考えを基に論理立てて話ができなければ、相手にされません。大学教育においては、自分で解を設定し全力で追求する、そんな"カエル教"と同様の「機会の提供」が、もっと重要視されてもよいのではないかと強く感じます。

最後に鈴木先生自身について、少し触れたいと思います。蛙学受講生からに限らず、先生は"カエル先生"と呼ばれています。顔がカエルに似ているためではありません。その生き様やキャラクターに特徴があるからでしょう。

先生とは 17 年近くの付き合いになりますが、たくさんの思い出があります。「先生行きつけの(汚い)中華料理屋に連れて行ってもらったこと」「パリで地下鉄の回数券の買い方を教えてもらったこと」「彼女を選ぶときはカエルを手に乗せて嫌がらない人を選べ、とアドバイスをくれたこと」話題は尽きません。酔っ払って一緒に乗ったパリの地下鉄で"I'm Frog-Man"とつぶやき、隣のフランス美人にギョッとされていたこともありました。

パリのレストランでお互い酔っ払って、こんな質問をしたことがあります。「先生にとって教育とはなんですか？」。答えはシンプルに一言、「信念だ！」でした。先生は異様なほど、自分に厳しい。何があっても人のせいにせず、自分のせいにする。そしてそれを次に活かそうとします。蛙学の授業が 20 年もの間、少しずつ変革を遂げ、続いてきた理由を、ここに垣間見ることができます。

日本獣医師会の学会発表を終えて北海道に戻り、教授室で先生に言われた「よくやったな」という一言と、それを聞いたときの喜びは、17 年たった今でも昨日のこ

とのように思い出せます。全力で向き合い、全力で答えてくれた先生に言ってもらえたからこそ、心底うれしかったのだと思います。憧れであり、まだまだたくさんのことをこの人から学びたい、そう素直に思える私の恩師です。

　関東で社会人になった後も、時々蛙学の授業を見学させてもらいに北海道に足を運んでいました。その度に感じる自分の原点。私の蛙学はまだ終わっていません。この素敵な Frog-Man に少しでも近づけるように成長していきたい。先生との出会いは、北大を選んで得た、私の中での一番の学びでした。

4）他者と生きながらホンモノを目指せるのか？

第8期　道林千晶
（株式会社アラヤ）

はじめに

　19年20回「蛙学」という授業を行っているとは…自分も他者と働くようになり、後輩を育てる年齢になると、数十名の生徒をあれだけじっくり見て、フィードバックを返す鈴木先生の胆力と凄みに改めて脱帽してしまう。

　本原稿では、蛙学＆蛙を通して学んだこと、キャリアのこと、ホンモノってなんだろうの3つのテーマで話を進めていく。

蛙学、そして蛙と通して学んだこと

　私と蛙学の出会いは、大学入学前に東京で開催された「大学説明会」だった。高校時代にカエルという生き物が抱える不思議さに魅了され、インターネットで興味があることを研究できる研究室がある北大に興味を持った。そして大学説明会で鈴木先生に会い、蛙学という授業があることを知り、蛙を学ぶなら北大しかない、と決め進学した。北大で蛙を通して学んだのは、生存戦略の基本形であったように思う。

　蛙学で最も楽しかったことは「好きなことを（徹夜してでも）思いっきりやっていい」ということだった。ただし、チームで。今思うと、この授業は一人ではなく、チームであることにも意図がある設計だったように思う。今後、社会に出たらひとりで取り組むことは少なく、チームで何かを成し遂げるということは必須で、重要だからだろう。

　記憶が定かではないが、チーム設計はその場の座席に座っていた人という設計だったような気もしている。チーム内でやる気は差があり、解剖図と授業という2本柱

で、冬の北海道という環境も相まって、なかなか大変な出来事であった。

　授業の準備は難航したが、「解剖できる布のぬいぐるみを作ろう(126頁の写真参照)」というところはメンバーのモチベーションも高く、なんとかやり切ることができたことはいい思い出である。(なんだかんだぬいぐるみ作りの方は主体的にそれぞれ取り組んでくれていたように思うが、今考えるとどうなのだろうか。今だから聞ける感想をそれぞれのメンバーに聞いてみたい)

　蛙学で学んだことは本当にたくさんあるが、①問いの設定という、答えのない世界で自分なりに仮説を立てたり、テーマを設定することで周囲の解像度を上げていくこと、②自分もしくは他者の興味があることの達成を目指して、チームで何か作る方法であった。特に②は、研究室に入ると意外と少なく、仕事をする上で蛙学の経験が生きているようにも思う。たまたま一緒になった人と「正解がない世界でテーマを決めて走り切る」というのはたとえ社会人であっても本当に難しい。でも、それが社会を営むことと同義であると、今になると強く感じる。

　即効性があった問いの設定とチーム・ワークに加え、のちのちジワジワと効いてくるのが「ホンモノをみろ」という言葉であった。「ホンモノをみよ」という言葉は私にとっては「ホンモノになれ」というようにも聞こえていた。

ホンモノになることと、他者と生きるということ

　蛙学を終えてから、「両生類に眠る脊椎動物の再生能力の損失メカニズム」の研究をしたり、その後企業での研究員、そして、現在は神経科学やAI領域での事業開発を通して身体や場所の制約にとらわれない社会インフラ作りにチャレンジしている。

　直近で直面した課題は、ホンモノになるべくキャリアをつむのがハードモードすぎた、ということだった。

　元々は、大学に進学した動機そのままに研究を目指していたが、研究者としてのキャリアを続けるとなると、どうしても自分の選択が他者の人生に影響を与えるということが起きる。私の場合は人生で2回あった。1回目は大学院進学のタイミング。2回目は社会人になってからの32歳のタイミングだ。(一昔前はこのようなプライベートなエピソードは控える傾向にあったと思うが、最近は女性の社会進出も一般的になり、私自身が先輩方のキャリアや悩み、選択肢に励まされたことがあるので、今回の原稿ではこの話を取り上げることとした。)

　1回目も2回目も、ともに自らのキャリアと当時の婚約者のキャリアをどちらを優先するかというものであった。1回目は私のやりたいことを優先し、結局は別れるこ

とに。そして、2回目は相手のキャリアを優先し、実験系の研究者としてはキャリアを諦める、という選択をした。

　なお、このような背景もあり、研究の道に進む人は、「別居婚」という選択をする人が多い。私も当然、それぞれの職場の近くに住むものだと思っていた。しかし、結婚というものは個人の思想よりも、地域の思想が色濃く反映されることになる。このような状況で個人の意欲を優先できるかは、非常に難しい。そして地方に移住するための転職活動を通して、女性が働くことに対する地域ごとの文化の差や、都市部と地方の賃金の差を感じることになる。動物は植物と違い、自分の住み良い地域に移動できる力があるものの、ヒトは社会的な動物であるが故に、住む場所を自由に決め、生きていくのは難しいのだなぁと何度も感じた。

　前職で企業研究員として勤務しながら新規事業開発を行っていたこと、そして会社のビジョンが私の実現した世界と一致したことから、私は現在、フルリモートで株式会社アラヤで働いている。株式会社アラヤは、ムーンショット目標1「2050年までに、人が身体、脳、空間、時間の制約から解放された社会を実現」を掲げ、人類が「自分が面白い」と思える環境やインフラ整備するととともにサイエンスと経済を融合させることでより大規模な研究環境を作ることを目指している。このように書くと聞こえがいいが、実際は、事業を成長させながら研究者が自由に研究できるように事業資金を獲得するということがメインの私の仕事である。

　さて、このように事業開発や「稼ぐ」ということが現在の自分のフィールドになった。この事業開発には蛙学で学んだことが非常に役に立っている。インターンの大学生の話によると、アントレプレナーシップ教育が大学では必須であり、起業できることが格好いいらしい。内容を聞くと、蛙学の授業そのままであると思う。

　蛙学の授業と自身の経験を元に、私自身も学生に事業作りを教える際は①一次情報を取りに行こう、②まずは仮説をたて、小さな規模から手を動かして検証しようということを伝えている。近年は世界を変えるようなスケールするビジネスよりも「自分が面白いと思ったことに邁進し、スケールはしないものの自分が幸せな生活を

身体や場所の制約にとらわれない生活を支援するソリューション作りを目指す仲間たち（個人でも活動しています）。左端が私

しながら生活費を稼ぐ」という起業がトレンドらしい。自分の身近なところで事業を起こすつもりであればあるほど、蛙学をとおして得た学びがますます重要な時代になっていると感じる。

結局ホンモノってなんだろう？

さて、このような行き当たりばったりの人生を歩みながら、当初自分が描いていた「ホンモノ」から程遠いなと改めて感じている。ホンモノとはなんなのだろう。この原稿を書きながら、それは「ヒトが作ったものをなぞるのではなく、自分なりに答えを見つけ、自分の力で社会に居場所を作る力をもつこと」なのかもしれないと感じている。

そこで必要なのがサバイバルスキルであり、問いを作ることであり、ホンモノを見極める力であり、そしてモチベーションや関心事がバラバラなメンバーとともに、一つのことを目指す力なのであると感じる。蛙学にも授業実行の危機があったとお伺いしているが、そのような学生が「お金を払って得られない体験」や、「お金を払ってサービスとして得る体験」以上のものを積み重ねる機会があることを願うばかりだ。そして、私自身もそのような体験を提供できるような人物だったり、インフラ作りに貢献したいと願っている。

「蛙学への招待」はこれからの時代でも、ますます重要な意味を持つ教育になっていくものと確信している。

5）答えはわからない。だが、応えはある。

第8期　福岡　要
（一般社団法人 Nest）

学問とは「学びて問うて」と書く。

「教育でできることはなんだろうか？」

問いをここに置いてから振り返っていこう。

キャッチボールに負ける

息をすると気持ちのよい空気が肺に入ってくる。私は現在、人口 1,400 人程度の岡

山県西粟倉村で「学校教育」と「社会教育」の両面から「子どもたちが自分たち自身でやってみたい！を叶えていける」環境をソフト・ハード面からプロデュースしている。岡山に来る前も沖縄・山形を渡り歩き、地域のなかでの教育に携わってきた。

　沖縄にいたときには自分の教育観を改める出来事があった。赴任して初めての夏休み。子どもたちと一緒に勉強会を企画した。「絶対行くね！」と言っていたのに日程初日に待てど暮らせど教室に誰も来なかった。はて、連絡を間違えたかと思っていると、どうも外から生徒の声は聞こえてくる。数人が校庭でキャッチボールをしていた。それも、受験を控える中学校3年生が、であった。

　「え!? 勉強会来ないの!?」と驚きながら階下に声をかけてみると「行くよ！キャッチボール終わったらね！」という元気の良い返事。「ああ、ここでは勉強はキャッチボールに負けるのだな…」と痛感した瞬間であった（余談だが時間いっぱい待っても来ず、その日は終わった）。

　それから何年か経って、中学生たちに質問したことがある。

　「君たちは勉強しなければしなければとはいうが、いったい何をもって"勉強"と言っているの？」

　中学生は「勉強は……べんきょうだよ」としか答えられなかった。自分たちが「しなければならない」と言っているものについて「なにを」することが「勉強」なのか、考えたこともなかったようであった。

"教育"する

　そんな状況に「なんで自分の頭で考えないんだ！」と頭ごなしに言うことだけは間違っていると思っている。「もっと自主的に動け！」と言って誰かが"自主的に"動いたとして、それは自主性があったとはいえない（「自主性のジレンマ」と勝手に呼んでいる）。

　「やれ！」と言わずに子どもたちが活き活きと学ぶための試行錯誤の日々。問題集や本を勉強の場に置いてみる。——手に取らない。興味を引くためにカプセルトイマシーンに問題も入れてみた。——少し響く（問題が入っていると分かっていてもなぜか引きたがるようであった）。頭を使う楽しみに触れてほしいと謎解きゲームを校舎に仕掛けた。ぽつぽつと挑戦してくれる子が現れた。生徒たちの要望をもとに、町外からもゲーム会社の方とオンラインでつなぎ、ホンモノとの出会いを作ってみた。一

瞬盛り上がるが反応は続かなかった。

　そんなとき、蛙学でやっていた「学生カード」を思い出す。放課後の時間に勉強をした子たちに毎回振り返りシートを書いてもらうようにした。「自分が今日何をどれぐらいやったのか」「やってみてどうだったか」、そして「問いのキャッチボール」の3項目を用意した。

　「問いのキャッチボール」とは、白紙A4用紙にまず私への「問い」を書いてもらうところから始める。その問いに私がコメントで答え、新しい問いを付け足して返す。生徒が答え、また問いを付け足す。放課後の勉強ごとに生徒とのキャッチボールをできるようにした。ひとつひとつの質問に正直にウソやおべっかなく、コメントを返すことを心掛けていた。するとだんだんと、進路の悩みや勉強の悩み、将来の夢を語ってくれる子も出てきた。自分から質問や提案をしてくれる機会も増えてくるようになった。教育者とは、きっと向き合って問い続ける存在なのだろうとふと気づいた。

　では、問いかけさえすれば、子どもは学習するのか？残念ながらそれは否だと思う。子どもの考えられる世界はどうしても狭い。発想は豊かかもしれないが、積んでいる経験が少なく、自分の知っている世界を超えることはあまりない。なにに取り組むのかが重要な問題である。手を動かして取り組める出番を適切に設定することが大切なのだ。

　順番を間違えやすいのだが、人は「アウトプットをする」からこそ真剣な「インプットをする」。学びとは「アウトプット先行」なのだと思う。出番がアウトプットを輝かせる。蛙学には多くの出番が設計されている。90秒スピーチ、ドライ・ラボ作成、解剖、学生授業、最終レポート…この設計についての詳細は前章までに明るいため、ここでは触れない。

　蛙学から学んだ「問い」と「出番」を念頭に、推薦で高校内定を決めた中学校3年生の5人とプロジェクト型学習を行なった。

　まずは何をするか。生徒たちは町のためになにかしたいと言う。どんなことをしたいか？と聞くと観光客にこの町がいいところだと思ってほしい、と。いいところはなんだろう？には、この町はゆったりできるところがいい、大人はコーヒーを飲むときにとくにゆったりしているように思う。最近は町でコーヒー豆の栽培も始まったし、たくさんコーヒー屋さんがあるのに特集したマップがないから作りたい。やることが決まった。

　そこからは早かった。カフェの店舗にアポイントを取り、取材をして、パワーポイ

ントで地図型のパンフレットを作っていく。一度目、完成したと出してきた。実際の観光パンフレットと一緒に見比べてみる。まだまだ、クオリティは高められそうだけどどうする？フィードバックと問いかけを行う。もっと高めたいという生徒たち。関心と個性に応じて文章の書き方、写真の撮り方にもこだわりが出てきた。何度かの修正ののち、図案が完成。ネットプリント会社に入稿するまで自分たちで行ない、届いたパンフレットも町の店舗、観光協会やホテルに直談判して置かせてもらった。

すべて自分たちでやり切った生徒たちは、端的に言ってかっこよかった。言い過ぎかもしれないが、やりきった顔は、蛙学を受講しているときの熱量ある学生たちとほんの少し重なって見えた。

思い出す

さて、私と蛙学を振り返る。出会いは解剖写真であった。武島氏（第7期受講）と友達で、彼の家で宅飲みをしたときに「カナメならこういうの好きだと思うんだよね」とウシガエルの解剖写真の束を見せてくれた。飲んでる部屋にどーんとカエルのあられもない写真が転がっているのもどうかと思うが、生き物大好き人間の私としては「え、そんな講義あった！？」とじっくり観察していた。その後、学期が進み"カエル教"にのめり込んでいく武島氏は、目に見えて疲労していった。しかし、目は輝いて、着実に何かを学んでいく姿を横で実感するたびに履修が叶わなかったことに悔しさを募らせていた。

そんな私に前期も終わったある日「蛙学の打ち上げ来ない？」と電話がかかってきた。理由はドタキャンがあった人数埋め合わせだったと記憶しているが、かの"ライオンヘア"先生にそこで初めてお会いした。取ってもいない授業の打ち上げに参加する気まずさを思い出すと自分でもよく行ったなと思うが(笑)、逆に考えればよく参加させてくれたなと蛙学の懐の深さを感じたエピソードでもある。先生は覚えておられないかもしれないが、これがファーストコンタクト。

履修が叶わなかったのは、実は私の学部の必修とかぶっていてからだった。救済措置として2007年度は後期にも講義がされることになった。後にも先にも年に2回開講されたことはなく、幸運であったとしか言いようがない。さらに幸いなことに後期は抽選もなかった。開講初日、意気揚々と高等教育センターの教室に行き、教壇の目の前に座った。

先生がやってきてさあ、授業始まる、という瞬間に毅然と言われたのは「おい、ガムを噛むな」であった。言われた私は、若干にらみながらガムを飲み込んだ。反抗的

な学生、かくありきの体であったと思う。それが先生とのセカンドコンタクトであった。

蛙学との交差点

　私は先生に謝罪と感謝を述べなければならない。"反抗"はガムから始まり、その後もいろいろと先生に無理難題を投げつけていった。「OHPシートってなんで2枚使えないんですか?」「授業に納得がいかないから有志集めてもう一回やらせてください」「(TAは募集していないというのに)TAやらせてください」…。先生の研究室を訪れて、カエルの置物たちに囲まれるときはだいたいなにか噛みついて、もとい提案していた気がする。

　この場を借りて懺悔すると『裏カエル検定』というモノも作った。受講者から「蛙学あるある」と「問題」を募り、冊子にした。その中の一問は「本物の鈴木先生はどれか?」で、①アマガエル(にライオンヘアを描き足したもの)、②楳図かずお、③先生本人、④小泉首相の写真が選択肢として並んでいるものまであった。若気の至りとはいえ、申し訳ございませんでした、先生。時効だと信じてます。

　そんな牙むき出しの私も邪険に扱わず、先生は常に真剣に対応していただいた。自分の考えや質問に対してどんなふうに返してくれるだろうか?と毎回学生カードにワクワクしながら書いた。このときの先生の簡潔で、それでいて丁寧なフィードバックの温かさが、前述の振り返りシートをやろうと思ったきっかけになっている。

　講義自体にも本当にのめり込んだ。90秒でどうやってマイガエルのすごさを伝えられるか。ドライ・ラボはどこまでリアルに作れるのか。解剖をする際には瞬きを忘れて観察した。学生授業は、私にはチーム・ワークが本当に難しく、学びがたくさんあった。

　OBとなってからもありがたいことに、特別コメンテーターとして何回か後輩たちの授業に呼んでいただきフィードバックもした。力不足で実現できなかったが、蛙学のOB・OGたちと団体を作りたいんだ、というご相談もいただくこともあった。大学院修了後フリーターをしているときには、教科書の翻訳校閲のアルバイトまでご紹介いただいた。先日は、西粟倉村にまで足をお運びいただき、学校関係者含め研修までしていただいた。お世話になりっぱなしである。人生の交差点に立っていただき、改めて感謝申

わざわざ村まで来ていただいた鈴木先生と

し上げたい。

　先生は考えを押し付けることや答えのようにご自身の意見を述べるのではなく、問いかけながら「出番」を用意していただいていた。学生扱い、若者扱いをするのではなく、一介の「福岡要」として常に接していただいていると感じている。

結びとして

　問いの答えは、教育を受けたものが「どうなった」のかがすべてだろう。私が蛙学から受け取ったものの一端は、ここに記した。応えにはなっていると思う。

　そういえば、「勉強って何だと思う？」は、コーヒーマッププロジェクト型学習に取り組む前に中学生たちに訊いた問いであった。2024年度には20歳になるであろうかつての生徒たちに機会があればまた訊いてみたい。蛙学を履修した私が17年経って今こうして振り返っているように。

6）大学の授業2単位が持つ可能性

第9期　田村菜穂美
（北海道大学環境健康科学研究センター 講師）

私の現在の仕事

　私は、大学共同利用機関法人　情報・システム研究機構　統計数理研究所医療健康データ科学研究センターの助教を経て、現在北海道大学医学部保健学科の講師として、医学・健康科学領域における先進的なデータサイエンスに関する研究・教育の推進に努めています。

　研究テーマは、子どもの健康と環境に関する疫学研究。環境の汚染や変化が人の健康に及ぼす悪影響を「環境リスク」といいますが、私たちを取り巻く社会や生活環境が大きく変化する中、環境リスクの増大が懸念されています。

　環境リスクが私たちの健康に与える影響は、基礎研究や動物実験を通して検討されていますが、動物と人とでは、形態学的・生理学的に大きな違いがあり、動物実験の結果だけから人への健康影響を知ることは困難です。そこで、人間に悪影響が生じているのかどうかを実際に人間の集団で観察するのが、疫学研究です。

　すべての人に対して調査を実施することができれば、より正確な環境リスクの評価ができます。しかし実際には、調査は限られた一部の人にしか実施できません。調査票や面接による聞き取り、医療機関の協力を得た調査対象者と家族からの血液など生体試料の採取などを通して調査しますが、これには多くの時間や費用が必要で、調査

に参加する人にも物理的・精神的な負担がかかります。

　限られたリソースから、すべての人に対して行う調査に近い結果を得るのに有効なのが、統計学的なアプローチです。私は疫学と統計学に携わりながら、人々の健康な暮らしのための根拠となるデータを提供することを目指して研究しています。

背中を押してくれた先生と「蛙学への招待」

　もともとは診療放射線技師になるつもりでいた自分が研究職に就いていることには、少なからず鈴木先生と「蛙学への招待」の影響があります。大学教育と研究の予想を超える面白さを教わりました。

　大学3年の春休み、アルバイト中に先生から、携帯電話に不在着信がありました。急いで掛けなおしてみると、「田村は大学院に行くのか？」と。私が所属していた医学部保健学科は、医療従事者を養成するカリキュラムが中心で、大学院進学者は多くありません。でも私は大学進学時から、自分の興味関心があることを専門的に学ぶ大学教育をとても楽しみにしており、ちょうど大学院での学びを具体的に検討していたところでした。それを見透かしたかのような、ご連絡でした。「田村は大学院進学を考えているだろうと思っていた。それならきっと今後の役に立つから、蛙学への招待のティーチングアシスタント（TA）をやらないか。ボランティアだが」と。

　二つ返事で引き受け、その後に大学院進学も決意しました。

私の「蛙学への招待」での学び

　「蛙学への招待」を受講したのは、高校時代の友人の第7期蛙学生が紹介してくれたからでした。1年浪人して大学に入学する前に、現役生として入学していた友人た

還暦のお祝いの時に集まった歴代の蛙学TAたち　右端が私

ちに、履修してよかったと思う授業を聞き回っていたのです。

　楽に単位が取れた授業を紹介してくれる友人が多い中、彼は最も学ぶことが多く、人生にとっても意義深い授業として「蛙学への招待」を挙げてくれたのです。そして、私がきっと「蛙学への招待」を好きになるだろう、と。カエルに触ったこともなかった私ですが、履修希望を申請し、抽選に当選することができました。

授業が始まってからは、目の回るような日々でした。毎週の授業と課題、それに加えて個性的なグループメンバーたちと共に取り組む学生授業づくり。私たちの班では、北海道に生息するトノサマガエルを通して外来種問題を考える授業を企画しました。トノサマガエルはもともとは北海道におらず、本州から実験動物として輸入されたものなどが原因となり、増え広がったものです（竹中、1993 & 1997）。

　ちょうど私たちが学生授業を考えている時期に、ある大学教授がトノサマガエルの駆除に乗り出す、という記事が地方新聞に載りました。私たちは鈴木先生の協力を得て、その駆除を訴えている大学教授と、もうひとり、トノサマガエルは分布を確認しながら見守るしかないだろうという方針の大学教授とに、面会させていただくことができました。「蛙学への招待」のキーワード“ホンモノとの出会い”である第一人者との接触は、処理しきれないほど多くの情報を与えてくれました。問題は、それをどう授業にまとめるのか。調べた情報をまとめるだけでは授業にはなりません。聞く人に、トノサマガエルを通して外来種問題に対して考え、学ぶことを促さなければならないのです。

　本番2日前、外来種であるトノサマガエルをこれ以上、人為的に広げないための方策を学んでもらえる授業にできないだろうか、という案が持ち上がりました。私たちは、大学教授へのインタビューで、子どもがオタマジャクシを家庭に持ち帰り、カエルになると別の公園に放してしまうことが、生息域の広がりに繋がっていると教わっていました。在来種のカエルであれば環境に対する影響は大きくありませんが、外来種では別の問題になるのです。

　問題は、私たちが普段目にするカエルを、在来種なのか外来種なのか判別できないこと、それもオタマジャクシとなれば尚更です。カエルについて学びを深めてきた「蛙学への招待」の受講者でも、オタマジャクシは識別できないかもしれない。そこで、受講者にトノサマガエルと在来種を含む3種類のオタマジャクシを配布し、問題の難しさを共有できないかと考えました。

　学生授業の前日の早朝、私たちは「蛙学への招待」のOBの協力を得て、札幌市近郊の許可をくださった田畑で、オタマジャクシの捕獲に奔走していました。平日の朝のことで、協力してくださったOBは、私たちを大学に送り届けた後、仕事へ向かっていきました。満足には程遠い完成度でしたが、なんとか揃えたトノサマガエル、エゾアカガエル、アマガエルのオタマジャクシを使って、全力を注ぎ切った授業ができました。

大学１年生の前期、私はサークルに入ることもアルバイトを始めることも忘れてしまうほど熱中して、「蛙学への招待」に取り組みました。「蛙学への招待」は、本物の科学者や協力者との交流を通して、私に科学の入り口を示してくれたのだと思っています。一人では決して作り上げることができなかった、学生授業を作り上げた経験も、チームで取り組む仕事に対してポジティブなイメージを与えてくれました。

私にとっての「蛙学への招待」とは

　鈴木先生の授業には、誰よりも先生自身が本気だったので巻き込まれてしまう…という面があります。先生の授業中の指示が情熱に溢れ過ぎていて、聞き取れなかったこともありました(そんなとき、いつも助けてくれたグループメンバーのみんな、ありがとう！)。

　私たちは、何かに全力を出すことに漠然とした恐れを抱いてはいないでしょうか。全力を出しているにも関わらず、その目標を達成できないと格好が悪い、周りと比較して自分だけが頑張ると損をする、などと反射的に考えてしまいます。しかし、常に全速力で疾走する先生の授業に出るたびに、そんな恐れが吹き飛びました。この授業を受講する学生は時折、とても感情的になります。大学生が授業のためにぼろぼろと涙を流すことがあります。全力を出すことができると、自分の限界を知ることの悔しさも、最後までやり遂げることで得られる達成感も、一味違ってきます。

　TAになってからは、やる気が出ない人を導く難しさを実感しました。少しでもさぼりたい、楽をしたいというのは、恐らく人間の基本的な性質です。学生も学生なりに忙しく、この程度でいいかと手を抜いてしまいがちです。

　通常の大学の授業では、レポートを出さない学生に対して、教員側からやりとりをすることはなく、ただ学生の最終評価の評点を下げるという対応をとるでしょう。しかし、「蛙学への招待」では、鈴木先生は学生を呼び出し、丁寧なヒアリングを施していました。なぜ課題に取り組むことができなかったのか、理由を尋ねられるのは学生にとって気まずい時間ですが、見過ごしてはもらえません。対話の中から、その学生の学ぶ意欲の所在が探られます。一筋縄ではいきませんが、こういったヒアリングを通して、力を出せるように軌道修正される学生を何人も見ました。

　最近はハラスメントの問題が社会的に取り上げられるようになって、教育現場でも相手に何かを指摘する、ということが難しくなってきているように感じます。そんなときは信頼関係を築くことが重要といわれますが、具体的にはどうしたらよいのでしょう。歩み寄るために教育者の側からできることは、相手の中に学ぶ意欲が必ずあ

るはずだと信頼して、関わり始めることなのかもしれません。

「蛙学への招待」を通してみた日本の大学教育

　大学教育を担う教員は、授業を通して学生に何を伝えられるのでしょうか。私にも非常勤講師の機会が与えられ、少しずつ大学教育に携わるようになっています。

　その中で感じるのは、学生も教員も効率を重視する中で、大学授業を行わなければならない現実です。効率は物事を進める上で大切ですが、楽をするために効率よく単位を取ろうとすると、学びが貧しくなってしまいます。これは教員にもいえることで、研究活動を推進して成果を発信することや、大学内の事務的なタスクを遂行することと比べて、教育のミッションは内容に対する評価を受けにくい面があるのではないでしょうか。教育に自分の努力をどの程度割くべきかと、悩む教員もいると思います。

　大学の教育は、学生によい影響を与えて、その後の活躍に貢献する可能性を秘めています。大人になった今でも心に留まって、考え続けることを促している、自分にとって意味ある学びだったと思える授業は、存在します。

　現在の大学教育は、学生自身に学びをさせることができているのでしょうか。もちろん学びは、学生が自分自身で行うものです。しかし、授業は教員と学生の双方向のやりとりですから、教員から仕掛ける手はまだまだあるはずです。私にはまだどのような大学授業を作るべきかの答えはありませんが、悩むとふと「蛙学への招待」はいかに面白かったかと思い出します。自分の頭を使い、手を動かして、勉強することが面白い！と感じることができる授業を提供できるように、努めたいものです。

7) 「蛙と自己効力と私」

第 9 期　藤井志帆
（北海道立高校 理科教諭）

大学を卒業してから現在に至るまで

　教員になり 12 年と少し経ちました。私の教員生活の始まりは地元でも大学の所在地でもない青森県で、当時は学部の専門を活かしたいと考え、理科ではなく水産で教員採用試験を受験しました。青森県で 5 年お世話になり、水産の教員として地元の北海道に戻り 4 年間勤務した後に、理科教諭として普通高校に異動しました。現在は生物系と化学系の科目を担当しています。

「先生の授業は、教科書をそのまま教えてるだけだよね。注意するなら暇しない授業してよ。」

　青森県の水産高校に赴任し、教員生活がスタートしました。青森県の採用枠は教科水産の中でも細分化されており、合格した枠通りの海洋生物系の学科で教えると思っていたのに、食品製造メインの食品科に配属になり、知識もないのに…と呆然としたのを覚えています。それからは未知の分野の勉強をしてギリギリまで授業を組み立て、そのまま授業に臨むという生活でした。その時に生徒から言われたのが冒頭の言葉です。

　「教科書の内容を教えるなんて、あたりまえでしょう。定期テストもできていないのに何を言っているの？」というのが当時の私の感想です。これが授業中に携帯電話を操作していたことを指導した後の言葉だったこともあり、すぐには受け入れられませんでした。しかし、この言葉が後の授業改善に役立つことになりました。

大切にしたいことは「自己効力」と「学び合い」

　このように、生徒と信頼関係を築くのにかなり苦労した私でしたが、強がる生徒の背後にある家庭環境を知ったり、自信のなさや自分を認めてほしいという気持ちを感じたりすることが多くなってきました。そんな中改めて鈴木先生の著書を読み返していくうちに、「自己効力」という言葉が目にとまりました。学級の中では教師に対してすごい口をきいていても、ハードルの高い挑戦には消極的だったり、学習が継続しなかったり、進路活動で頑張りがきかなかったり…そういう生徒が少なくなかったためです。

　中でも、「一度得られた自己効力が他にも転移できる可能性」があるという記述が特に印象に残りました。実業高校でも高校の学科に関連した就職をする生徒ばかりではありません。生物に関しても、そのすべての知識を将来使う生徒の方が稀でしょう。ならば、生物の内容を教えるのは大切ですが、授業を通して興味関心や自己効力を高め、進路の選択肢を広げたり、未知の難しい課題にも挑戦できる精神の基盤作りを助けることの方がより大事だと思いました。

　さらに、一方的な講義ではなく「学び合い」を意識した授業を展開したいと考えるようになりました。その原動力となったのは上述の生徒の言葉と、私が初任の時から感じている「授業の 50 分という時間はとても長い」という感覚です。

　生徒が一度に吸収できる分量の内容に絞り、ただ説明するだけなら 10 分や 15 分で終わります。また、これだけ ICT が発達した現在、学習内容を理解するだけなら学校で授業を受ける必要はありません。そんな中学校において集合型で授業をする利点

のひとつは、同じ教室にいるクラスメイトと協同して学んだ経験が理解度を高め、記憶にもより強く残る可能性が高いことだというのが、授業構成に悩み続けた私の現時点での結論です。生物はどうしても暗記しなければならない内容が多い科目ですが、ペアワーク・グループワークを取り入れ、学級全体で覚えるようにしています。

　教師は自分自身の得意分野を教えているため、その教科が苦手な生徒が感じている感覚を実感しにくいと思います。しかし私自身のことを考えてみても、苦手な分野の知識技術が身につくまでひとりで努力し続けるのは難しいことです。学力をつけるには、1人で黙々と思考に集中する時間ももちろん必要ですが、私の授業がその火付け役になれるならこんなに嬉しいことはありません。生徒が授業の時間の中で、小さくても「わかった！」という感動や達成感を得られるように、これからも工夫を重ねていきます。また授業以外の場面でも、生徒達をよく見て適切なタイミングで力になれるような言葉をかけ、生徒達が前向きに生活していくための一助になりたいと思っています。

蛙学と私

　大学1年生の時の私が蛙学を受講したのは、大学受験で燃え尽きた感覚があり、また何かを頑張りたいという漠然とした理由です。ガイダンスで鈴木先生の迫力を目の当たりにし、「この講義を取ってまた限界まで努力すれば何かが変わるかもしれない」と思いました。

弱層テストをする私。楽しみながら学ぶことが一番！

　実際は、班のリーダーだったにも関わらず班員から教わってばかりで、班員に対して引け目を感じたこともありました。そんな中授業直前まで議論を重ね、授業当日に授業で提示するオタマジャクシを捕獲するなど、良い授業にしようとギリギリまで粘りましたが、授業本番の手応えとしては良いものではありませんでした。さらに鈴木先生にも「君たちのこの授業は最低だ」などと酷評され（16年ほど経っているので文言は事実と異なるかもしれません…笑）、「頑張ったのに何にもならなかった気がする。これでよかったのかな。」という感想が残ったのが正直なところでした。

　しかし今は、『蛙学への招待』が目指していたものが理解できた気がしています。

講義を取っていた時に身に付けられていたかは疑問ですが、今このように感じられているのは、当時の私なりに全力で講義に向き合い、残っていたものがあったからだろうと感じています。それは授業制作のために夜中まで班員と議論を重ねたことや、制作を通して出会ったたくさんの方々からの学びによるものだと思います。

　鈴木先生、当時の TA の先輩方、授業制作のためお世話になった方々、あの時の班員の皆さん、ありがとうございました。

8）未知なる世界への Gateway としての蛙学

第 12 期　明石恵実
（宇宙航空研究開発機構（JAXA）研究開発員）

蛙学から始まった私のユニークな道

　私は 2012 年に「蛙学への招待」を受講し、その後数年間 TA として蛙学に関わりました。北海道大学工学院を 2018 年 3 月に修了したあと、同年 7 月からドイツの研究所 HZDR(Helmholtz-Zentrum Dresden-Rossendorf) に留学し、2022 年 7 月にドイツドレスデン工科大学より博士号（工学）を取得しました。同年に帰国し、現在は宇宙航空研究開発機構（JAXA）で宇宙開発に従事しています。北海道に生まれ育ち、ごく一般的な教育を受けてきた私がこのようなユニークな道を進んできたのは、蛙学を受講した影響が大きいと思います。

大学での学びの起爆剤としての蛙学

　私は幼い頃から蛙が好きで、人生を通して蛙グッズを集めてきました。最初は「好きな蛙について勉強できる」という気楽な気持ちでガイダンスに参加しました。それまでの私は "学校の授業はつまらない" と思い込んでいた節がありました。しかし、蛙学の授業内容は挑戦的であり、自分らしく考え行動することが求められる、それまで受けてきた授業とは全く異なるものでした。何より鈴木先生の真剣な（怪しげな）眼差しが心に残りました。自分にできるかどうか自信は無かったけれども、興味を持った私はすぐに受講を決意しました。

　実際に受講し始めると、みんなの前で自分の意見を言ったり、初めて専門家とコミュニケーションをとったりするなど挑戦が続きました。最初は難しかったけれどもだんだんと自分で考えながら行動できるようになり、自信が持てるようになっていきました。変わったと思うのは「ホンモノ」との出会いを重視するようになったということです。「ホンモノ」にこだわるようになると世界は未知な物事の宝庫であり、

「もっと知りたい」「実際に見てみたい」という好奇心が爆発するようになりました。

　蛙学の授業は前期で終わってしまいますが、蛙学生たちは身につけた問題解決能力と"自分にもできる"という自信を生かしてその後もそれぞれの学びを謳歌していきます。私も蛙学履修後には学内外で様々なことに挑戦しました。蛙学の学生授業の内容をサイエンスカフェという形に進化させ、市内の素敵なカフェ「カエルヤ珈琲」で市民の方々に授業をしました。春休みには同期の山口文さんと、二人でバックパックを背負って40日間のヨーロッパ旅行に出かけました。旅行前にはアルバイトをして資金を貯めたり、語学やヨーロッパの文化を勉強したりしながら二人で一年ほどかけて準備をしました。学部3年生のときには大学院生向けの流体力学のコンテストに出場し、最優秀賞を受賞したこともありました。

転機となったドイツでのインターンシップ　―再び「ホンモノ」との出会い―

　ところが一転、学部4年生になり研究室に所属すると途端に上手くいかなくなりました。専門的な研究は難しく、慣れるのに時間がかかりました。また、工学部は男性が約90％以上を占め、女性の少ない環境です。男性社会特有の雰囲気や研究室のメンバーとの人間関係に悩み、自分らしさの失われた苦しい日々を過ごしました。大好きだった蛙学のTAも出来なくなってしまい、鈴木先生や後輩の皆さんに迷惑をかけてしまいました。そんな時にドイツの研究所HZDR(Helmholtz-Zentrum Dresden-Rossendorf)でインターンシップをする機会に恵まれたのです。

　HZDRはドイツを代表する科学組織・ヘルムホルツ協会に属する研究所で、ドレスデンを拠点に、マテリアル・健康・エネルギーの分野で世界トップレベルの研究活動を展開しています。約60か国から集まった1200人ほどの従業員で構成されるインターナショナルな研究所です。インターンシップ中は研究室に所属し、指導教員であるドイツ人ポスドクのもとで計測と解析に従事しました。主体性が重視され、多様性を認める研究所の雰囲気に居心地の良さを感じたことを覚えています。専門分野の世界的な専門家と議論する機会も多くあり、世界最先端の研究に触れている興奮を味わいました。まさに、蛙学でいう「ホンモノ」との出会いでした。

ドイツ・HZDR(Helmholtz-Zentrum Dresden-Rossendorf)で研究中の一コマ

帰国してから始めた修士２年生での就職活動では、希望していた日系の大手企業から内定を頂きました。しかし、内定式がせまる夏のある日、インターンシップ時のドイツ人指導教員から一通のメールが届きました。「新しいプロジェクトのための博士課程学生（ドイツでは日本の新卒と同等の給料が支給されるポジション）を募集しており、興味があるのであれば返事が欲しい」ということでした。インターン中に感じた居心地の良さを忘れられずにいた私は、ドイツでの博士課程進学について真剣に考え始めました。この時に考えていたのは日本の大企業への就職は一昔前では正しい「解」であったかもしれないが今はどうだろうということです。ドイツで博士号を取得することで身につく専門性や国際性は今後のキャリアにプラスになるであろうし、何より挑戦することが人生の大きな糧になるのではないかと考えました。最終的に日本企業の内定を辞退し、ドイツで博士課程に進むことを決意しました。ここで自分ならできる！と思うことができたのは、蛙学をきっかけとしてそれまでに得た自信があったからだと思います。

ドイツで思い出した「蛙学への招待」

　インターンシップは「お試し」であったのに対して、博士課程では約４年間一市民としてドイツで生活をし、正式なメンバーとして研究室で働きました。外国語を通したコミュニケーションやコロナ禍など苦しいことは沢山ありましたが、それらを大いに上回る感動や出会いがありました。自然が多く街並みの美しいドレスデンで外国人の友人たちと過ごした日々は人生の宝物となっています。

　留学期間は複数の学術論文の執筆・出版や国際学会への参加、そしてもちろんプライベートも非常にアクティブに過ごしました。研究活動では蛙学で学んだことを思い出すことが多くありました。私は論文を執筆する際、紙に印刷をした参考文献をまとめた一つの大きな紙のファイルを作ることにしています。ドイツの研究室で、論文に使う参考文献をまとめているとき、「蛙学でも同じことをしたな」とふと思い出しました。たった一人でドイツからカナダでの国際学会に派遣され、発表準備をしているときは、蛙学の90秒スピーチのことを思い出しました。あのとき声が震えるほどに緊張したこと、学んだ情報の取捨選択の難しさ、そして発表時間を厳守する大切さなどについてです。大学初年度で学んだことが数年後、留学中に生きてくるというのは、いかに蛙学という授業が学生の体験・習得のためにデザインされているかを意味していると思います。

　OHPシートいっぱいにアズマヒキガエルを描いたこと、グループのメンバーとスーパーで買った肝臓を見ながらドライ・ラボに着色したこと、学生授業前にチーム

ワークがうまくいかなくて決行した夜のミーティングなども覚えています。

　ドイツで所属していた研究室のメンバーの国籍は様々で、ドイツをはじめとした
ヨーロッパ各国が多く、そのほかアジアと南アメリカ、アフリカ出身者がいました。
時々「この雰囲気は蛙学の教室と似ている」と思うことがありました。蛙学の教室に
も文理問わず様々な学部から、様々なバックグラウンドを持つ個性的な学生が集ま
り、互いに尊敬しながら自由闊達に意見交換をしました。北大の片隅でこっそりと行
われていた授業がこのようにグローバルに通用する教育を実践していたということを
より多くの人に知ってほしいと思います。

そして、宇宙開発の世界へ！

　2020年12月寒くて暗いドイツの冬、コロナ禍でどこにも出かけられない日々が続
いていました。アパートで博士論文を執筆していた私はあるニュースに目を止めまし
た。「はやぶさ2　小惑星リュウグウからのサンプルリターンに成功」というニュー
スでした。世界初の成功であり、日本の宇宙開発史上における最大の快挙と言っても
過言ではありません。ドイツの研究所で諸外国と日本における科学技術分野に対する
予算や環境の差を実感していた私は、日本でこのような歴史的な成功を実現させた背
景を知りたいと思い、JAXAに興味をもちました。ちょうど博士号取得後のキャリア
を模索していた時期であり、ドイツから帰国後2022年4月からJAXAで働くことと
なりました。JAXAでは国際宇宙ステーション(ISS)における水再生システムの技術
実証に携わってきました。

　2022年度はH3ロケットの打ち上げ失敗、医学系研究に関する研究不正、超小型
探査機OMOTENASHI失敗等JAXAにとってチャレンジングな一年となり、JAXA
内外で改革に向けた議論がなされています。私自身も業務を通して宇宙ミッションは
基礎研究・設計・製造・運用まであらゆるフェーズが高い精度で機能することが求め
られる非常に難しい分野であることを痛感しています。高い技術力だけではなく、
ミッションに関わる人数や組織が多いため、チームワーク、コミュニケーション力が
求められます。ミッション期間は10年超と長いため、メンバーのモチベーションを
保ちながらミッション成功へ導くプロジェクトマネジメント力も必要となります。ど
うでしょうか、まるで「蛙学への招待」の拡大版のように思えてきませんか？

　米国宇宙局(NASA)の予算・人員規模はJAXAの約10倍と言われており、他国の
宇宙開発にかける予算も年々増加傾向にあります。私の個人的な意見ですが、日本の
限られた予算で高い国際競争力を維持するためには、より戦略的な宇宙ミッションの
創出、誰も挑戦していないところに挑戦するようなニッチな目標設定が必要不可欠で

あると思います。プロジェクトマネジメント手法も欧米のものをただ真似するのではなく、日本の文化や国民性に合わせて最適化する必要があると思います。私はこれからのキャリアを通して、日本らしい独自の宇宙ミッションの創出とその成功を実現したいと思います。

　また、ライフワークとして若い世代に科学の面白さを知ってもらうための活動をしていきたいと思っています。それは、私自身が北海道の片隅で蛙学に出会い、より大きな世界へ羽ばたくことができたように、多くの若い人たちに未知の世界を知る体験をしてほしいと思うからです。まだまだこれから、蛙学で学んだことを生かせる未来があると感じています。

大学教員に求めること　―独自の魅力あふれる鈴木誠先生―

　「Bon jour !」前述のヨーロッパ旅行中にパリ、オペラ座の前で待ち合わせをした鈴木先生(いつもよりパリ風)は、私たちにそう挨拶しました。パリの街を闊歩しながらお目当てのカフェまで私たちを案内する姿は、まるでパリを知り尽くしたフランス人のよう。「あれ、先生ってフランス人だったっけ？」と思ってしまったほどです。札幌市のジムに通っているらしいとか、市内のフットサル大会で大暴れをしたらしいとか、まるで大学生のような運動量です。本当は一体何歳なのでしょうか。鈴木先生のキャラクターは多くの学生を惹きつけてやまない魅力にあふれています。

　自信をなくしそうなとき、私はよく鈴木先生を思い出します。私だけではなく蛙学生は何かに迷ったときに、鈴木先生の部屋のドアをノックして相談に訪れることがあります。そのとき、鈴木先生は学生の目を見て「貴女ならできる」と言います。私は最初このような先生のことを特別に思いませんでした。しかし、修士を修了する頃にはここまで学生のポテンシャルを信じ、心から学生を応援している教員はとても珍しいと思うようになりました。大学では教員に研究業績上優れていることが求められていると思いますが、学生との関わり方については軽視されていると思います。自分では指導と考え批判をしたり、ハラスメントにつながる可能性のある言動を繰り返したりし、学生のポテンシャルを否定する教員を見たこともあります。

　鈴木先生との交換ノートである学生カードを手に取って読んでみると、受講生全員に対して、毎回手書きのコメントが返されています。カードは優しく、そして時には厳しい学生を応援する言葉で溢れています。蛙学生は私だけではなくユニークな道に進んでいる人が多くいます。ユニークな道は不確定要素が多く、進むのには勇気が要ります。先生は授業が終わったあともそんな学生たちを見守り、応援し続けています。先生の言葉が国内外で活躍する何百人もの蛙学 OB/OG の背中を押していると

考えると、たった一コマの授業のもつポテンシャルの大きさに驚きます。

　このように「蛙学への招待」は、私の人生において必要不可欠なものです。終了してしまうことはとても悲しく心から残念に思いますが、すでにバトンは先生から私たち蛙学生へと渡されたというように理解しています。これから世に放たれる蛙学生たちがどのように活躍していくのかを楽しみに、（すでに活躍されている方も多くいますが）、私自身も精一杯頑張っていきたいと思います。先生、これからも応援よろしくお願いします！

9)「蛙学」は解のない世界への招待状

第 16 期　松田直輝

（独立行政法人国際協力機構（JICA））

「部活やれば北大に受かる」

　私と蛙学、そして鈴木先生との出会いは、2014 年の高校時代まで遡ります。高校 2 年の秋に名古屋で開催された北海道大学の進学相談会で、私は「北大に入るにはどうしたらよいですか」という質問をしました。その答えは、「部活をやれ」。この斬新で単純明快で期待外れの答えを与えて下さったのが、鈴木先生でした。そして、当時高校 2 年生の私は「蛙学という面白い授業があるから取ったらいい」と光栄にもお誘いを頂き、無知な私が高校生でも受講できると信じて鈴木先生にメールを送ったことは、今となっては懐かしい思い出です。

　私は先生の言葉どおり、前例にないほど部活の練習メニューをガラリと変え、部長になり、県内の強豪校として見なされるまで部活をやり切りました。加えて、学年上位の成績をキープするため、勉学と大好きなバレーボールとの両立を試みました。1 年半後の 2016 年 4 月、私は生まれ育った静岡を離れ、晴れて北海道大学に総合理系として入学することができました。真っ先にシラバスで「蛙学への招待」を探し、初回の授業で一番前の席に座ったことを、今でも鮮明に覚えています。

　そんな私は、現在北海道大学の農学部生物資源科学科に所属し、2 回目の 4 年生を謳歌しています。大学 4 年の後期に半年間ベルギーに留学したため、卒業を 1 年間延長して、もう 1 度 4 年生をやることにしたからです。

　私が北海道大学の農学部を志したきっかけは、子供の頃から実家の庭で野菜を育てることが大好きで、父の仕事柄からも食卓にはいつも農家の新鮮な農作物が並び、食べ物の美味しさに魅力を感じていたことでした。中学生のときに訪れた真冬の北海道

は、見たことのないような銀世界の大自然と、美味しい食べ物に溢れた、夢のような大地でした。

　高校入学後の進路希望調査では、いつも北海道大学の医学部を第一志望にしていました。その頃は、2006～14年まで放送されていた坂口憲二が主演を務める『医龍』というドラマに感化され、外科医を夢見て勉学に勤しんでいたのです。しかし、どれだけ頑張っても、医学部レベルの学力には達することができませんでした。そこで、農学を志すと決めつつ、入学後に幅広い進路を選択できる北大の総合理系に進むことにしました。入学後は「安全な食糧生産」に興味を持ち始め、農業栽培を幅広く学ぶことのできる生物資源科学科を志望しました。

蛙学最大の後悔を乗り越えた研究分野との出会い

　大学4年間を経ても、蛙学の中で未だに後悔していることがあります。学生授業に「ホンモノ・第一人者」に当たることなく臨んでしまったことです。

　学生授業は、学部の異なる5～6人の学生の班で、自ら問題意識を持って徹底的に情報を収集し、それを他の学生に向けて授業をする、蛙学の名物です。その中で鈴木先生が学生に求めた必須条件は、「ホンモノ・第一人者に当たる」ことでした。

　当時、私がリーダーを務めたA班は、学生授業の準備期間に十分な情報収集を行うことができず、「ホンモノ・第一人者」と対峙することなく発表当日を迎えてしまいました。結局、学生に何を1番伝えたいのかが曖昧になってしまい、発表後に鈴木先生から他3班とTAの先輩方の前でひどく叱られたことは一生忘れません。大学に入って半年も経たない当時1年生の私は、「なぜ鈴木先生にひどく叱られたのか」「学生授業の準備の過程で具体的に何がダメだったのか」わかりませんでした。ただ漠然と、「ホンモノ・第一人者に当たる」ことは重要であるということが、苦い経験と共に記憶に刻まれました。

　蛙学の挫折経験から1年が経過し、生物資源科学科の勉強に慣れ始めた大学2年の後期、自分の研究分野を探す「旅」が始まりました。各研究室の教授が開講する色んな授業を受けながら、興味を惹かれる研究室に行こうと思いましたが、「旅」はそんなに甘くありませんでした。受け身で講義を履修したところで、学びたい研究テーマなど見つかるわけもないのです。

　そんなとき、「植物遺伝資源学」という、現在所属する研究室の授業に出会いました。その講義で課された課題が、「冬休みに地元の作物の歴史を調べる」ことでした。地元にどんな作物があるのかを己の好奇心に従って徹底的に調べ、北海道から静

岡へ「旅」に出ました。まず、地元の作物を守ろうと研究に勤しむ静岡大学の教授に電話でお話を伺い、その教授の紹介で、地元で育った蕎麦を打つ職人に直接インタビューさせて頂く機会を得ることができました。このとき、自分もこの蕎麦や作物、そして地域ごとの植物の多様性を守りたいと思い、現在「植物遺伝資源学研究室」に所属しています。このとき初めて、事前の徹底的な情報収集が、「第一人者」と対峙したときに得ることのできる知識・経験の情報量の決め手になると気づいたのでした。

研究から離れて進路と向き合えたベルギー留学

　私は現在、「インドネシアの薬草シダの遺伝的多様性」という卒業研究に取り組んでいます。約1万7千もの島を有するインドネシアで、薬草シダが島ごとにどのような多様性を持っているのかに興味を持ち、研究テーマに選びました。薬草としての栄養成分の研究が進められている一方、それらの栄養成分がシダ植物体内で合成されているメカニズムは、まだ明らかにされていません。そこで、まずは成分合成の原点である遺伝情報のゲノム解析をするため、薬草シダの葉っぱから遺伝情報を抽出する実験を行っています。

　しかし、正直に述べますと、当時大学4年になったばかりの私は、この研究に熱心に取り組むことができませんでした。研究室を選んだときに抱いていた私の興味と、従事している研究内容とが、完全に合致しているわけではなかったからです。

　徹底的な文献調査が全く不十分なまま、卒業研究に取り組まなければならない焦燥感に駆られ、指導教員の言う通りに実験をこなすことは全く楽しくありませんでした。まさに蛙学で学んだことと正反対のことをやっていたと、今となっては深く反省しています。

　そのとき、大学入学当初からずっと行きたかった海外留学のポスターがふと目に留まりました。そこで「いっそ研究から逃げて学びたいことを学びに行こう」と決意し、2週間で留学申請書類を作成して、ベルギーの Ghent 大学へ半年間留学することに決めました。もちろん、卒業研究から逃げる形でベルギーへの留学を決めたことは、日本を出国するに当たってたいへん後ろめたく、何度も後悔しました。しかし、一度決めた道を後戻りするわけにも行かず、身一つで新天地に乗り込み、開き直って留学生活をスタートすることにしました。

　留学先に選んだベルギーの Ghent 大学は、「フランダースの犬」で有名なベルギーのフランダース地方の一角にあり、学内の公用語はオランダ語でした。幸いにも大学院の授業は英語で開講されていたので、専門である遺伝情報の解析に加えて、学びたかった「循環型経済」やバイオテクノロジーの「知的財産」、「生命倫理」を履修しました。

しかし、全く予習をせずに臨んだ３つの新しい分野の授業は、初回講義の冒頭から何一つわかりませんでした。中でも「循環型経済学」は、北大での専門分野と全く関係のない学問であり、学んだことのない経済学に英語で挑戦するのは想像以上に大変でした。

　それでも、授業がとても楽しかったことを覚えています。だから事前に授業資料を英語で読むことも苦ではなく、授業中に一生懸命教授の話を聞き、友人と英語で議論することにもたいへん興味深く取り組むことができました。最後のプレゼン発表を写真のメンバーと成し遂げることができ、苦労しながらも留学生活を無事終えて帰国することができたことには、彼らをはじめ Ghent 大学と北大の先生がたや家族の支援に、心から感謝しています。

Ghent 大学で履修した「循環型経済学」のプレゼンメンバー
（左から、フィリピンの Snov、日本の私、ナイジェリアの Emmanuel、ナミビアの Martha、タイの Wavy、インドの Deb：国籍も背景も異なる彼らとの議論はまさに「解」がありませんでした）

　自分の研究分野を離れて Ghent 大学で学んだことは、改めて自分の進路を見直す機会になりました。帰国後に大学院進学をするのか、あるいは就職活動を試みるのか―その岐路に自分がいることを認識したのです。実はそんな悩みを抱えながら、留学中にドイツのドレスデンで研究されている第 12 期の蛙学 OG（明石恵実さん）を訪ねました。ドレスデンの美しい街を歩きながら、進路の悩みを率直に相談させて頂き、明石さんの経験を踏まえて「就職活動は楽しいよ。自分を見つめ直す機会として頑張ってね」と背中を押して頂きました。ずっと抱えていた将来への不安がふっと軽くなり、お陰で帰国後は「まず就職活動を頑張ろう」と思えました。

「解のない世界」への挑戦

　ベルギー留学から帰国した私は、現在就職活動に勤しんでいます。ようやく逃げた研究分野と自分の将来の両者と、向き合い始めました。留学を経て気づいたことは「自分が学びたいことは今の研究分野ではない」ということでした。ただ、未だ自分が何を学びたいのかわかりません。絶賛迷走中ではありますが、就職活動を通して22 年間の人生を振り返りながら「自分はどんな人間か」「社会で何を成し遂げたいのか」などの「解のない」問いに必死に答えようとしています。

一方で、誰も予想しなかったコロナウイルスの感染拡大により就職活動にも影響が出始めており、そもそも新卒採用をする企業がどれだけあるのかを不安に感じています。しかしこの状況を懸念したところで、誰も答えを与えてくれません。「自分に今何ができるのか」を常に考え続けながら、世の中の情報を徹底的に収集し、自分が働きたいと思える会社に履歴書を出して体当たりしていくしかないのでしょう。

　この精神を持つきっかけになったのは、授業の中で鈴木先生が仰っていた「解のない」という言葉でした。「解のない」世界に生きる私たちは、常に答えを持っていなければならないと思います。時間が経つと変わってゆく、流動的な答えです。

　大学に入学したばかりの私は、父を見習って起業したいと考えていました。しかし農学を学び始めると、農業コンサルタントとして農家の栽培をサポートできる仕事に就きたいと気持ちが変わりました。さらに、タイでの2週間の課外授業や半年間のベルギー留学を経て、農業をより広く捉えてグローバルに、物流や販売、そして途上国の食糧生産を支える仕事がしたいと思うようになりました。現在は途上国の農村開発を支援できるJICAやグローバルに大規模な食糧生産に関われる総合商社で働くことを希望し、就活に励んでいます。

　最終的にどの会社に就職するのか、はたまた就職活動を辞めて大学院に進学するのか、今はわかりません。不確実な未来を自ら決定するため、徹底的に情報を収集し、企業の第一線で働く北大OG・OBの「ホンモノ・第一人者」に恐れることなく自分のやりたいことや価値観をぶつけ、常に答えを持ち続ける努力をするよう心がけています。

　現状、企業が対面での採用活動を自粛する傾向にあるため、北海道に住む私は航空券とホテル代を負担して東京に行かずとも、オンライン面談により節約した就職活動を行うことができています。正直なところ、画面越しの面接では「ホンモノ」と対峙する価値が薄れてしまいますが、感染のリスクと交通費や時間のコストを考慮すると、現状ベストな「解」だと私は思っています。

解を求める大学生に種をまく

　「蛙学への招待」で得られたことは、実は全て授業を終えてから気づいたことでした。当時履修していた1年生の時点で気づけたことは一つもなく、苦い経験のみが今でも残っています。それくらい何もわからないほど深く、「解のない」授業でした。

　ただ、授業を通して鈴木先生は、我々に「種まき」をして下さいました。お察しの通り、何の種を撒いたのか、撒いた種にどう「水やり」するのかについては、もちろん何一つ教えてくれません。今振り返ると、これが私の「高校」から「大学」への

ターニングポイントだったように思います。蛙学と出会ったことが、与えられた問いに正しく答える勉強から、「解のない」問いに自ら興味を持って答えていく学びへと変化を始めるきっかけとなったからです。だから、色んな経験を経て「種」に水が与えられる瞬間、すなわち蛙学での学びを思い起こして何かに気づいた瞬間に、「水やり」のヒントを見出せた気がして、嬉しかったことを覚えています。

　大学生に伝えたいことは、研究にも就職活動にも自分のキャリアにも、答えはないということです。今私は、就活と研究に苦しみながらそれをひしひしと実感しています。周りに求めても「解」はない。だから、自分自身で「徹底的に情報を収集する」、「ホンモノ・第一人者に当たる」ことを通して、解のない世界での旅を共に楽しんでください。

　教育機関には、学生が徹底的に情報を収集できる環境と、「ホンモノ・第一人者」と対峙できる機会を提供できる場であり続けてほしいと願っています。蛙学が幕を閉じた今、次は我々蛙学生が次世代に「解のない世界への招待状」を与える番です。世界で生き抜く力が芽生える「種まき」ができるような教育活動に、将来的に携わりたいと思っています。

10）蛙学に鍛えられ、カナダへ交換留学。まだまだこれからのオタマジャクシ

第 17 期　小林　慧
（北海道大学教育学院）

はじめに

　私は現在、北海道大学大学院教育学院の視知覚認知過程論研究室に在籍しています。蛙学は 2019 年度が最後の開講でしたので、私は終盤の蛙学生として、2017 年度に「蛙学への招待」を履修しました。2018 年度、2019 年度には TA も務めさせていただきました。ここでは一蛙学生として、（少々脱線しながら）いくつかのエピソードをご紹介します。蛙学がどのようなものであったかや、本編では語られなかった鈴木先生の人物像について、読者の皆様がイメージを膨らませる一助になると幸いです。

鈴木先生との出会い

　高校の進路学習の一環として、体育館で行われた講演会でのことです。ピカソ、将棋、iPS 細胞。全く予想していなかったような話が、矢継ぎ早に繰り出されます。このときマイクを握っていた人こそ、鈴木誠先生でした。私が先生と初めてお会いしたのは、当時高校 1 年生の私が通っていた高校に、先生が講演会のスピーカーとしてい

らっしゃったときでした。講演は進路に関する内容から始まり、学びや教育全般にまで及びました。既に教育に関心を持っていた当時の私にとってこの講演は、先生に感想と質問のお手紙を書こうと決意したほど、衝撃的なものでした。

　返答を頂けたらラッキーだけれどなかなか難しいだろうな、と思っていましたので、後日ポストに先生からのお返事が入っていたときには、とても驚きすぐに開封したのを記憶しています。私へのアドバイスとともに、「一度お目にかかりましょう」と書かれていました。こうして、先生の研究室を訪問することになりました。実際にお会いしたときには、講演会の感想や自分の関心を直接お伝えしました。先生から様々なお話を伺うことができ、帰り際には先生の論文を蛙のハンコつきでいただきました。

蛙学が教えてくれたこと

　2年後、北大に入学した私が蛙学の抽選に応募したのは自然なことでした。学生カードに書かれた先生の最初のコメントは「まさかここで再会するとは思っていなかったよ」だったはずです。子供の頃、祖父母の住む旭川を訪れる際にはほぼ毎回旭山動物園に行っていたほどの動物好きではありますが、カエルを含む両棲類にはほとんど興味がありませんでした。蛙学を履修する学生の中には、もともとカエルが好きな人が一定数いますが、「カエルにはあまり興味がなかったが、シラバスを見て面白そうだと感じて応募した」という人も結構います。

　さて、ここからは、私の印象に強く残った蛙学の魅力をまとめます。

1）どう伝えようか？を徹底して考えさせる

　蛙学には、90秒スピーチやプレゼンテーション、学生授業など、何かを伝える機会が多くあります。私が受講した年度には、個人で行う90秒スピーチの他に、グループ単位で行う10〜30分間のプレゼンが計3つありました。

　それぞれ目的が異なるため、発表ごとに何を伝えるのか、どう伝えるのかを熟考します。特に学生授業を行うとなると、多くの蛙学生が過去にそのような経験をしていませんから「プレゼンと授業の違いは何か？」と問うところから始め、授業形態や動機づけについても調べたり、グループで議論したりすることになります。この経験は、今でも大いに役立っています。

2）そこまでしていいのか！をバネに工夫する

　蛙学では、工夫すること、こだわること、そしてオリジナリティを追求することが

求められます。私自身も、回を追うごとに工夫を凝らし、チャレンジをするようになりました。TAとして現役蛙学生と接する中でも、このような変化の過程がはっきりと見て取れます。最初は少しチャレンジに控えめだった蛙学生が、最後の学生授業では緊張しつつも自信を持って、あっと驚くようなことをするのは、蛙学では珍しい光景ではありません。

　このような変化は、蛙学生同士の、そして先生とのコミュニケーションの中で生まれてくるように思います。授業の中では、90秒スピーチを始めとして、他の蛙学生の発表を聞く機会が多くあります。また班のメンバーと協同作業をする時間も、数十時間にのぼるでしょう。授業中に別の班が隣で作業をしているのが見えることもあります。その中で、「こんなことをしてもいいのか！」「こんなことまで準備しているのか！」と刺激を受けて、次回の自分の発表や学びに活かすのです。

　私自身、そのような瞬間が何度もありました。たとえば90秒スピーチで、アクリル絵の具による着色を披露した蛙学生。質・量ともに自分のものを遥かに上回るレポートを書いた、同じグループの仲間。他のメンバーに感じる「すごい！」を原動力に、自然と多くの量の作業を進め、できるだけの工夫をしようと心掛けるようになりました。

　工夫を凝らすようになると、失敗と紙一重の斬新なアイディアが思い浮かぶことも増えてきます。蛙学には、そんな失敗をも包容する雰囲気があります。「失敗OK」は、蛙学受講中に鈴木先生にかけられた言葉の中で印象的なものの一つです。言葉としては珍しいものではありませんが、私を含めた蛙学生はこの雰囲気に助けられ、思うままに冒険をすることができたように思います。

3）先輩からの鋭い指摘

　蛙学が他の初年度授業と異なる点の一つが、OG/OB が頻繁に授業に訪れることです。先輩蛙学生から色々なお話（蛙学とは関係のない話も含めて）を聞ける機会があるのは、とてもありがたいことです。OG/OB で構成される TA にとっても、一緒に TA を務める先輩や後輩から継続して刺激を受けることができ、これも貴重な体験になります。

　先輩方は、現役蛙学生のプレゼンや学生授業に対して、論理構造や授業の方法など様々な観点から鋭い指摘をします。とりわけ大学院で研究をしている OG/OB の方々の指摘は、非常にキレのあるものです。指摘を踏まえて議論・修正し、また新たな指摘を受ける。これを繰り返すことで、批判的に考える習慣がついていきます。このような機会を1年生の間に得られたのは貴重なことでした。

当時を振り返ると、悔しさと次へのモチベーションが入り混じった感情が蘇ります。先輩方の指摘は論理的で、総じて的を射ており、次回の発表時の改善点になりました。私自身がTAになってからは、学生授業時のコメントペーパー（学生が、自分たちの班を含むすべての班の学生授業に関して評価とコメントを書いた紙）に「TAからの指摘がその通りで、悔しい」「残された時間は短いが、指摘された点を修正したい」など、自分が感じたことと同じようなコメントを見つけました。

　厳しい指摘に相当落ち込んでしまう学生もいます。学生カードやTAからのメッセージを通してそれに気づいている鈴木先生は、学生授業後に必ずグループ全員を研究室に呼び、フォローします。結果、落ち込んでいた蛙学生も、レポートから解放された喜びも一役買っているとはいえ、採集（最終）授業には笑顔で参加します。

4）濃密なグループワークを経験できる

　グループ学習は、蛙学の醍醐味の一つです。私の班はアカガエル属の学名にちなんで「Rana（ラナ）」というグループ名にしました。思い返せば、蛙学を受講している中で最も楽しかった時間は、Ranaのメンバーで集まって議論や実験をしているときだったと思います。遠慮のない議論が続く日々は、とても新鮮でした。半年間にわたり継続して議論し、作業を共にする経験は意義深いものでした。

　理系の3人と文系の私、というグループ構成で、どのように議論に混ざればいいか、お互いの力をどうしたら発揮できるか、悩むこともありました。各メンバーが興味に向かって突き進む姿に、大きく影響を受けたのは間違いありません。またそれぞれ異なる分野に興味を持つ個人が集まり、同じ目的に向かって取り組んだ経験は、学際的な研究への関心を高めたように思います。

よい授業は、いかにして作られるのか　―蛙学のバックステージ

　教育に関心のある私にとって、蛙学の受講後も2年間TAグループに加われたことは、蛙学を受講したことと同じくらい有意義な経験でした。TAを務める中で、様々なグループを客観的に、そして時には議論に加えてもらいながら見る機会を頂きました。中には、どうしてもうまく議論が進まない班もあります。TAとして様々な働きかけをしても、なかなか進展しない…ということも少なからずあります。そのような班のメンバーが蛙学をどのように見ていたか、結局分からずじまいで終わってしまったこともありました。蛙学に関わっていた中で、これが最も悩んだ事柄であり、かつモチベーションの高さや興味の異なる他者との協働のあり方について考えるきっかけを与えてくれた出来事でした。

鈴木先生が授業準備をしているところを、間近に見ることができたのも貴重な体験でした。現役蛙学生からは、先生が迷いなく突き進んでいるように見えますが、授業準備をしているところを見ると、授業をその年の状況に合わせていかにデザインするか、かなり悩んでいる様子が伺えました。先生は学生をモニタリングすることの大切さを日頃から強調されていますが、先生の言う「モニタリング」とは並大抵のものではありません。学生カードには必ずコメントを返されますし、授業中も見ていないように見せかけて、実は学生の様子を非常に細かく観察しています。TAにメッセージを送り、蛙学生の授業外の様子を聞くこともあります。裏側を見ることで、蛙学が20年間に渡って評価されてきた影に、膨大な授業準備とエビデンスや経験に基づいた工夫があるのだと気づかされました。

　以上のように振り返ると、蛙学が非常にたくさんのことを私にもたらしてくれたことを、改めて実感します。高校生のとき、鈴木先生が教育について書かれた本を読んでいた私は、蛙学の授業の内容や意図の半分ほどは、事前に知っていました。それでもなお、実際に蛙学を受講する中で、その事前知識からは予想できなかった発見と驚きがありました。

　「蛙学で得たもの」として紹介した事柄のいくつかは、「ただ獲得する時期が早かっただけ」で、さほど特別なことではないと捉える方もいるかもしれません。たとえば発表の心構えを知ることや、オリジナリティのある問い・仮説を立て検証することなどは、卒業論文を書く中で、ほとんどの大学生が経験することともいえるでしょう。しかし、これらのことを大学1年生の前期に学ぶことが、大学での学びをより有意義なものに変えるのだと考えています。

カナダへ交換留学

　大学2年の夏休みの中盤、私はカナダへ渡航しました。バンクーバーのブリティッシュ・コロンビア大学(University of British Columbia：UBC)での8ヶ月間の交換留学のチャンスをいただいたためです。UBCを選んだのは、「ホンモノを体験せよ」という蛙学で得たメッセージに影響されてのことでした。UBCは、心理学で世界トップクラスの研究機関の一つで、著名な心理学者も多く在籍・輩出しています。留学中の忘れられない体験はたくさんありますが、ここでは蛙学に通ずる2つの観点からご紹介します。

　1つ目は授業内外における議論について。(私が受講したのはUBCの心理学部の授業だけですので、UBC全体やカナダの教育にまでには一般化できないと思います

が、）どの授業でも議論をする機会が開講期間を通してコンスタントに設けられていました。授業内はもちろん、課題やオフィスアワー（教員や TA が学生からの質問・相談を受け付けている時間）でも様々な形でディスカッションを行いました。また、北大では試験の答案が返却されないことも多かったのですが、UBC で私が受講した授業では必ずテストが返却され、それに関して個別に採点者とディスカッションする場も設けられていたことに驚きました。自分の理解が不正確である点などが確認できるため、役立つ機会でした。

2つ目はシラバスです。UBC のシラバスは非常に詳細で、授業によっては 10 ページを超えるようなものもありました。授業の内

カナダ　ブリティッシュコロンビア州の
Wedgemount lake

容、評価の基準、オフィスアワーなどについて、細かい記述がなされています。特にレポートの評価基準や到達目標が明確に示されている点は、印象的でした。

蛙学でも、授業内外で議論をしたり、自分の意見・プレゼン・レポートについてフィードバックを受けたりする機会は充実していました。また、シラバスも詳しく、到達目標が明確に定められています。「何を目的にしているか」について意図的に明かされない場面もありますが、うやむやにはせず、必ず最後に目的が明示されました。到達目標が明確に示されていることで、学び手は学習の場面や、達成した際の状況がリアルにイメージでき、意欲が高まります。

余談ですが、バンクーバーでは、鈴木先生が中学校の教員だった頃の教え子の村上貴英さんとそのご家族にもお世話になりました。いつも温かく迎え入れてくださり、お会いする度に元気をいただきました。UBC のキャンパスで初めて村上さんにお会いし、巨大なハンバーガーをご馳走になったとき、鈴木先生のことを「まこっちゃん」と呼んでいるのを聞いて、なんだか不思議な気持ちになったのが懐かしく思い出されます。

鈴木先生は、「蛙学は種播きだ」と常々おっしゃいます。とすれば何年か経ってまた、蛙学のもたらしてくれたものに新たに気づくことができるのかもしれません。そんな日が来ることを楽しみに、学び続けたいと思います。

おわりに

　「解」のない時代に学生らは船出していく。彼らにどのような力を育むべきか、また今出なくてもやがて萌芽するであろう「種」をどのように蒔くのか、これが私の長い間の課題だった。

　その解へ向けての一つの挑戦が「蛙学への招待」であった。毎年学生の動きから己にフィードバックをかけ、少しでもよい授業となるように修正を加えてきた。約20年取り組んでみたが、残念ながら力足りず最後まで目標とする到達点には届くことができなかった。

　蛙学生らと同じく、私も「解」のない課題と向かい合っていたことに今気づく。彼らも私に種まきをしていたのだ。それは「いつまでも真摯に教育と向き合え」という種でもあるのだろう。

　OG/OB の後塵を拝するわけにはいかない。本授業はひとまず終了したが、彼らから蒔かれた種から芽が出るように、蛙学のコンセプトを受け継いだ第二弾を打ち出していかなくてはならない。COVID-19 新型コロナウイルスの世界的感染拡大での対応に見られるように、「解」の無い世界では、問題解決において「迅速な情報収集」、「多様な情報の処理」、「素早い判断」、「的確な決定」、そして「IT のフル活用」など、文脈的でブレーク・ダウンされたコンピテンスの具備が問われることは間違いない。どのようにそれらを育成していくかが、我々の喫緊の課題である。それには、今までの初等中等教育や大学初年次教育の内容、学習指導の方法をドラスチックに大きく書き換えなければ対応できないだろう。

　COVID-19 感染拡大以降、Zoom を代表とする遠隔授業システムは、一見蛙学の授業スタイルとは対極に位置するものの、「蛙学」を補完できる様々な可能性があることに今気づく。一部デジタル化した「ハイブリッド型蛙学への招待」なる新たな授業像も見えてきた。蛙学のマストアイテムである「学生カード」は、Google Suite for Education で十分代替できるだろう。昨今の学生は、カードよりこちらの方がより本音を覗かせるかもしれない。確かにアナログは圧倒的な情報量を誇るが、Google Hangout などを用いた少人数の対面型ディスカッションは、時間の枠なくより深い WS が可能となる。

　これらをうまく組み合わせてハイブリッド化を進めることによって、コンピテンス基盤型学習はよりその凄みを増すことになるだろう。それに合った新たな学習コンテンツの取捨選択や指導方法の改善など、課題はまだまだ山積みである。

「蛙学への招待」の20年を振り返ると、多くの学生の顔が浮かんでくる。たとえば2代目TAの寺尾明記や3代目TAの小松智彦。寺尾は文系（経済学部）とは思えぬ理系センスの持ち主で、二人で相談しながら今日の蛙学TAの基礎を作った。苦にするそぶりは一切見せず、後輩のために黙々とTAとしての任務を遂行していった。それによって蛙学は、次の学びの段階に移行することができた。寺尾のあとを受け継いだ小松は、修行僧らしく（先日教員をやめ故郷苫小牧の実家である法華寺で真の僧侶となった）学生の気持ちを酌みながら、親身に一人一人に鋭く迫っていた。それが伝説のTAといわれる4代目稲葉と武島を経て、田村、長竹、明石…最後の慧へと次々とバトンは受け継がれていった。

　本文に登場したOB以外ぱっと思い浮かべると、オノデラ、オギワラ、ハルカ、マキ、エリ、フミ、カエデ、ミホ、オケ、リズム、モトダテ、ミヤムー、ノドカ、コウキ、マナ、ナガイ、ナナサワ、ホソエ、ツカノ、キョーヘイ、キノシタ、マキグチ、ヨコチ、リュウタ、ユウジ、アユミ、シホ、テラニシ、セト、シズク、ヒナコ、ハギワラ、カズキ、コヤタ、ヨミ、フーコ、トモミ、ゴウダ、ホシノ、ナカオカ、タクマ、カズオ、ショージ、オオタ、コイデ、レイ、ミナコ、カナスギ、カナコ、ミムラ、モエミ、モモカ、コナカデ、コスギ、ゴトー、リキ、マスダ、アオキ、ホシノ、ヤナシタ、ヤマモト、オバタ、マツオ、ユキノ、ミズノ…ほか数え切れない名前が浮かんでくる。

　岡崎の基礎生物研究所から京大に異動した山本啓は、今何してる？元インディーズバンド「カラスは真っ白」のリードギターで現在俳優の菅田将暉氏とコラボを組む清水康平はどうしてる？…などなど思い出したらキリがない。「なんで俺の名前がないの？」と叱られそうだから、この辺でやめておこう。総じて言える特徴は、対象があまり一般的ではない両棲類ということもあるのか、実に個性豊かな学生が集まってきたことだ。学生には本当に恵まれた。

　でもどうしても上げろというならば、初代のツヨシだろう。「蛙学への招待」の履修は、希望者が殺到し初回から抽選となった。私も気になり発表会場に足を運んだところ、嬉しそうなヤツが柱の陰にいた。お互い「よろしく」と言葉を交わした瞬間から、蛙学は始まった。上田剛とは、北広島まで休日トノサマガエルを探しに行ったり、エゾサンショウウオの産卵地を見に行ったり、舞と3人で羊ヶ丘の北海道農業センターでキタキツネとばったり出会うなど、フィールドによく出かけていった。ある夜、「銭湯の脇からウシガエルらしき鳴き声がするとの情報があります。先生すぐ調べに行こう」と連絡してきたのもツヨシだった。「ちょっと待て？それってのぞきに

なるぞ！」と危うく踏みとどまったのを覚えている。その後初代のTAとなり、私をサポートしてくれた。現在札幌市役所に勤める彼は、忘れることができない一人だ。

　さらにもう一人というならば、第3期のカンゴかもしれない。「蛙学への招待」は、これからの社会で求められるコンピテンスの一つチーム・ワーク力の育成もねらっており、グループでの作業やディスカッションが多い。ところが彼は、「一人でやらせろ」「オレにはチーム・ワークという言葉はいらない」と文句を言ってきたのだ。第8期のカナメもそうだが、昔はこのような強者がたくさんおり、酒が許された時代は明け方まで学内で侃々諤々の議論したこともある。

蛙学第3期同窓会
左から、私、鈴木（旧姓鳥居）綾子、伊藤寛五、竹中孝一、梶原将大

　伊藤寛五は実にユニークな男だ。履修後の秋、「留年したい」と研究室にやって来た。話を聞くと意志は固く、とりあえず春休みに短期でイギリスに行くことになった。それで火がついた。再び私の元を訪れ、結局1年間休学して国際放浪に出ていった。イギリスからエジプト、中東にも渡り、今も持っているがシリアの小学校で子どもたちと一緒の写真を添えて手紙を送ってきた。最後は資金が底をついたのか、船で帰国。その後、水と環境に関するNPOを立ち上げ、大学院を経て丸紅(株)に就職し、現在海外に赴任し活躍している。

　一度本授業をやめようと本気で考えたことがあった。どこで聞きつけてきたのか、真顔で「ふざけるな！」と怒鳴りこんできたのが懐かしい。頑固ではあるが素直で実直、人の意見を聞き前向きで何でも吸収してやろうという姿勢に富む。自分で解決しなければ気が済まないホンモノ志向で、熱中症。最近は年賀状だけのやりとりだが、伸びる人間の見本のような非認知的能力の高い男だ。

　もう一人上げろ…いや、もうこちらもキリがないのでやめておこう。

　また、長い間機会を提供いただいた「札幌市豊平川さけ科学館」や、そこでご指導いただいた小沢加代子さん、ボランティアで夜遅くまで系統解剖をバックアップしてくれた北大自然科学実験支援室の田邉大人さんには、心から御礼申し上げる。貴女や貴兄らがいなければ、この授業は成り立たなかった。また、学生のために社会とのコ

ンタクトの入り口を提供してくれた、カエルヤ珈琲店の井野御夫妻・姉妹の皆様、4年前に本授業をほぼフルで取材いただき、ドライ・ラボのカエルの上に"北大、大解剖！"と印字したデザインのオリジナルクリアファイルまで制作していただいた本学CoSTEP（科学技術コミュニケーション教育研究部門）にも感謝申しあげる。本書に際し、写真使用の許可までいただいた。

　本出版にあたっては、多くの方々にご厚情をいただいた。特に原稿を長期にわたって塩漬けしていたにもかかわらず、復活に向けて誠意を持って対応いただいた株式会社共同文化社の馬場康広氏や編集の皆様には感謝申し上げる。また、蛙学第一期生佐藤舞の初期原稿への適確なアドバイスと献身的な修正作業によって、私の拙稿は世に出せるレベルまで漕ぎ着けることができた。貴女には心から感謝している。

　授業とは、学生と創る共同作品だ。それを通して彼ら一人一人に適切な種蒔きを目指したつもりだ。それができたかどうかはわからない。むしろそう思うこと自体が傲慢なのだろう。19年20回に渡って本授業を履修してくれた、歴代の蛙学生には心から感謝したい。抽選に漏れたにもかかわらず、単位なしでも受講した多くの学生諸君にも感謝したい。

　「ノーベル医学生理学賞を獲る」と夢見る女子学生もいる。蛙学OG/OBらが、これからどのような歩みをしていくのか、私は楽しみで仕方がない。

　授業を陰から支えたTA諸氏には言葉が見つからない。貴女や貴兄らの蛙学を思う心がなければ、メグ曰く「北大の片隅でこっそりと…」と始まった一つの初年次教育が、このレベルまで達することはなかっただろう。

引用並びに参考文献

・安彦忠彦(2014)『「コンピテンシー・ベース」を越える授業づくり―人格形成を見すえた能力育成をめざして―』，図書文化，113-120.
・ACARA (2013). General capabilities in the Australian Curriculum, Australian Curriculum, Assesment and Reporting Authority.
Retrieved from https://www.australiancurriculum.edu.au/f-10-curriculum/general-capabilities/ (accessed 2018.8.30)
・Ara Tekian. (2014) Trends and Challemges in Competency/Outcome-Based Education：Assessing competencies in an OBE curriculum：The ToKYoC Doctor シンポジウム―医学教育におけるコア・コンピテンスとその評価―講演資料，東京医科歯科大学.
・Argyris, C., Shon, D. A. (1978). Organizational Learning: A Theory of Action Perspective, Addison-Wesley.
・相磯貞和訳(2007)，ネッター解剖学アトラス，南江堂．東京.
・千葉大学大学院医学研究院・医学部(2015)「The ToKYoC Doctor ―大学間連携による今日の社会的ニーズに応えられる医師育成とその有効性の検証」平成 26 年度最終報告書」，千葉大学.
・Chomsky, N. 1965. Aspects of the Theory of Syntax. Cambridge, The MIT Press.
・福山右門・島田　裕・仲西忠之(1982)，解剖学の実習と要点，南江堂．東京.
・Hager, P., Gonczi, A. (1996). What is competence?, Medical Teacher, 18(1), 15-18.
・Harold Heatwole Ed, (1994), Amphibian Biology（Ⅰ）～（Ⅵ）, Surry Beatty & Sons. Australia.
・北海道大学教育改革室(2018)，北海道大学における教育方法のグッド・プラクティス，北海道.
・岩澤久彰・倉本　満(1997)，脊椎動物(Ⅱa2)両棲類Ⅱ，動物系統分類学 9(下 A2)，中山書店．東京.
・岩澤久彰・倉本　満(1996)，脊椎動物(Ⅱa1)両棲類Ⅰ，動物系統分類学 9(下 A1)，中山書店．東京.
・亀井節夫・後藤仁敏・大森昌衛編(1981)『第 4 巻脊椎動物化石，古生物学各論』，築地書館．東京.
・金本吉泰・鈴木　誠(2023)「高校生の生命観に関する基礎的研究―「生命」と「生物」の捉え方の分析―」『生物教育』64(2)，94-102.
・金本吉泰・大貫麻美・手代木英明・鈴木　誠(2019)「コンピテンス基盤型生物教育の提案．理科教育学研究」60(1)．15-25.
・黄　福寿(2011)「コンピテンス教育に関する歴史的・比較的な研究」『広島大学高等教育研究開発センター大学論集』第 42 号，1-18.
・国立教育政策研究所(2016)『資質・能力　理論編』，東洋館出版社，47-69.
・国立教育政策研究所(2013)「社会の変化に対応する資質や能力を育成する教育課程編成の原理」『教育課程の編成に関する基礎的研究報告書5』，83-92.
・教育課程企画特別部会(2015)「特別部会第 4 回配付資料：小学校の各教科等における教育内容，学習活動，育成すべき資質・能力，学習評価の構造分析(整理中イメージ)」
・教育課程企画特別部会(2015)「特別部会第 4 回議事録」，https://www.mext.go.jp/b_menu/shingi/chukyo/chukyo3/053/siryo/1358480.htm. (accessed 2018.10.15)
・Marzano, R. J. & Kendall, J. S. (2007). The New Taxonomy of Educational Objects 2nd edition, Thousand Oaks, CA, Crown Press.
・松下佳代(2018)「大学生のコンピテンシー育成と高大接続の課題：大学入試センターシンポジウム・2018：大学入学者選抜と学力の 3 要素：講演資料」.
・前田憲男・松井正文(1989)『日本カエル図鑑』，文一総合出版．東京.
・松井正文・前田憲男(2018)『日本産カエル大鑑』，文一総合出版．東京.
・松井正文編(2005)，これからの両棲類学，裳華房，東京.
・松井正文(2002)『カエル―水辺の隣人』，中公新書．東京.

・松井正文(1996)『両棲類の進化』，東京大学出版会．東京.
・松尾知明(2015)『21世紀型スキルとは何か―コンピテンシーに基づく教育改革の国際比較―』，明石書店，240-253.
・三宅なほみ(監訳)，益川弘和，望月俊男編訳(2014)『21世紀型スキル―学びと評価の新たなかたち―』，北大路書房，43-72.
・文部科学省(2019)『高等学校学習指導要領解説　理科編　理数編』，実教出版.
・文部科学省(2018)『中学校学習指導要領解説　理科編』，学校図書.
・文部科学省(2018)『小学校学習指導要領解説　理科編』，東洋館出版社.
・日本動物学会(1990)『動物解剖図』，丸善株式会社．東京.
・NGSS (2013).『Next Generation Science Standard』, https://www.nextgenscience.org/get-to-know. (accessed 2019.3.14)
・OECD (2018) OECD Education 2030.
　Retrieved from http://www.oecd.org/education/2030/ (accessed 2018.11.7)
・OECD (2016) Preparing our youth for an inclusive and sustainable world: The OECD PISA global competence framework.　Retrieved from http://www.oecd.org/pisa/aboutpisa/Global-competency-for-an-inclusive-world.pdf (accessed 2017.12.27)
・岡村周諦(1964)『動物實驗解剖の指針』．風間書房，東京.
・大貫麻美・鈴木　誠(2023)「生命科学に関して幼児期に育むべき資質・能力に関する論考：米国・オーストラリア・フィリピン・フィンランドの幼児教育を手がかりとして」．理科教育学研究．63(3)．513-526.
・Opetushallitus Utbildningsstyrelsen (2014) Perusopetuksen Opetussuunnitelman Perusteet 2014.
・ローマー．A.S &パーソンズ　T.S(1983)『脊椎動物のからだ―その比較解剖学』，法政大学出版局．東京.
・Patrick Griffin & Barry McGaw & Esther Care (2011). Assessment and Teaching of 21st Century skills, Springer.
・Rychen, D. S., Salganik, L. H (Eds.). (2003). Key competencies for a successful life and a well-functioning society. Gottingen, Germany: Hogrefe & Huber.
・総合科学技術・イノベーション会議・基本計画専門調査会(2015)「第5期科学技術基本計画に向けた中間とりまとめ(案)：第9回基本計画専門調査会・資料1」.
・鈴木　誠(2019)「コンピテンス基盤型教育の動向と日本の理科教育への導入の可能性―理科教育を通して育成すべき資質・能力とは何か―」．理科教育学研究．60(2)．235-250.
・鈴木　誠(2018)「コンピテンス基盤型教育とフィンランドの大学入学資格試験―試験問題「生物」は何を測っているのか―」東北大学高度教養教育学生支援機構編『個別大学の入試改革』．東北大学出版会. 185-225.
・鈴木　誠(2018)「カエルの模擬解剖」，数研出版，京都.
・鈴木　誠(2018)「カエルの模擬解剖：指導手順書」，数研出版，京都. https://www.chart.co.jp/subject/rika/dl/kaeru_tejunsyo.pdf (accessed 2024.1.9)
・鈴木　誠(2016)「コンピテンス基盤型生物教育とは何か：日本生物教育学会第100回全国大会公開シンポジウム：グローバルな視点から生物教育を考える：発表資料」.
・鈴木　誠(2016)「コンピテンスに基づく新しい教育課程の創造―フィンランドの新ナショナル・コア・カリキュラムから―」『理科の教育』，65(2)21-25.
・鈴木　誠(2015)「フィンランドのコンピテンス基盤型理科教育」，『化学と教育』，63(10)．476-479，口絵27.
・鈴木　誠(2015)「フィンランドの大学入学資格試験「生物」における基礎的分析」，『大学入試研究ジャーナル』，26，161-168，2015.3
・鈴木　誠監訳(2014)『フィンランドの教科書』「生物編」化学同人，京都.
・鈴木　誠監訳(2013)『フィンランドの教科書』「化学編」化学同人，京都.

・鈴木　誠(2013)「未来を担う子どもたちへ」『学校図書館』，（社団法人）全国学校図書館協議会，750(4)，56-57.

・鈴木　誠(2012)「ボクにもできるがやる気を引き出す」．東洋館出版社，東京.

・鈴木　誠(2012)：「フィンランドが目指す科学の学力の捉え方」58-65，日本理科教育学会編『これからの理科における学力を考える』東洋館出版社，東京.

・鈴木　誠(2011)「これからの理科教師のために」『理科の教育』，60(3)18-20.

・Tapio Lindholm (2016). Rukous sammakoille. NATURA: Biologian ja maantieteen Opettajien Liiton Julkaisu, 53(4), 26-29.

・田川まさみ・田邊政裕(2006)「コンピテン基盤教育」『千葉医学』第81号，299-304.

・手代木英明・Erkki T. Lassila・鈴木　誠(2023)「日本とフィンランドの理科教科書比較研究―小学校生物領域における学びの構成と問いの比較を通して―」『生物教育』64(2)，82-93.

・田邊政裕(編著)・大西弘高・田川まさみ・伊藤彰一・朝比奈真由美・前田　崇著(2013)『アウトカム基盤型教育の理論と実践』，篠原出版新社，65-66.

・立田慶裕(監訳)・今西幸蔵・岩崎久美子・猿田祐嗣・名取一好・野村　和・平沢安政訳(2006)『キー・コンピテンシー―国際標準の学力をめざして―』，明石書店.

・立田慶裕(2007)「生涯学習のためのキー・コンピテンシー」『生涯学習・社会教育研究ジャーナル』第1号，157-198.

・White, R. W. (1959). Motivation Reconsidered: The Concept of Competence. Psychological Review, 66(5), 297-333.

・William E. Duellman & Linda Trueb (1994). Biology of Amphibians, The Johns Hopkins University Press. Baltimore and London.

付録：「蛙学への招待」全 20 回学生授業評価（観点別）残り

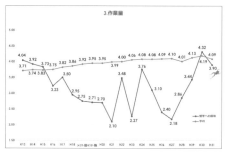

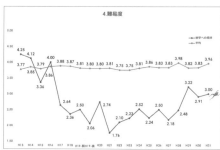

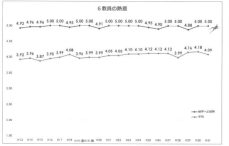

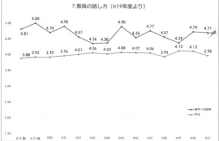

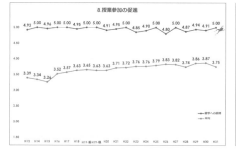

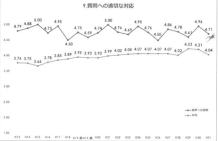

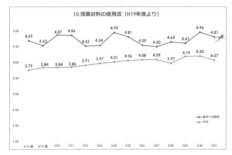

10.授業材料の使用法（H19年度より）

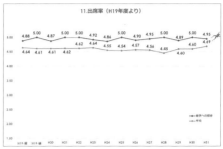

11.出席率（H19年度より）

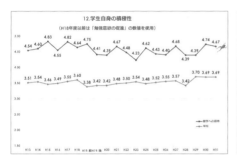

12.学生自身の積極性

（H18年度以前は「勉強意欲の促進」の数値を使用）

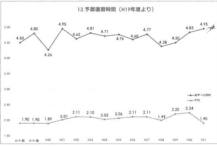

13.予習復習時間（H19年度より）

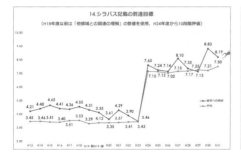

14.シラバス記載の到達目標

（H18年度以前は「他領域との関連の理解」の数値を使用、H24年度から10段階評価）

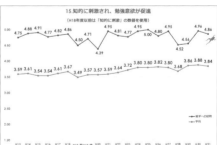

15.知的に刺激され、勉強意欲が促進

（H18年度以前は「知的に興味」の数値を使用）

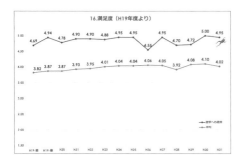

16.満足度（H19年度より）

編著者プロフィール

鈴木　誠 (すずき まこと)

北海道大学名誉教授。横浜市在住。1956年2月27日、東京生まれ。協和発酵(株)(現：協和キリン(株))、中学校教諭(数学・理科)、高等学校教諭(生物)を経て、2000年北海道大学高等教育機能開発総合センター助教授、2003年同教授。以後、2021年3月まで高等教育推進機構・高等教育研究部、及び大学院理学院・自然史科学専攻・科学コミュニケーション講座教授。2021年3月定年退官。

博士：学校教育学
日本理科教育学会フェロー(2021～)
財団法人北海道青少年科学文化財団評議員(2022～)

専門：コンピテンス基盤型教育の創造。学ぶ意欲(Self-efficacy)の構造解析と評価。フィンランドの教科書・入学者選抜問題の分析。解剖学(両棲綱無尾目)。

賞　：日本理科教育学会賞(2003)、東レ理科教育賞(1990)、日本理科教育学会研究奨励賞(1996)、独立行政法人日本学術振興会：平成26年度特別研究員等審査会専門委員、及び国際事業委員会書面審査員表彰(2015)。日本生物教育学会功績賞(2024)、日本理科教育学会功労賞(2023)。特許取得(1990)「解剖実習用ドライ・ラボ」関連2件。

論文：本書「参考文献」に一部記載。
　　　他書籍(共著を含む)：文部科学省検定済教科書高等学校「生物基礎」・「生物」(数研出版)、『「ボクにもできる」がやる気を引き出す』(東洋館出版社)、『学生の納得感を高める大学授業』(ナカニシヤ出版)、『意欲を引き出す授業デザイン』(東洋館出版)、『学生主体型授業の冒険』(ナカニシヤ出版)など。

趣味・特技：フリーウエイト筋トレ、ラグビー、ジャズ・クラシック、日本絵画、オーディオ、料理(にせソムリエ)、フットサル、運転(元国内A)。

あの授業だけは取るな！
「解」のない世界で活躍できる究極の学び：
「蛙学への招待」とは何か？

2024 年 3 月 2 日　初版第 1 刷発行

編 著 者　鈴木　誠
発 行 所　株式会社共同文化社
　　　　　〒060-0033　札幌市中央区北 3 条東 5 丁目
　　　　　Tel 011-251-8078　Fax 011-232-8228
　　　　　E-mail info@kyodo-bunkasha.net
　　　　　URL https://www.kyodo-bunkasha.net/
印刷・製本　株式会社アイワード

ISBN 978-4-87739-400-4